Sabine Gilcher

Thüringen Mitte/Nord

Zwischen Saale, Kyffhäuser und Nationalpark Hainich

50 ausgewählte Wanderungen

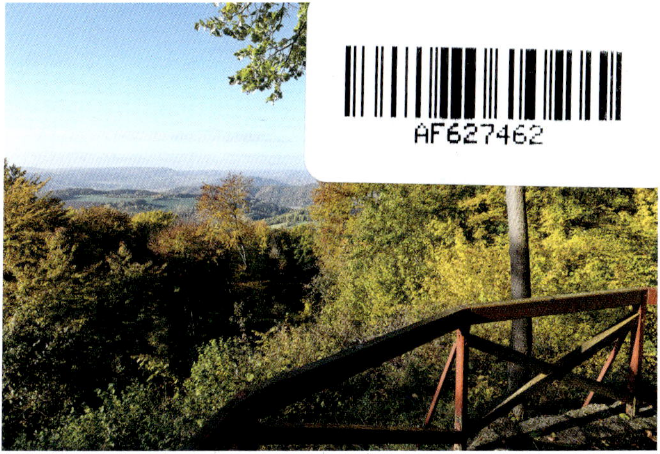

ROTHER
BERGVERLAG

ROTHER WANDERFÜHRER

Aargau
Abruzzen
Achensee
Adlerweg
Ahrsteig
Alb Südrand-Weg HW2
Albanien
Albsteig
Algarve
Allgäu 1, 2, 3, 4
Allgäuer Alpen
AlpeAdriaTrail
Altmühltal
Altmühltal-Panoramaweg
Andalusien Süd
Annapurna Treks
Antholz - Gsies
Aostatal

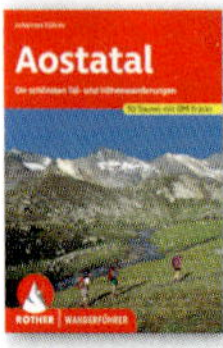

Appenzellerland
Apulien
Ardennen
Arlberg - Paznaun
Arnoweg
Asturien
Augsburg
Außerfern
Australien
Auvergne
Azoren
Baskenland
Bayerische Alpen Trekking
Bayerischer Wald
Berchtesgaden - Lienz
Berchtesgadener Land
Bergisches Land
Berlin
Bern
Berner Oberland Ost
Berner Oberland West
Bodensee Nord, Süd
Bodensee - Rätikon
Böhmerwald
Böhmische Schweiz
Bolivien
Bornholm
Bosnien u. Herzegowina
Bozen - Kaltern
Brandnertal
Bregenzerwald
Bremen - Oldenburg
Brenta
Bretagne
Bulgarien
Burgund
Cevennen
Chalkidiki - Thassos
Champagne - Ardennen
Chiemgau
Chiemsee
Chur - Hinterrhein
Cilento
Cinque Terre
Comer See
Cornwall-Devon
Costa Blanca
Costa Brava
Costa Daurada
Côte d'Azur
Dachstein-Tauern Ost
Dachstein-Tauern West
Dänemark-Jütland
Dalmatien
Dauphiné Ost, West
Davos - Prättigau
Dolomiten 1, 2, 3, 4, 5, 6, 7, 8
Dolomiten-Höhenwege 1-3, 4-7, 8-10
Donausteig
E1 Deutschland Nord
E1 Deutschland Süd
E5 Konstanz - Verona
Ecuador
Eifel
Eifelsteig
El Hierro
Elba
Elbsandsteingebirge
Elsass
Emmental
Ober-, Unterengadin
England Mitte, Nord, Ost, Süd
Fichtelgebirge
Fränkische Schweiz
Fränkischer Gebirgsweg
Frankfurt
Franziskusweg
Freiburg
Friaul-Julisch Venetien
Fuerteventura
Galicien
Gardaseeberge
Garhwal - Ladakh
Garmisch - Brixen
Gasteinertal
Genfer See
Georgien
Gesäuse
Glarnerland
Glockner-Region
Goldsteig
La Gomera
Gotthardweg
Gran Canaria
Grazer Hausberge
Grenzgänger-Weg
Griechenland - Pindosgebirge
Gruyère - Diablerets
GTA
Hamburg
Harz
Haute Route
Hawaii
Hochkönig
Hochschwab
Hohenlohe
Hunsrück
Ibiza
Innsbruck
Irland
Isarwinkel
Island
Israel
Istrien
Italienische Riviera
Jakobsweg - Camino Primitivo
Jakobsweg - Caminho Português
Jakobsweg - Camino del Norte
Französischer Jakobsweg Le Puy - Pyrenäen, Straßburg - Le Puy
Jakobsweg Marburg - Vézelay
Jakobswege Österreich
Jakobswege Schweiz
Spanischer Jakobsweg
Südfranzösischer Jakobsweg - Via Tolosana
Südwestdeutsche Jakobswege
Julische Alpen
Jura, Französischer
Jura, Schweizer
Kärntner Seen
Kalabrien
Kanadische Rocky Mountains
Kapverden Nord
Karawanken
Karnischer Höhenweg
Karwendel
Kaunertal
Kitzbüheler Alpen
Kleinwalsertal
Korfu
Korsika
Korsika - GR 20
Korsika - Mare e Monti
Kraichgau
Kreta
La Palma
La Réunion
Lago Maggiore
Lahnwanderweg
Languedoc-Roussillon
Lanzarote
Lappland
Lechweg
Lesbos - Chios
Limesweg
Lofoten
Lothringen
Lungau
Luxemburg - Saarland
Madeira
Mallorca
Malta - Gozo
Marken - Adriaküste
Marokko
Masuren
Maximiliansweg
Mecklenburgische Seenplatte
Menorca
Meran
Meraner Höhenweg
Mittelsachsen
Mont Blanc
Montafon
Montenegro
Mosel
Moselhöhenweg
Moselsteig
Mühlviertel
München
München - Venedig
Münsterland
Nationalpark Kalkalpen
Neanderlandsteig
Golf von Neapel
Neckarweg
Neuseeland
Neusiedler See
Niedere Tauern Ost
Niederlande
Niederrhein
Nockberge
Nordhessen
Normandie
Norwegen Mitte, Süd, Jotunheimen
Nürnberg
Oberlausitz
Oberpfälzer Wald
Oberschwaben
Odenwald
Odenwald Mehrtagestouren
Öland
Ötscher
Ötztal
Ötztal - Pitztal Trekking
Ossola
Ostfriesland
Ostseeküste
Ost-Steiermark
Osttirol Nord, Süd

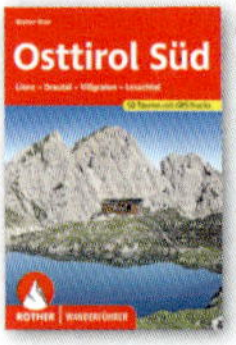

Patagonien
Peaks of the Balkans
Peloponnes
Peru
Pfälzer Weinsteig
Pfälzerwald
Pfaffenwinkel
Picardie
Picos de Europa
Piemont Nord, Süd
Pinzgau
Pitztal
Portugal Nord
Provence
Pyrenäen 1, 2, 3, 4
Pyrenäen - GR 11

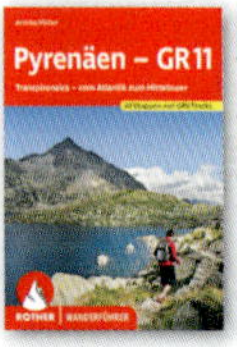

Regensburg
Rhein-Neckar
Rheinhessen
Rheinsteig
Rhodos
Rhön
Riesengebirge
Rom - Latium
Rota Vicentina
Route de Ländle
Rügen
Ruhrgebiet
Rumänien - Ostkarpaten
Rumänien - Südkarpaten
Saar-Hunsrück-Steig
Salzalpensteig
Salzburg
Salzburg - Triest
Salzkammergut Ost, West
Sardinien
Sauerland
Savoyen
Schaffhausen
Schottland
Schwabenkinder-Wege Oberschwaben, Schweiz - Liechtenstein, Vorarlberg
Schwäbische Alb Ost
Schwäbische Alb West
Schwarzwald Fernwanderwege
Schwarzwald Mehrtagestouren Mitte/Nord, Süd/Mitte
Schwarzwald Nord, Süd
Schweden Mitte, Süd
Seealpen
Seefeld - Leutasch
Sentiero della Pace
Sierra de Gredos
Sierra de Guadarrama
Sizilien
Spessart
Steigerwald
Steirisches Weinland
Sterzing
Stubai - Wipptal
Trekking im Stubai
Stuttgart
Südafrika West
Südniedersachsen
Surselva
Sylt, Amrum, Föhr
Tannheimer Tal
Tasmanien
Hohe Tatra
Niedere Tatra
Tauern-Höhenweg
Hohe Tauern Nord
Tauferer Ahrntal
Taunus
Tegernsee - Sterzing
Tegernseer und Schlieseer Berge
Teneriffa
Tessin
Teutoburger Wald
Thüringen Mitte/Nord
Thüringer Wald
Tiroler Höhenweg
Toskana Nord, Süd
Türkische Riviera
Uckermark
Umbrien
Ungarn West
USA Südwesten
Usedom
Vanoise
Veltlin
Vía de la Plata
Via Francigena
Via Gebennensis
Vierwaldstättersee
Vinschgau
Vizentiner Alpen
Vogelsberg
Vogesen
Vogesen Mehrtagestouren
Vogesen-Durchquerung
Vogtland
Vom Gletscher zum Wein
Trekking in Vorarlberg
Wachau
Waldviertel
Wales
Oberwallis
Unterwallis
Walliser Alpen
Weinviertel
Welterbesteig Wachau
Weserbergland
West Highland Way
Westerwald
Wien
Wien - Lago Maggiore
Wiener Alpenbogen
Wiener Hausberge Nord, Süd
Wilder Kaiser
Zillertal
Trekking im Zillertal
Zürichsee
Zugspitze
Zypern Süd & Nord

Vorwort

Vielfältige Landschaften und eine Fülle kultureller Schätze machen das zentrale und nördliche Thüringen zu einem äußerst attraktiven Wanderrevier in der Mitte Deutschlands. Hier finden sich die besten Voraussetzungen für abwechslungs- und genussreiche Touren, die – im Gegensatz zu den bekannteren Wanderregionen in der Nachbarschaft – meist den Vorteil haben, nicht überlaufen zu sein. Der räumliche Bogen spannt sich von den Höhenzügen des Werra-Berglandes und des Nationalparks und Welterbes Hainich im Westen über das Harzvorland im Norden zum Kyffhäuser im Nordosten, während südlich des Thüringer Beckens die Sächsische Saale die Grenze des Wanderführer-Gebiets bildet. Das landschaftliche Spektrum ist dabei vielfältig: Es umfasst ausgedehnte, von Buchenwäldern bedeckte Hügel und mittelgebirgsartige Landschaften, Landstriche mit einem kleinräumigen Mosaik aus Wald, Grünland und Acker, Karstlandschaften mit Steppenrasen und ihren im Wind schwingenden Federgräsern sowie die weiträumigen Ackerflächen des zentralen Thüringer Beckens.
Viele kulturelle Sehenswürdigkeiten liegen dabei unmittelbar am Weg: Schlösser und Burgruinen, alte Klosteranlagen, historische Städte und hübsche Dörfer mit viel Fachwerk tragen entscheidend zum hohen Erlebniswert bei. Beinahe auf Schritt und Tritt erschließen sich historische Bezüge, denn viele Persönlichkeiten und Geschehnisse deutscher Geschichte sind mit diesem Landstrich eng verwoben, in dem Bonifatius taufte, Kaiser Barbarossa Pfalzen gründete, Luther wirkte, Bach komponierte, Napoleon Schlachten schlug und Goethe dichtete.
Der Wanderführer beschreibt neben Unternehmungen im klassischen Wanderumfeld auch Touren in weniger bekanntem Gelände, peilt herausragende Ziele an und hält vielleicht auch den einen oder anderen Geheimtipp parat. Angesichts der Fülle potenzieller Touren wird keine Vollständigkeit angestrebt, sondern eine Auswahl an Wanderungen angeboten, die im Idealfall Lust macht auf weitere Entdeckungen in eigener Regie.
Mit den vorgestellten Touren sollen sowohl diejenigen Wanderer angesprochen werden, die längere Ausflüge planen, als auch solche, die eher kürzere Runden bevorzugen. Die Anforderungen reichen daher vom einfachen Spaziergang für die ganze Familie über ausgedehnte Tageswanderungen bis hin zur Mehrtagestour. Viele der Wanderungen lassen sich zudem – den individuellen Vorlieben entsprechend – verkürzen oder verlängern.
Mein herzlicher Dank gilt Maik Ferme & Familie: Sie gaben den Anstoß für diesen Wanderführer und unterstützten mich engagiert mit Rat, Tat und fotografischem Input.
Viel Freude beim Wandern, viel Spaß beim Entdecken!

Freiburg, im Sommer 2021 — Sabine Gilcher

Inhaltsverzeichnis

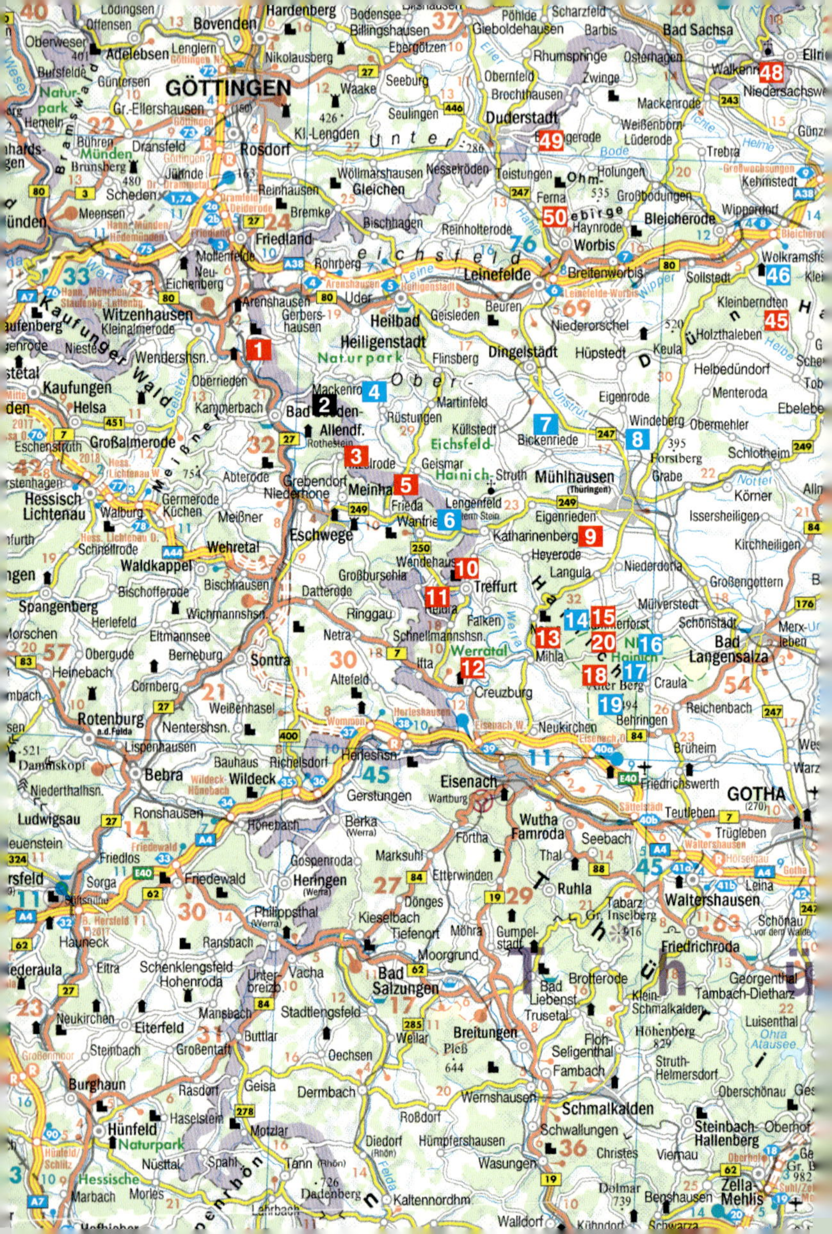

GÖTTINGEN
Bovenden
Hardenberg
Adelebsen
Rosdorf
Gleichen
Duderstadt
Friedland
Witzenhausen
Heilbad
Heiligenstadt
Naturpark
Leinefelde
Worbis
Bleicherode
Dingelstädt
Bad Sooden-Allendf.
Hessisch Lichtenau
Großalmerode
Kaufungen
Helsa
Eschwege
Wanfried
Treffurt
Mühlhausen (Thüringen)
Bad Langensalza
Eichsfeld-Hainich-Werratal
Waldkappel
Wehretal
Spangenberg
Sontra
Rotenburg a.d. Fulda
Bebra
Wildeck
Heringen (Werra)
Eisenach
Wartburg
Creuzburg
Mihla
Wutha Farnroda
Ruhla
GOTHA
Waltershausen
Friedrichroda
Bad Liebenstein
Bad Salzungen
Breitungen
Schmalkalden
Steinbach-Hallenberg
Zella-Mehlis
Hünfeld
Burghaun
Eiterfeld
Tann (Rhön)
Geisa
Dermbach
Wasungen
Kaltennordhm.
Hessische Rhön
Kaufunger Wald
Meißner
Hainich
Unter-Eichsfeld
Ober-Eichsfeld
Thüringer Wald
Bad Sachsa
Niedersachsen
1
2
3
4
5
6
7
8
9
10
11
12
13
14
15
16
17
18
19
20

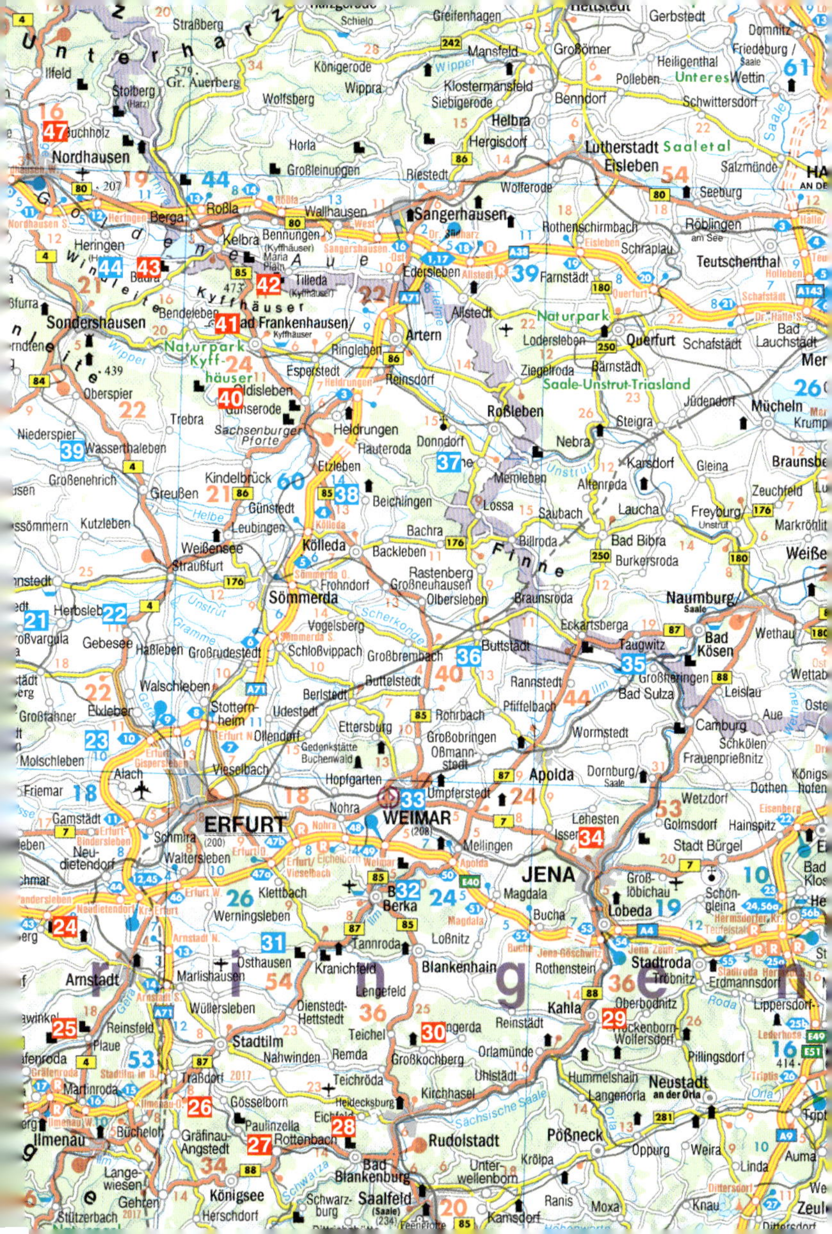

Unterharz
Straßberg
Ilfeld
Stolberg (Harz)
579 Gr. Auerberg
Wolfsberg
Königerode
Wippra
Greifenhagen
Mansfeld
Wipper
Klostermansfeld
Siebigerode
Hettstedt
Gerbstedt
Großörner
Heiligenthal
Polleben
Benndorf
Helbra
Hergisdorf
Unteres Wettin
Friedeburg / Saale
Domnitz
Schwittersdorf
Saale
Lutherstadt Eisleben
Saaletal
Salzmünde
Buchholz
Nordhausen
Horla
Großleinungen
Riestedt
Wolferode
Seeburg
Goldene Aue
Berga
Roßla
Wallhausen
Sangerhausen
Rothenschirmbach
Röblingen am See
Heringen
Kelbra
Bennungen (Kyffhäuser)
Maria Plain
Tilleda (Kyffhäuser)
Edersleben
Allstedt
Farnstädt
Schraplau
Teutschenthal
Windleite
Kyffhäuser
Bendeleben
Bad Frankenhausen/ Kyffhäuser
Sondershausen
Artern
Naturpark
Querfurt
Lodersleben
Schafstädt
Bad Lauchstädt
Naturpark Kyffhäuser
Ringleben
Esperstedt
Reinsdorf
Ziegelroda
Bärnstädt
Saale-Unstrut-Triasland
Oberspier
Oldisleben
Gonserode
Heldrungen
Roßleben
Jüdendorf
Mücheln
Trebra
Sachsenburger Pforte
Niederspier
Wasserthaleben
Hauteroda
Donndorf
Steigra
Nebra
Karsdorf
Gleina
Großenehrich
Kindelbrück
Etzleben
Memleben
Altenroda
Unstrut
Greußen
Beichlingen
Lossa
Saubach
Laucha
Zeuchfeld
Freyburg/ Unstrut
Helbe
Kutzleben
Günstedt
Leubingen
Kölleda
Bachra
Backleben
Billroda
Bad Bibra
Burkersroda
Markröhlitz
Weißensee
Straußfurt
Rastenberg
Großneuhausen
Finne
Frohndorf
Sömmerda
Olbersleben
Braunsroda
Naumburg/ Saale
Herbsleben
Gramme
Vogelsberg
Scherkonde
Eckartsberga
Taugwitz
Bad Kösen
Wethau
Großvargula
Gebesee
Haßleben
Großrudestedt
Schloßvippach
Großbrembach
Buttstädt
Großheringen
Buttelstedt
Rannstedt
Bad Sulza
Leislau
Walschleben
Berlstedt
Pfiffelbach
Ilm
Wettaburg
Großfahner
Elxleben
Stotternheim
Udestedt
Rohrbach
Ollendorf
Ettersburg
Großobringen
Oßmannstedt
Wormstedt
Camburg
Schkölen
Frauenprießnitz
Molschleben
Gedenkstätte Buchenwald
Alach
Vieselbach
Hopfgarten
Umpferstedt
Apolda
Dornburg/ Saale
Dothen
Königshofen
Friemar
Gamstädt
Nohra
Weimar
Wetzdorf
Lehesten
Golmsdorf
Hainspitz
Erfurt
Schmira
Isserstedt
Stadt Bürgel
Neudietendorf
Waltersleben
Mellingen
Jena
Groß-löbichau
Schöngleina
Klettbach
Werningsleben
Berka
Magdala
Bucha
Lobeda
Bad Klosterlausnitz
Arnstadt
Marlishausen
Osthausen
Kranichfeld
Tannroda
Loßnitz
Blankenhain
Rothenstein
Stadtroda
Tröbnitz
Erdmannsdorf
Lengefeld
Oberbodnitz
Lippersdorf
Wüllersleben
Dienstedt-Hettstedt
Reinstädt
Kahla
Reinsfeld
Plaue
Stadtilm
Teichel
Großkochberg
Orlamünde
Wolfersdorf
Pillingsdorf
Nahwinden
Remda
Uhlstädt
Hummelshain
Langenorla
Neustadt an der Orla
Martinroda
Traßdorf
Teichröda
Heidecksburg
Kirchhasel
Sächsische Saale
Orla
Ilmenau
Bücheloh
Gösselborn
Paulinzella
Eichfeld
Rudolstadt
Pößneck
Oppurg
Weira
Linda
Auma
Gräfinau-Angstedt
Rottenbach
Bad Blankenburg
Krölpa
Unterwellenborn
Langewiesen
Gehren
Königsee
Schwarza
Schwarzburg
Saalfeld (Saale)
Ranis
Moxa
Knau
Stützerbach
Herschdorf
Kamsdorf
Thüringen

Allgemeine Hinweise

Tourenauswahl und -planung

Die vorgestellten Wanderungen reichen vom kurzen Spaziergang für die ganze Familie bis zur tagesfüllenden Unternehmung. Jede dieser Touren hat ihren Reiz, aber nicht für jeden in gleichem Maß und nicht zu jedem Zeitpunkt. Als Entscheidungshilfen dienen eine Tabelle mit besonderen Tourmerkmalen und Sehenswürdigkeiten (Seite 10) sowie Tourensteckbriefe und Höhenprofile in der Tourenbeschreibung. Aus ihnen lassen sich sowohl die wesentlichen Elemente und Besonderheiten der jeweiligen Wanderung als auch die Anforderungen entnehmen:

- Gehzeit: Da Kondition, Wetter und Zustand des Wegs erheblich auf die Gehgeschwindigkeit Einfluss nehmen können, sind die Gehzeiten nur als grober Anhaltspunkt zu verstehen. Um die Gesamt-Tourdauer abschätzen zu können, müssen zur angegebenen reinen Gehzeit individuelle Pausen und Fotostopps (erfahrungsgemäß ca. 10–25 % zusätzlich zur reinen Gehzeit) sowie idealerweise eine Reserve addiert werden.
- Höhenunterschied: Bei den Höhenmetern im Auf- und Abstieg ist die Brutto-Differenz – also die tatsächlich zu bewältigenden Höhenmeter einschließlich Zwischenauf- und -abstiegen – aufgeführt.
- Schwierigkeit: Steilheit, Exponiertheit und Wegbeschaffenheit bestimmen die Schwierigkeit einer Wanderung. Steiles und steiniges Gelände stellt höhere Anforderungen an die Trittsicherheit, exponierte Abbrüche und Steilwände an die Schwindelfreiheit.
- Orientierung: Die Erkennbarkeit und Verfolgbarkeit von Wegen im Gelände sowie die Dichte und Qualität von Wegweisern und Markierungen sind Faktoren, die sich darauf auswirken, welche Anforderungen an das Orientierungsvermögen gestellt werden bzw. welcher Aufwand bezüglich der Orientierung getrieben werden muss.

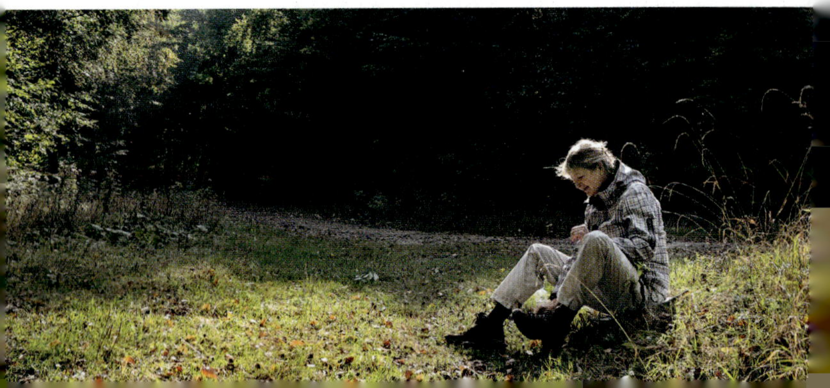

Symbole

	mit Bahn/Bus erreichbar		Kirche, Kapelle, Kloster
	Einkehrmöglichkeit		Wegkreuz, Bildstock
	für Kinder geeignet		Burg, Schloss, Ruine
	Ort mit Einkehrmöglichkeit		Picknickplatz
	Einkehrmöglichkeit unterwegs		Aussichtsturm / -platz
	Schutzhütte, Unterstand		Höhle
	Bus- bzw. Bahnanschluss		Windmühle
P	eingerichteter Parkplatz		Abzweig links bzw. rechts
	Sattel / Brücke		Quelle, Brunnen

Die genannten Aspekte führen zu einer »Gesamtcharakteristik«, die sich in drei Schwierigkeitskategorien niederschlägt. Bitte bedenken Sie, dass dieser Einstufung nur diejenigen Merkmale zugrunde liegen, die den Weg in einer »durchschnittlichen« Situation charakterisieren. Ungünstige Bedingungen können dazu führen, dass sich der Schwierigkeitsgrad erhöht.

Leicht Wanderungen mit geringen Höhenunterschieden auf einfach zu gehendem Untergrund, z.B. Teersträßchen, Feldwegen oder Pfaden. Es existieren allenfalls einzelne oder kurze steilere Abschnitte. Einfach zu verfolgender Wegverlauf.

Mittel Wanderungen mit mäßigen Höhenunterschieden und/oder auf mitunter schmalen und steilen Wegen und Pfaden, die unebene, steinige und feuchte Abschnitte aufweisen und an der Oberkante von Steilabbrüchen verlaufen können. Die Touren setzen sowohl etwas Trittsicherheit als auch Orientierungssinn voraus.

Schwierig Wanderungen mit mindestens mäßigen Höhenunterschieden, steilen/steinigen Passagen und/oder mit ausgesetzten Wegstrecken. Diese erfordern Trittsicherheit und Schwindelfreiheit. In einzelnen Abschnitten kann ein guter Orientierungssinn erforderlich sein.

Viele Touren können durch eine alternative Wegwahl verlängert oder verkürzt werden, sodass ein individueller Zuschnitt der Wanderungen möglich ist. Bei individuell verkürzten oder verlängerten Touren kann die jeweilige Gesamtcharakteristik abweichen.

Rast in der Herbstsonne.

Besondere Tourenmerkmale und Sehenswürdigkeiten

Abgesehen von einer ansprechenden und spannenden Landschaft – die selbstverständlich bei allen Touren im Mittelpunkt steht – zeichnen sich viele Wanderungen durch zusätzliche Merkmale und Attraktionen aus, die im Folgenden aufgeführt sind:

	Tour	Eigenschaften			Merkmale (1–7)
		EK	Ki	ÖNV	
1	Über die Teufelskanzel zur Burgruine Hanstein	x	x	+	1, 2, 3, 6, 7
2	Dietzenröder Stein und Rachelsberg	x		+	2, 3, 5, 6
3	Gobert und Silberklippe		(x)		2, 3, 5
4	Dieteröder Klippen	x	x	(+)	2, 3, 4, 5
5	Zum Wallfahrtsort Hülfensberg		x	(x)	2, 6
6	Plesse und Katharinenberg		(x)	+	2, 3, 4, 5, 6
7	Mühlhäuser Landgraben und Kloster Anrode	x		+	2, 5, 6
8	Flachstal	x	x	x	1, 2, 4
9	Wälder und Quellen bei Mühlhausen	x	(x)	x	1, 2, 3, 6, 7
10	Treffurt und Burg Normannstein	x	(x)	x	2, 6, 7
11	Auf den Heldrastein	x		+	1, 2, 3, 4, 5, 6, 7
12	Über die Ebenauer Köpfe nach Creuzburg	x	(x)	x	1, 2, 3, 4, 7
13	Betteleiche und Bummelkuppe			(x)	2, 4
14	Eiserne Hand und Ihlefelder Kreuz	x	(x)		4, 5
15	Östliche Kernzone des Nationalparks Hainich	x		x	2, 4, 5
16	Rund um das NP-Zentrum an der Thiemsburg	x	x	+	1, 3, 4
17	Wacholderhög und Sperbersgrund	x	x	+	2, 4
18	Langes Tal und Alter Berg	x		(x)	2, 4
19	Kindel und Wildkatzengehege		x	+	2, 4
20	Mehrtagestour im Nationalpark Hainich	x		x	2, 3, 4, 5
21	An der Unstrut nach Bad Langensalza	x		x	1, 4, 6, 7
22	Unstrut-Gera-Niederung bei Gebesee		x		1, 4
23	Orphalgrund und Grundmühle	x	x	x	1, 4, 6
24	Drei Gleichen	x	(x)	x	1, 2, 3, 4, 6, 7
25	Gisselgrund u. Liebensteiner Heckenlandschaft	(x)	(x)	(x)	2, 4, 6
26	Singer Berg und Umgebung	x	x	(x)	1, 2, 5
27	Rottenbachtal und Klosterruine Paulinzella	x	(x)	x	1, 6
28	Gölitzwände und Burg Greifenstein	x		(x)	2, 3, 4, 6
29	Leuchtenburg und Dohlenstein	x	x	x	1, 2, 3, 4, 6
30	Hummelsberg und Schloss Kochberg	x		x	2, 5, 6
31	Hohenfelden und Riechheimer Berg	x	x	x	2, 6, 7
32	Buchfarter Wald und Ilmtal	x	(x)	x	1, 2, 6
33	Weimar und Park an der Ilm	x	x	x	1, 6, 7
34	Saalehänge bei Jena	x	x	(x)	2, 4, 5
35	Bad Sulza und Sonnendorf	x	x	x	1, 2, 5, 6
36	Via Regia und Buttstädter Camposanto	x	(x)	x	5, 6, 7
37	Hohe Schrecke	(x)		(x)	2, 4
38	Zwischen Beichlingen und Segelberg	x		+	2, 3, 4, 5, 6
39	Mühl- und Helbetal bei Großenehrich	x		x	1, 2, 3, 4, 6
40	Am Wipperdurchbruch		x	+	1, 2, 3, 4

Tour	Eigenschaften			Merkmale (1–7)
	EK	Ki	ÖNV	
41 Südlicher Kyffhäuserrand und Barbarossahöhle	x	(x)	x	1, 2, 3, 4
42 Nördlicher Kyffhäuser und Goldene Aue	x	(x)	x	2, 3, 4, 6
43 Stöckei und Solwiesen	x	(x)	x	1, 2, 3, 4, 6
44 Windleite bei Hamma	(x)	x	x	2
45 Oberes Helbetal				1, 5, 6
46 Hainleite bei Lohra		x	+	2, 4, 6
47 Rüdigsdorfer Schweiz	x		x	2, 3
48 Auf dem Karstwanderweg zum Kloster Walkenried	x	(x)	x	1, 2, 3, 4, 5, 6
49 Auf den Sonnenstein			x	2, 3, 5
50 Südliches Ohmgebirge und Burg Bodenstein	x	x	x	2, 6

EK = Einkehrmöglichkeit: x = direkt am Weg, (x) = abseits des Wegs (hin/zurück bis 1 km). Ki = Eignung für Kinder: x = Tour für Kinder geeignet, (x) = geeignete Variante vorhanden. ÖNV = Erreichbarkeit mit öffentlichem Nahverkehr: x = direkt erreichbar, ÖNV mit mindestens mittlerer Frequenz, + = direkt erreichbar, ÖNV jedoch mit geringer Frequenz, (x) bzw. (+)= mit zusätzlicher Anmarschstrecke erreichbar (hin/zurück bis 4 km).

Besondere Merkmale und Attraktionen:
1 = Gewässer (Quellen, Flüsse, Seen)
2 = Berg, Gipfel, Aussicht, Aussichtsturm
3 = besondere Geologie oder Geomorphologie
4 = besondere Pflanzen- oder Tierwelt
5 = archäologische oder Industrie-Denkmäler
6 = bemerkenswerte Gebäude(-ruinen) oder Bauwerke
7 = sehenswerte Städte oder Dörfer

Der Baumkronenpfad im Nationalpark Hainich ist ein beliebtes Ausflugsziel.

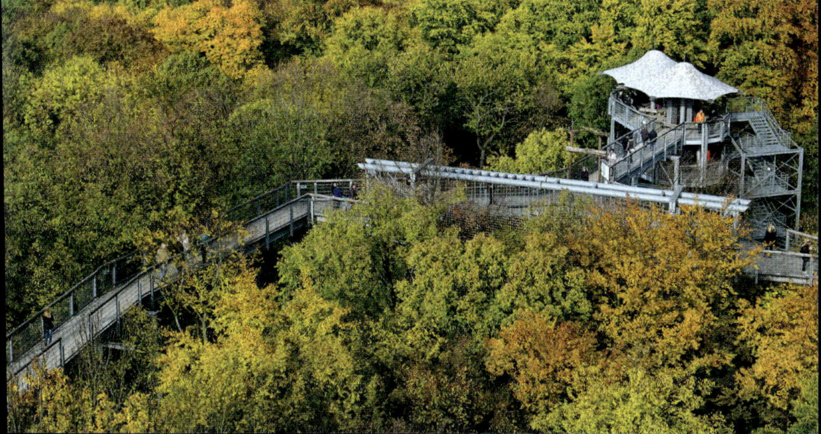

Top-Touren in Thüringens Mitte und Norden

Teufelskanzel und Burgruine Hanstein

Vielfältige Buchen- und Eichenwälder und exponierte Aussichtspunkte charakterisieren diese Tour. Außerdem dabei: der Aufstieg zu einer markanten Burgruine und ein bildhübsches Dorf (Tour 1, 3.30 Std.).

Auf den Heldrastein

Nicht nur die Aussicht vom Heldrastein und seinem Turm der Einheit lohnt den Anstieg, auch die Wälder an den Hängen und die hübschen Dörfer zu Füßen tragen zum abwechslungsreichen Wandererlebnis auf meist schmalen Pfaden bei (Tour 11, 3.45 Std.).

Östliche Kernzone des NP Hainich

Den langen und spannenden Weg zum Urwald vermittelt – in wörtlichem und übertragenem Sinn – diese Runde durch die Kalkbuchenwälder des Nationalparks und Weltnaturerbes Hainich (Tour 15, 5.00 Std.).

Drei Gleichen

Gleich drei Höhenburgen stehen hier auf dem Programm. Nicht nur Burgatmosphäre und Panoramablicke begeistern, auch Liebhaber geologischer und botanischer Besonderheiten kommen reichlich auf ihre Kosten (Tour 24, 4.00 Std.).

Gölitzwände und Burg Greifenstein

Die Muschelkalkhöhen formen einen grandiosen Aussichtsbalkon, der sich nach Süden öffnet. An dessen Fuß geht es durch hübsche Obstwiesen zurück, wobei sich ein Abstecher zur Burg Greifenstein anbietet (Tour 28, 5.00 Std.).

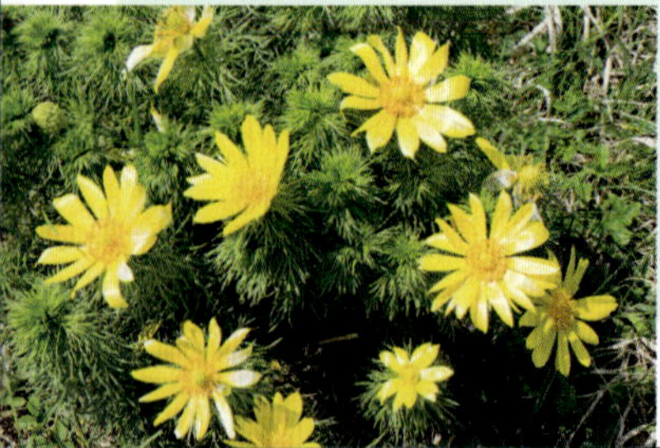

Leuchtenburg und Dohlenstein

Kurz, aber knackig ist die Tour zu dieser typischen Höhenburg, wobei beim Aufstieg artenreiche Magerrasen den Weg säumen. Die »Königin des Saaletals« belohnt Wanderer mit einem weiten Panoramablick (Tour 29, 2.15 Std.).

Weimar und Park an der Ilm

Der idyllische Park in der Ilmaue ist quasi das Vorspiel für das große »Theater«, das Weimar in Sachen »Deutsche Klassik« bietet – wer das alles ausgiebig bewundern möchte, ist deutlich mehr als einen Tag beschäftigt (Tour 33, 1.30 Std.).

Zwischen Beichlingen und Segelberg

Am nördlichen Rand des zentralen Thüringer Beckens kann man jede Menge kleine und große Entdeckungen machen: Schloss Beichlingen, ein ungewöhnliches Grabmal im Wald, Windmühlen und kleine Steppenrasen (Tour 38, 4.00 Std.).

Nördlicher Kyffhäuser und Goldene Aue

Das kleinste Mittelgebirge Deutschlands wartet mit lichtdurchfluteten Eichenwäldern, Ausblicken und Attraktionen sowohl auf dem Gipfel (Denkmal und Burgruinen) als auch am Fuß (Königspfalz Tilleda) auf (Tour 42, 4.45 Std.).

Stöckei und Solwiesen

Die bewegte Landschaft und ihre Kiefern- und Birkenwälder besitzen ein außergewöhnliches Flair. Steppenrasen, Salzwiesen und die Vogelwelt des Rückhaltebeckens Kelbra sind zusätzliche Magnete für Naturliebhaber (Tour 43, 3.45 Std.).

Wege

Wegbeschaffenheit: Sämtliche unbefestigten Wege können bei feuchter Witterung Pfützen aufweisen, matschig und schmierig sein. Eingang in die Wegbeschreibung finden diese Eigenschaften nur dann, wenn sie das erwartbare Maß deutlich übersteigen. Wege entlang von Hangkanten oder Felsabstürzen sind meistens nicht gesichert und sollten daher nur mit entsprechender Achtsamkeit begangen werden.

Wegdurchgängigkeit: Immer wieder ist zu beobachten, dass Wanderwege oder öffentliche Wege als Bestandteile benachbarter Viehweiden mit eingezäunt sind, sodass kein Durchgang möglich ist. Sollte ein im Wanderführer beschriebener Wanderweg von solch einem unvorhersehbaren Hindernis blockiert werden, empfiehlt es sich, dieses zu umgehen, um dahinter wieder auf den Wanderweg zu stoßen.

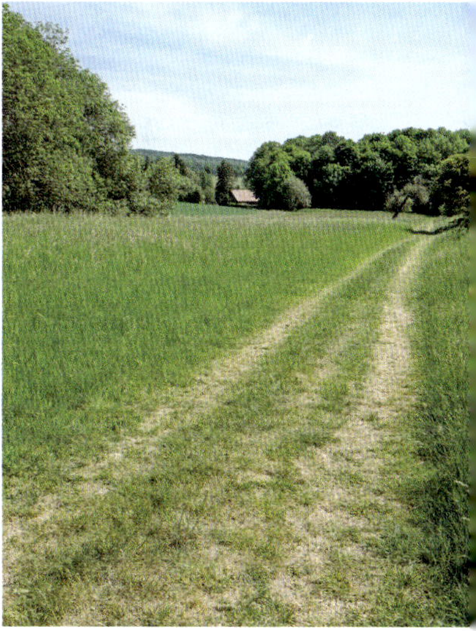

Foto oben: Wegtyp »Fahrspur«.
Links unten: Frühlings-Adonisröschen.

Wegtypen: Bei den Wegbeschreibungen werden folgende Wegtypen anhand ihrer Breite und ihres Ausbauzustands unterschieden:

- Unter dem Begriff **»Kolonnenweg«** firmiert der durchgängig mit Lochbetonplatten belegte Patrouillen- bzw. Fahrweg entlang des DDR-Grenzstreifens an der ehemaligen innerdeutschen Grenze (heute »Grünes Band«). Obwohl der Untergrund befestigt ist, erfordert das Begehen etwas Aufmerksamkeit, damit man nicht in den Löchern der Betonplatten hängen bleibt oder umknickt. Wo der Kolonnenweg, vor allem im Wald, bemoost oder von Laub bedeckt ist, kann er außerdem rutschig und schmierig sein.
- Unter den Oberbegriff **»Fahrwege«** fallen Feldwege (im Offenland) und Forstwege (im Wald), die fahrzeugtauglich sind und einen befestigten Unterbau sowie eine Deckschicht aus Kies oder Schotter aufweisen.
- **Fahr- oder Traktorspuren** besitzen keinen befestigten Unterbau. Sie haben oft einen ausgeprägten grünen »Mittelstreifen« oder sind durchgängig bewachsen; sie können meist nur von geländegängigen Fahrzeugen benutzt werden. Der Übergang zu Fahrwegen (siehe oben) ist fließend.

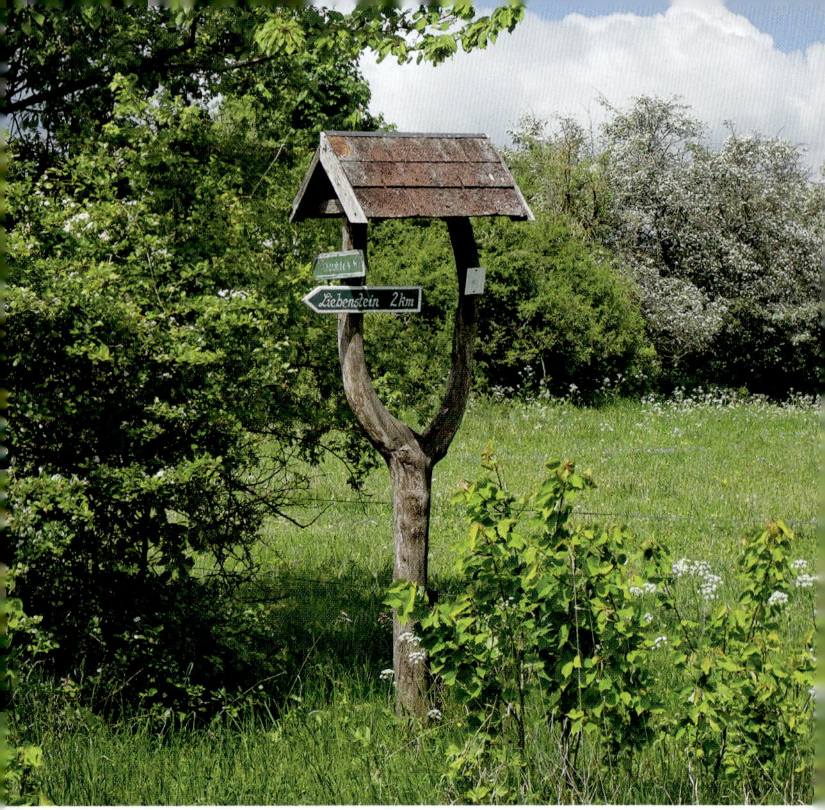

Liebevoll gestaltete Wegweiser sind typisch für Thüringen.

- »Fußweg« ist der Überbegriff für schmalere Wege. Sie können angelegt und befestigt sein (z.B. Grus- oder Schotterwege), aber auch über unbefestigten Untergrund verlaufen. Letztere können – je nach Breite und Intensität der Nutzung – als Erdwege, (Trampel-)Pfade oder Wegspuren angesprochen werden. Wenig benutzte Fußwege im Offenland werden als Gras- oder Wiesenwege bezeichnet
- Als Steig wird ein schmaler Pfad bezeichnet, der eine Höhendifferenz überwindet.

Wegweiser und Markierungen: Hinsichtlich der Qualität und Intensität der Wegweisung und Markierung sind regionale Unterschiede festzustellen. Positiv hervorzuheben sind das südliche Eichsfeld, das Werra-Bergland, der

Hainich mit Umgebung sowie der Kyffhäuser-Bereich und die Region um Jena. Im Idealfall sind an allen relevanten Kreuzungspunkten und Verzweigungen Wegweiser mit Ziel- und Entfernungsangaben vorhanden und die Wegeverläufe mit Farbsymbolen, Signets oder Buchstaben markiert.
Die hier vorgestellten Wanderungen nutzen sowohl unmarkierte als auch markierte Wege, wobei es eher selten vorkommt, dass sich der beschriebene Wanderweg im »Dunstkreis« nur eines einzigen Symbols bewegt. Man muss sich auf den meisten Wanderungen vielmehr auf mehrfach wechselnde Symbole im Verlauf der Tour und/oder Abschnitte ohne Markierung einstellen.

Ausrüstung

Schuhe und Kleidung: Für die meisten Wanderungen sind knöchelstabilisierende Leichtbergstiefel/Trekkingstiefel das geeignete Schuhwerk. Einfache und kürzere Wanderungen oder Spaziergänge können bei trockenen Verhältnissen auch in anderen geeigneten Schuhen mit profilierter Sohle durchgeführt werden.
Proviant: Aufgrund der Tatsache, dass bei einigen Touren die gastronomische Infrastruktur nicht besonders gut ist oder Unsicherheiten hinsichtlich der Öffnungszeiten bzw. -modalitäten bestehen, empfiehlt es sich, einen Notvorrat an Getränken und Essbarem im Rucksack zu haben.

Herbstliche Wetterlage: Nebel in den Tälern, Sonne auf den Höhen.

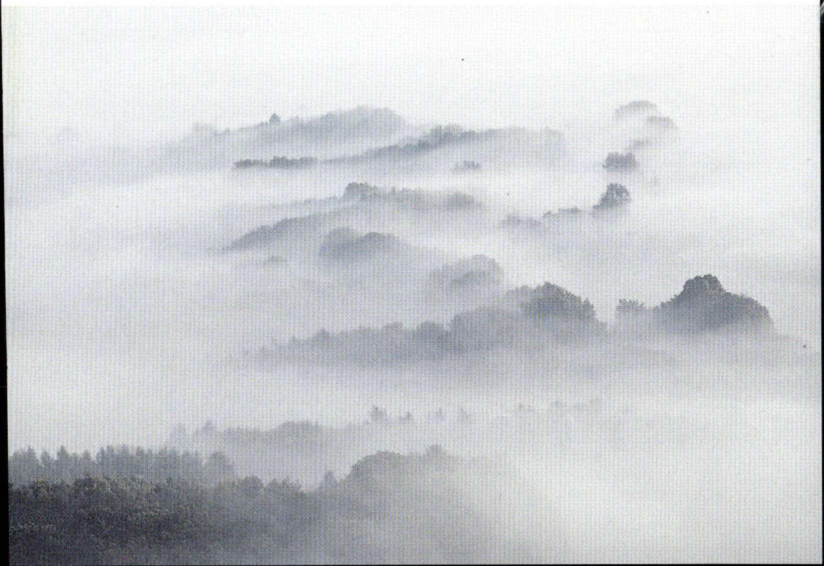

Wandersaison

Was der einzelne als »beste Wanderzeit« empfindet, ist abhängig von den persönlichen Vorlieben und Interessen. Die nachfolgenden Ausführungen bieten dafür eine Entscheidungshilfe.

- Die Haupt-Wanderzeit beginnt Anfang Mai und endet etwa Ende Oktober.
- Die Obstbaumblüte beginnt in der zweiten Aprilhälfte, der Mai ist der Monat der Frühjahrsblüher im Wald ebenso wie der Rapsblüte. Die Wiesen und Magerrasen zeigen im Mai und Juni den reichsten Blühaspekt, im Juli und August sind die Federgräser der Steppenrasen eine Augenweide. Die herbstliche Laubfärbung kulminiert Mitte bis Ende Oktober.
- Die geringste Anzahl von Tagen mit Niederschlägen findet sich im März und April sowie im September und Oktober; die Anzahl der durchschnittlichen monatlichen Sonnenstunden ist von Mai bis Juli am höchsten.
- Wer Wert auf den Besuch von Museen, Burgen, Schlössern und anderen kulturellen Sehenswürdigkeiten legt, reist zwischen April (bzw. Ostern) und Mitte Oktober, da viele dieser Sehenswürdigkeiten im Winter oft nur eingeschränkte Öffnungszeiten aufweisen oder geschlossen sind.

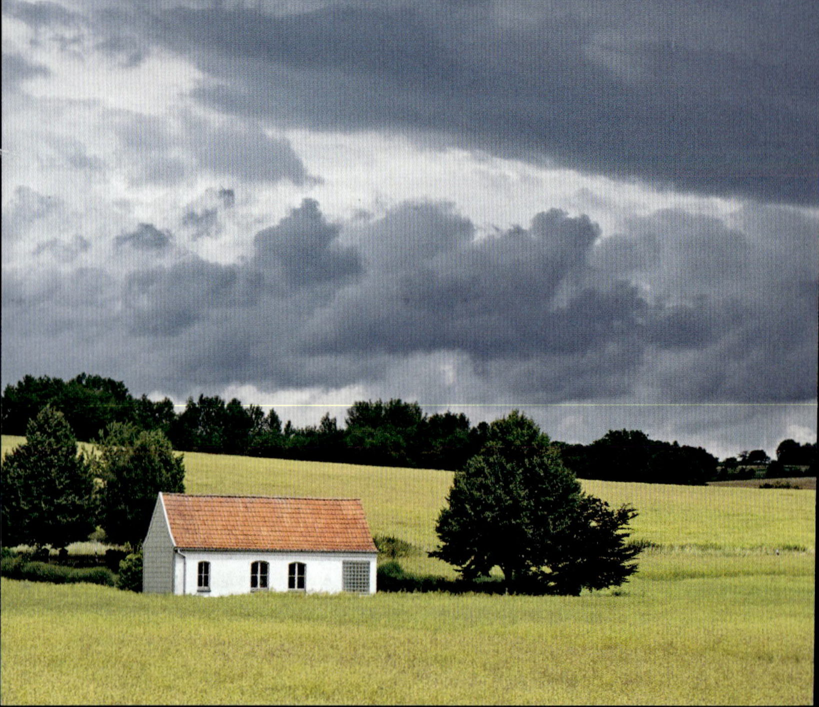

Gefahren

Obwohl die Touren überwiegend vorhandenen Wegverläufen folgen, lassen sich Risiken nicht völlig ausschließen:

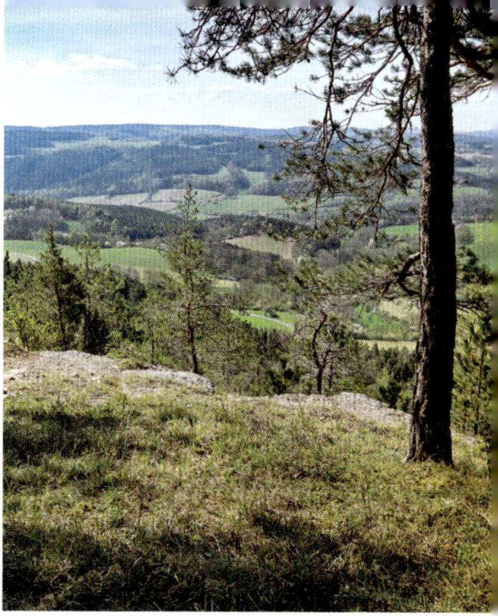

An ungesicherten Felsabbrüchen besteht Absturzgefahr (Gölitzwände, Tour 28).

Absturz und Abrutschen: Die Aussichtspunkte und Wege befinden sich mitunter an der Oberkante von Felsabbrüchen und Steilwänden. Diese sind meist nicht gesichert und bergen die Gefahr, abzustürzen oder abzurutschen; sie sollten nur mit entsprechender Achtsamkeit betreten und begangen werden. Auch im Bereich von Erdfällen und Steinbrüchen gilt es, Vorsicht walten zu lassen. Wählen Sie Ihre Schritte überlegt und vermeiden Sie Risiken.

Schlechtes Wetter, Wind und Sturm: Rüsten Sie sich adäquat aus und zögern Sie nicht, die Tour abzubrechen und Schutz zu suchen, wenn Sie von schlechtem Wetter überrascht werden. Machen Sie sich über das richtige Verhalten bei Gewitter kundig. Wälder mit hohem Alt- und Totholzanteil, wie z.B. im Nationalpark Hainich, sollten bei starkem Wind bzw. Sturm gemieden werden, da dort die Wahrscheinlichkeit von Windwurf und Windbruch erhöht ist.

Hinterlassenschaften ehemaliger militärischer Nutzung: In einigen Bereichen führen die Wanderwege über Gelände, das früher militärisch genutzt wurde (z.B. Randbereiche des Hainich, Helbetal, Hohe Schrecke, Windknollen, Bereiche des »Grünen Bandes«). Zwar sind wegnahe Flächen von Kampfmitteln geräumt, dennoch ist nicht völlig auszuschließen, dass man auf militärische Hinterlassenschaften stößt. Bleiben Sie daher in diesen Arealen auf den Wegen, berühren Sie keine Artefakte unklarer Herkunft und achten Sie darauf, dass auch Kinder diese Verhaltensregeln beherzigen.

Erschöpfung: Viele Unfälle und Verletzungen haben ihre Ursache in Erschöpfung. Beugen Sie deshalb vor: Schätzen Sie Ihre Kondition realistisch ein und überfordern Sie sich nicht. Planen Sie bei allen Touren immer Reservezeiten ein. Unterwegs gilt: Trinken, bevor man durstig ist; essen, bevor man hungrig ist; rasten, bevor man müde ist!

Mit guter Ausrüstung verliert schlechtes Wetter seine Schrecken.

GPS-Tracks und Koordinaten der Ausgangspunkte

Zu diesem Wanderführer stehen auf www.rother.de GPS-Tracks und Koordinaten der Ausgangspunkte zum kostenlosen Download bereit.
2. Auflage, Passwort: 451902zmt
Sämtliche GPS-Daten wurden von der Autorin mittels GPS-Gerät erfasst. Verlag und Autorin haben die Tracks und Wegpunkte nach bestem Wissen und Gewissen überprüft. Dennoch können wir Fehler oder Abweichungen nicht ausschließen, außerdem können sich die Gegebenheiten vor Ort zwischenzeitlich verändert haben. GPS-Daten sind zwar eine gute Planungs- und Navigationshilfe, erfordern aber nach wie vor sorgfältige Vorbereitung, eigene Orientierungsfähigkeit sowie Sachverstand in der Beurteilung der jeweiligen (Gelände-)Situation. Man sollte sich für die Orientierung auch niemals ausschließlich auf GPS-Gerät und -Daten verlassen.

Karte, Kompass, GPS

Für die Wanderungen stehen flächendeckend die topografischen Karten des Thüringer Landesamts für Vermessung und Geoinformation im Maßstab 1:50.000 zur Verfügung, in denen sich auch die ausgewiesenen Wanderwege mit ihren Symbolen und weitere touristische Hinweise finden. Das Wanderführer-Gebiet wird von folgenden Karten abgedeckt:

- Blatt 53: Nördliches Eichsfeld
- Blatt 54: Südliches Eichsfeld, Hainich, Werratal
- Blatt 56: Südliches Harzvorland
- Blatt 59: Thüringer Schiefergebirge
- Blatt 61: Westliches Thüringer Becken, Mittleres Unstruttal
- Blatt 62: Östliches Thüringer Becken, Unteres Unstruttal
- Blatt 63: Zentralthüringen
- Blatt 64: Mittleres Saaletal, Mittleres Ilmtal

Die zwischen 2005 und 2011 herausgegebene Auflage der topografischen Karte 1: 50.000 des Thüringer Landesamts für Vermessung und Geoinformation ist hinsichtlich der Topografie verlässlich, jedoch in Bezug auf die eingezeichneten Wege mitunter ungenau. So kommt es vor, dass in der Karte eingezeichnete Wege im Gelände nicht existieren, im Gelände vorhandene Wanderwege in der Karte nicht dargestellt sind oder der Wegverlauf nicht ausreichend präzise wiedergegeben wird. Die Nutzbarkeit der Karten zur Vorbereitung von Wanderungen wie auch zur Orientierung im Gelände ist dadurch eingeschränkt. Die Wegdarstellung im vorliegenden Wanderführer kann daher von der topografischen Karte abweichen, wobei für die Wander-

Sonnenstein im Abendlicht: ein hohes Maß an Übersicht (Tour 49).

führer-Kärtchen die Situation vor Ort und die mit GPS ermittelten Tracks (also der tatsächlich gelaufene Weg) ausschlaggebend sind.
Kompass und GPS-Gerät sind in der Kulturlandschaft Thüringens nicht zwingend erforderlich. Bei unmarkierten Wegabschnitten oder beim Fehlen von Orientierungspunkten können sie jedoch im Einzelfall hilfreich sein.

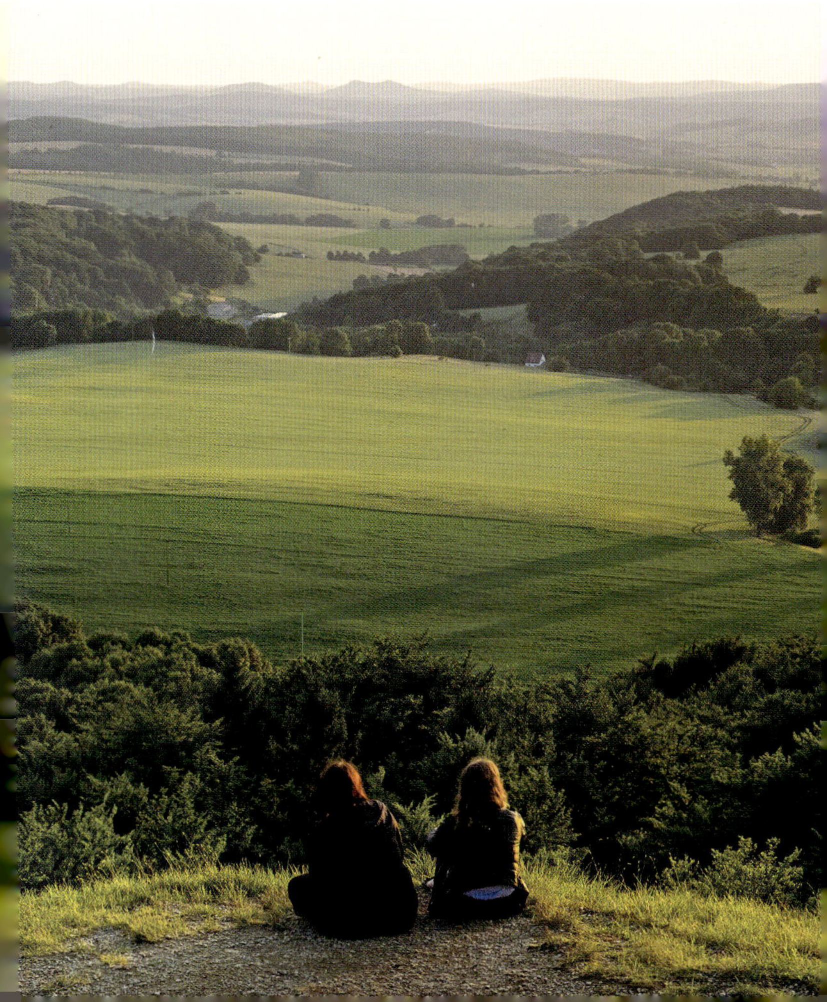

Natur und Landschaft – ein Überblick

Geologie und Entstehung

Der Untergrund Zentral- und Nord-Thüringens setzt sich überwiegend aus Gesteinen zusammen, die im Verlauf unterschiedlicher, überwiegend unter tropischen Klimabedingungen stattfindenden Sedimentationsprozessen entstanden. Erdgeschichtlich sind sie der Trias zuzuordnen, einer Epoche des Erdmittelalters, die vor etwa 250 Mio. Jahren begann und vor etwa 205 Mio. Jahren endete. Sowohl im Nordosten wie auch Südosten schließt sich Grundgebirge an, das früheren erdgeschichtlichen Epochen (Erdaltertum – Paläozoikum) entstammt.

Im nördlichen und zentralen Thüringen ist das Deckgebirge der Trias, die die geologischen Schichtengruppen Keuper, Muschelkalk und Buntsandstein umfasst, dergestalt gelagert, dass die jüngsten Gesteinsschichten im zentralen Bereich anstehen und allseitig von älteren Gesteinsformationen umschlossen werden. Somit nimmt das Alter der anstehenden Gesteine ausgehend vom Zentrum des Thüringer Beckens nach außen hin zu. Das Einfallen der Schichten, also ihre Schräglage oder Steilstellung, verdankt sich der alpidischen Faltung, die vor 60 Mio. Jahren stattfand.

Die jüngsten Gesteinsschichten des Deckgebirges gehören zum Keuper und stehen im zentralen Thüringer Becken an. Sie werden stellenweise von jüngeren (d.h. pleistozänen) Ablagerungen, z.B. Löß oder Auesedimenten, überdeckt. Nach außen hin wird der Keuper von Formationen des Muschelkalk abgelöst, die charakteristische Schichtstufen, Schichtrippen und Zeugenberge bilden. Im Westen sind dies Werra-Bergland und Hainich, im Norden Dün und Hainleite, im Osten die Höhenzüge von Schmücke und Finne und im Süden das Ilm-Saale-Hügelland. Alle genannten Erhebungen haben gemeinsam, dass sie – vom zentralen Thüringer Becken aus gesehen – allmählich ansteigen und an ihren Außenkanten einen meist markanten Steilabfall besitzen.

Auf den Muschelkalk folgt radial nach außen der Buntsandstein. Im Süden des Wanderführergebiets ist der Buntsandstein zwischen Paulinzella und Jena bzw. an den Saalehängen aufgeschlossen. Im Norden des Wanderführergebiets formen oberer und mittlerer Buntsandstein eine leicht wellige Landschaft, die zwischen Teistungen und Nordhausen zu erkunden ist. Nordöstlich schließt sich daran in einem dem Harz vorgelagerten, geologischen Senkungsgebiet der untere Buntsandstein an. Bergbaulich interessant sind die dort verbreiteten Kalivorkommen, die in Bergwerken, bei denen vor allem die Abraumhalden ins Auge stechen, abgebaut wurden bzw. werden.

Aus diesem Senkungsgebiet ragt der Kyffhäuser. Seine Deckgebirgsauflage ist vollständig erodiert, sodass in diesem kleinen Gebirgsstock die ältesten Gesteine im Wanderführergebiet zu finden sind. An seinem Nordrand treten diese in Form von Gneisen des Grundgebirges zutage. Darauf lagern Schiefertone und Sandsteine des Karbon, die vom Hauptkamm nach Südwesten ausgreifen. Zechsteinformationen des Perm sind sowohl am Südrand des Kyffhäusers als auch bei Badra aufgeschlossen. Sie bilden typische Gipskarstlandschaften mit Trockentälern, Erdfällen und Höhlen.

Klima

Die vorwiegend südwestlichen Wetterlagen führen dazu, dass sich die Niederschläge jeweils am südwestlichen Anstieg der Höhenzüge von Thüringer Wald und Harz abregnen, während die Regionen dazwischen im Regenschatten liegen.

Im **Thüringer Wald** sind durchschnittlich über 1200 mm, im Eichsfeld immerhin noch 1000 mm Niederschläge zu verzeichnen. Im Thüringer Wald, im Werra-Bergland, im Eichsfeld und im Harz führt dies zu einer stärker ozeanischen Prägung des Klimas.

Das im Lee des Thüringer Waldes gelegene **Thüringer Becken** muss hingegen mit durchschnittlich weniger als 600 mm Niederschlag auskom-

Unterhalb der Veste Wachsenburg sind bunte Keupermergel aufgeschlossen (Tour 24).

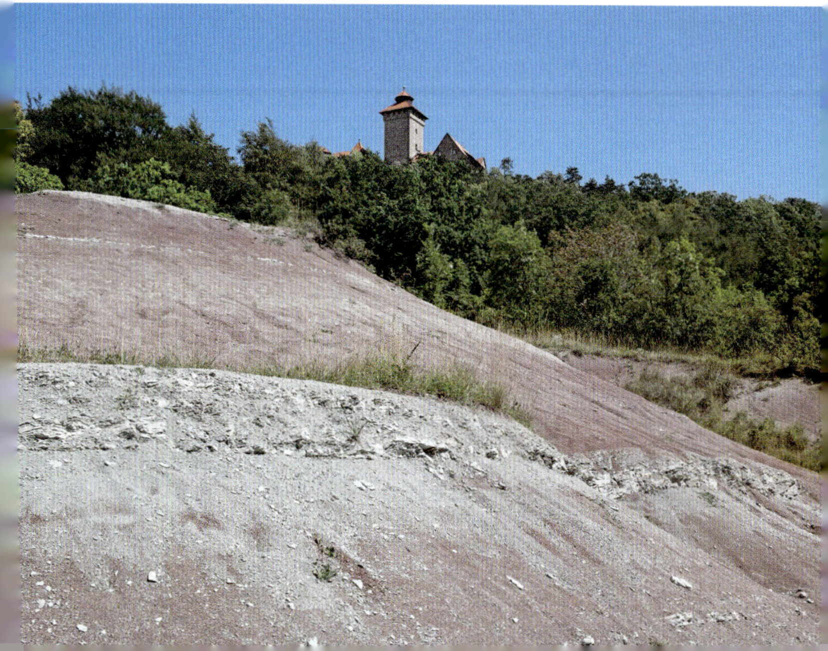

Klimatabelle Weimar

Monat	1	2	3	4	5	6	7	8	9	10	11	12
Ø Temperatur °C	0,0	0,2	3,9	9,4	12,9	16,0	18,6	17,1	14,1	9,5	4,7	1,0
Ø Niederschlag mm	26	22	30	35	74	56	89	74	55	35	46	35
Ø Tage mit Niederschlag	16	13	14	11	16	13	15	15	12	12	14	16
Ø Sonnenstunden	61	72	144	189	207	228	239	190	163	126	60	45

Klimatabelle Eisenach

Monat	1	2	3	4	5	6	7	8	9	10	11	12
Ø Temperatur °C	0,0	0,4	4,3	9,4	12,6	15,6	18,1	17,4	13,5	9,1	4,7	1,0
Ø Niederschlag mm	40	24	31	34	80	63	84	74	51	57	40	56
Ø Tage mit Niederschlag	18	16	14	12	15	15	15	16	13	12	16	20
Ø Sonnenstunden	44	63	133	168	192	208	220	189	134	126	43	28

Klimatabelle Leinefelde

Monat	1	2	3	4	5	6	7	8	9	10	11	12
Ø Temperatur °C	0,1	0,2	3,7	9,1	12,3	15,2	17,9	16,6	13,7	9,4	4,7	1,0
Ø Niederschlag mm	61	40	43	35	84	59	85	71	59	48	60	61
Ø Tage mit Niederschlag	18	16	15	11	17	14	16	16	13	14	18	20
Ø Sonnenstunden	45	62	134	176	198	208	220	173	153	115	48	35

men. In einigen Bereichen beträgt die Niederschlagsmenge sogar weniger als 500 mm, sodass das Thüringer Becken zu den trockensten Regionen Deutschlands gehört. Dort herrschen gemäßigt kontinentale Klimabedingungen mit kühlen Wintern, spät einsetzendem Frühjahr und warmen Sommern. Die Niederschlagsmaxima liegen im Sommer, nämlich zwischen Mai und August. Demgegenüber zeichnen sich März und April und der Zeitraum von September bis November durch geringe Niederschläge aus. Die meisten Sonnenstunden finden sich zwischen Mai und Juli, die höchsten Durchschnittstemperaturen werden im Juli und August erreicht. Im Herbst ist Nebel, vor allem in den Flusstälern, ein regelmäßig auftretendes Phänomen.

Landschaft und Vegetation

Übersicht über die Natur- bzw. Landschaftsräume: Im Nordosten des Wanderführergebiets finden sich Harzvorland/Goldene Aue und der Kyffhäuser. Südwestlich daran angrenzend erstreckt sich das Buntsandstein-Hügelland des nördlichen Eichsfelds, das im Süden durch die Muschelkalk-Höhenzüge von Dün und Hainleite begrenzt wird. Nach Süden zu folgen die Ackerhügelländer des zentralen Thüringer Beckens, die im Westen durch das Werra-Bergland und den Hainich eingerahmt werden. Im Süden schließen sich das Ilm-Saale-Hügelland und daran angrenzend der Paulinzellaer Buntsandsteingürtel an.

Harzvorland/Goldene Aue und Kyffhäuser: Das Harzvorland fällt zur weiträumigen Senke, der »Goldene Aue«, die als geologisches Senkungsgebiet von Südosten nach Nordwesten verläuft, hin ab. Sie wird intensiv ackerbaulich genutzt. Besonderheiten sind Solequellen, die zur Salzgewinnung genutzt wurden und vom Mittelalter bis in die Neuzeit zur wirtschaftlichen Blüte umliegender Gemeinden wie Artern und Frankenhausen beitrugen. Wo der Austritt der Sole flächenhaft erfolgt, kann sich eine Salzvegetation ausbilden: Die Salzwiesen im NSG Esperstedter Ried gehören dabei zu den größten im Binnenland. Aus der Niederungslandschaft der Goldenen Aue hebt sich der Kyffhäuser (Tour 42), das kleinste Mittelgebirge Deutschlands, das von dichtem Wald bedeckt ist und anhand des monumentalen Kyffhäuserdenkmals auf dem Gipfel bereits von Weitem identifiziert werden kann. Auf den etwas regenreicheren Höhen dominiert Buchenwald, an den

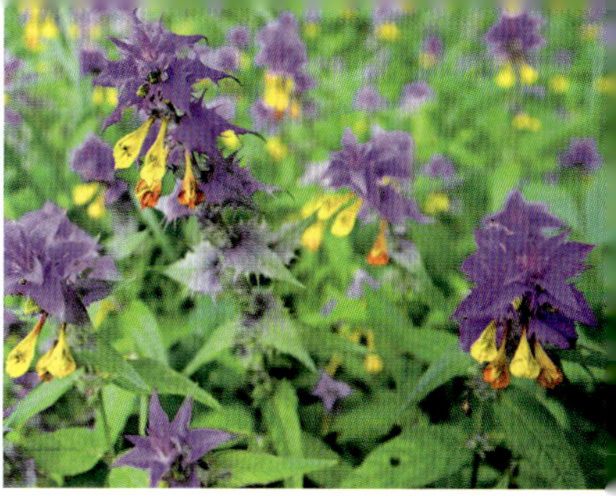
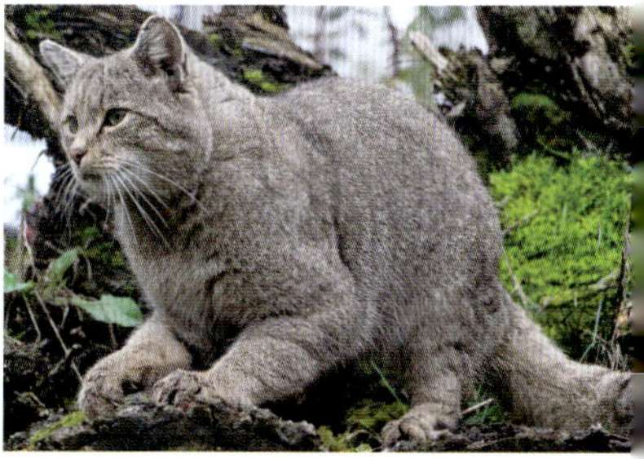
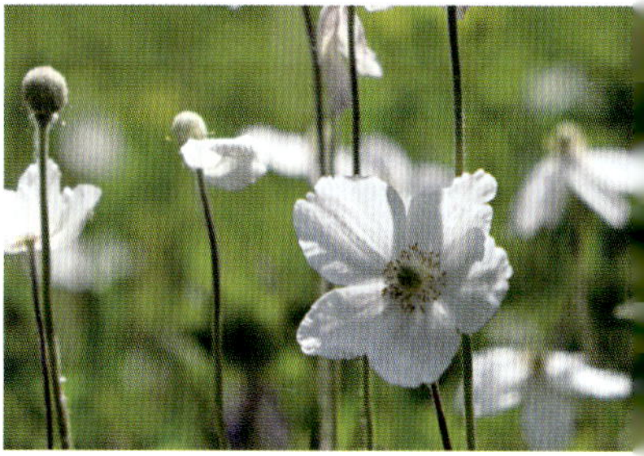
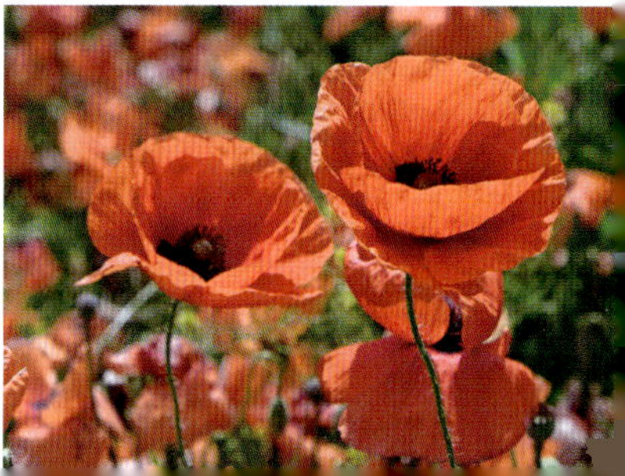

Von oben nach unten: Hain-Wachtelweizen, Wildkatze, Großes Windröschen, Klatschmohn.

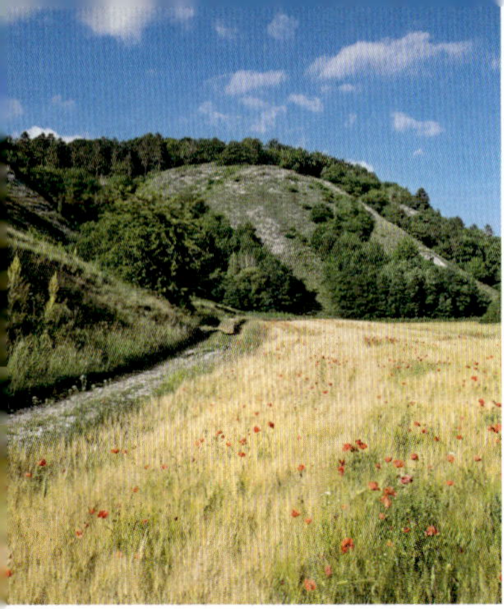

Gipskarst-Landschaft im Habichtstal.

trockenen Nordhängen zeigt sich vor allem Traubeneichenwald. An den niederschlagsarmen Süd- und Westhängen des Kyffhäusers leiten Buschwälder aus Felsenbirne, Kornelkirsche, Weißdorn und Liguster zu einer – aufgrund der Trockenheit – natürlicherweise waldfreien Gipskarstlandschaft mit Erdfällen, Auslaugungstälern und Höhlen (z.B. Barbarossahöhle – Tour 41) über. Dort finden sich auch seltene Magerrasentypen, nämlich Steppenrasen kontinentaler Prägung mit Federgräsern, Frühlings-Adonisröschen sowie weiteren gefährdeten Arten.

Buntsandstein-Hügelland des nördlichen Eichsfelds: Südlich und südwestlich des Harzvorlandes schließt sich das nördliche Eichsfeld mit seinem aus Sandstein gebildeten, moderat bewegten Hügelland an, aus dem vereinzelt Muschelkalk-Zeugenberge aufragen und für steilere Geländeformen sorgen (z.B. Ohmgebirge – Tour 50, Sonnenstein – Tour 49). Wälder bedecken die Kuppen und Höhenzüge, während auf den Hängen und in den Senken überwiegend Ackerwirtschaft betrieben wird. Der Traubeneichen-Winterlinden-Wald ist die natürlicherweise anzutreffende Waldgesellschaft, jedoch wurde auch in größerem Umfang Kiefernwald aufgeforstet. Im Bereich der Hohen Schrecke mit ihren etwas höheren Niederschlägen ist Buchenwald die vorherrschende Waldgesellschaft, allerdings nicht in der basenreichen Ausprägung der Muschelkalk-Höhen wie z.B. im Hainich (siehe unten), sondern in der bodensauren und damit artenärmeren Variante (Tour 37). Mancherorts verweisen große, nur spärlich bewachsene Abraumhalden auf die Kali-Vorkommen des Zechsteins, die durch Bergwerke erschlossen wurden. Im Süden und Südwesten fällt eine markante Muschelkalk-Schwelle ins Auge, die von Dün und Hainleite gebildet wird (siehe unten).

Werra-Bergland, Hainich, Dün, Hainleite und Schmücke: Im Werra-Bergland und im Hainich bilden die Muschelkalkschichten an ihrem Westrand bzw. bei Dün, Hainleite und Schmücke am Nordrand meist steile Hänge oder Abbruchkanten, während die Abdachung nach Osten (bzw. Süden) sanfter erfolgt. An zwei Stellen haben sich Wipper und Unstrut den Weg durch den Höhenzug der Hainleite gebahnt und markante Durchbruchstäler geschaffen, an der Grenze zu Hessen mäandriert das prägnant eingeschnittene Flusstal der Werra in zahlreichen Schleifen von Südost nach Nordwest (Tour 1). Der Wald hat einen hohen Flächenanteil, bedeckt Hügelkuppen, Höhenzüge und Hänge und besteht überwiegend aus Buchen- und Buchenmischwäldern basenreicher Standorte, wie sie typischerweise im Nationalpark Hainich zu erleben sind (Touren 13–20); in steilen Hanglagen gesellen sich in der zweiten Baumschicht mitunter Eiben dazu (Tour 2). Häufig überzieht im Vorfrühling und Frühjahr ein Blütenflor von Hohlem Lerchensporn, Märzenbecher und Bärlauch den Waldboden dieser Bestände. Wo an den Hängen Sandsteine angeschnitten sind, tritt hingegen ein Buchenwald bodensaurer Standorte auf (Tour 11). Auf niederschlagsärmeren, trockeneren Standorten finden sich Eichen- und Eichenmischwälder mit Elsbeere und Feldahorn. In Bereichen mit geringer Bodenbildung kann sich die genügsame Waldkiefer natürlicherweise etablieren, in exponierter Lage auf Kalkschutthalden lassen sich Blaugrasrasen identifizieren. In den Tälern ist ein Mosaik aus Acker- und Grünlandwirtschaft vorhanden. An der Ostabdachung des Hainich stellen die großen Karstquelltöpfe (z.B. Melchiorbrunnen, Kainspring) eine Besonderheit dar (Tour 9). Aufgrund des hohen Waldanteils und der geringen Zerschneidungseffekte existiert in diesem Naturraum eine überregional bedeutende Population der Wildkatze. In den von der Werra angeschnittenen Steilhängen oder in Felswänden brüten Wanderfalke und Uhu. Größere Siedlungen gruppieren sich um die ehemaligen Furten bzw. die alten Brückenübergänge (z.B. Treffurt – Tour 10, Creuzburg – Tour 12) und entfalten durch die zahlreichen Fachwerkbauten einen besonderen Charme.

Ausblick über das waldreiche Werra-Bergland.

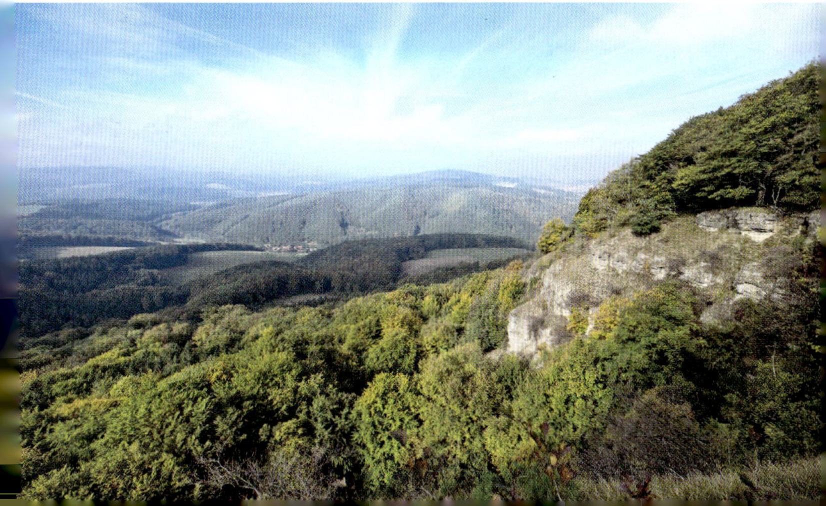

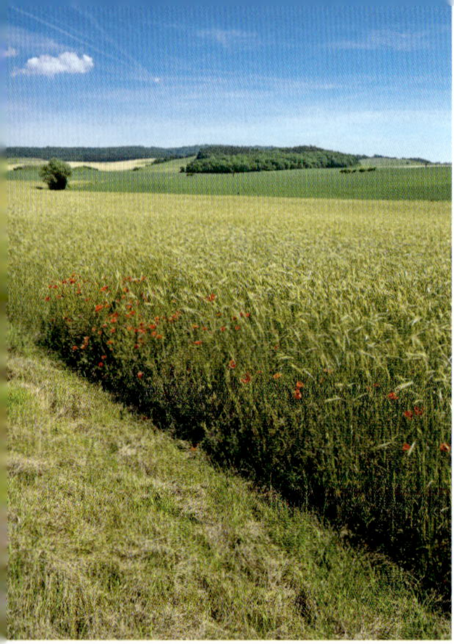

Zentrales Thüringer Becken.

Ackerhügelländer des zentralen Thüringer Beckens: Der Keuper des zentralen Thüringer Beckens formt – anders als der Name nahelegt – keine schüsselartige Senke, sondern eine weitläufig wellige Hügellandschaft, die bereichsweise von einer fruchtbaren Lößschicht bedeckt und ackerbaulich intensiv genutzt wird (Touren 36, 38). Im Mittelalter begründete der Anbau der Färberpflanze Waid auf den fruchtbaren Böden den nicht unerheblichen Reichtum vieler Gemeinwesen, heute sind die Geländerücken häufig Standorte von Windkraftanlagen. Geradlinig verlaufende Straßen und Feldwege, die mitunter (noch bzw. wieder) von Alleen gesäumt werden, verbinden die Dörfer. Ein typischer, wenn auch stark gefährdeter Bewohner dieser Agrarlandschaften ist der Hamster, der hier eines seiner deutschen Schwerpunktvorkommen hat und in einigen Bereichen durch spezielle Bewirtschaftungsmaßnahmen gefördert wird. Eingesenkt in diese Agrarlandschaft verlaufen Bach- und Flusstäler hauptsächlich von West nach Ost, z.B. die Täler von Unstrut (Tour 21) und Helbe (Tour 39). An den südexponierten Hängen dieser Täler finden sich in ehemaligen Reblagen, auf denen bis ins ausgehende 19. Jh. Wein angebaut wurde, heute entweder Streuobstwiesen, Magerrasen oder verbuschte Areale. Auf den wechselfeuchten und periodisch überschwemmten Flächen im Talgrund herrscht Grünlandwirtschaft. Im Mittellauf der Unstrut finden sich ausgedehnte Rückhaltebecken, die im Frühjahr und im Herbst als Rastplatz für Zugvögel, z.B. Kraniche, eine große Bedeutung besitzen (Tour 22).

Ilm-Saale-Hügelland: Vom zentralen Thüringer Becken steigen die Muschelkalkschichten in Richtung Süden allmählich an und bilden – annähernd spiegelbildlich zu Dün und Hainleite (siehe oben) – nach Süden zu meist prägnante Steilhänge und Abbrüche, wie sie typischerweise z.B. an den Gölitz- und Kesselwänden bei Bad Blankenburg (Tour 28) ausgeprägt sind. Wald bedeckt vor allem die Höhen, während sich in den Tälern und flachen Mulden Äcker und Grünland abwechseln. Der Wald besteht überwiegend aus Buchen- und Buchenmischwäldern basenreicher Standorte, in denen im Frühsommer stellenweise die größte heimische Orchidee, der Frauenschuh, zur Blüte kommt. In südexponierten Lagen trifft man vereinzelt auf artenreiche Steinsamen-Elsbeeren-Eichen-Wälder (Tour 24). Auf Felskanten kommt die Waldkiefer natürlicherweise vor, sie wurde jedoch auch forstlich stark gefördert und hat daher einen nennenswerten Anteil am Baumbestand. Daneben existieren auch stark anthropogen überprägte Fichtenforste in mengenmäßig relevanten Flächenanteilen. Auf Standorten mit geringer Bodenbildung und trockenem Untergrund finden sich Magerrasen, auf exponierten Kalkrippen kann sich eine spezialisierte Vegetation behaupten, der u.a. Felsenbirne und Zwergmispel angehören.

Paulinzellaer Buntsandsteingürtel: Der Süden des Wanderführergebiets berührt entlang der Flüsse Saale und Schwarza den Paulinzellaer Buntsandsteingürtel, dessen Hügelland einen hohen Waldanteil aufweist. Dabei handelt es sich vorwiegend um Fichten- und Kiefernforste, die auf potenziellen Buchenwaldstandorten stocken. Kleinere Täler sind V-förmig eingeschnitten; ihre Talböden und Unterhänge sind von Grünlandwirtschaft geprägt (Tour 27), in breiteren Tälern wird Ackerwirtschaft betrieben. Dort finden sich auch größere Ansiedlungen wie Bad Blankenburg, Rudolstadt und Saalfeld.

Abendstimmung im Ilm-Saale-Hügelland.

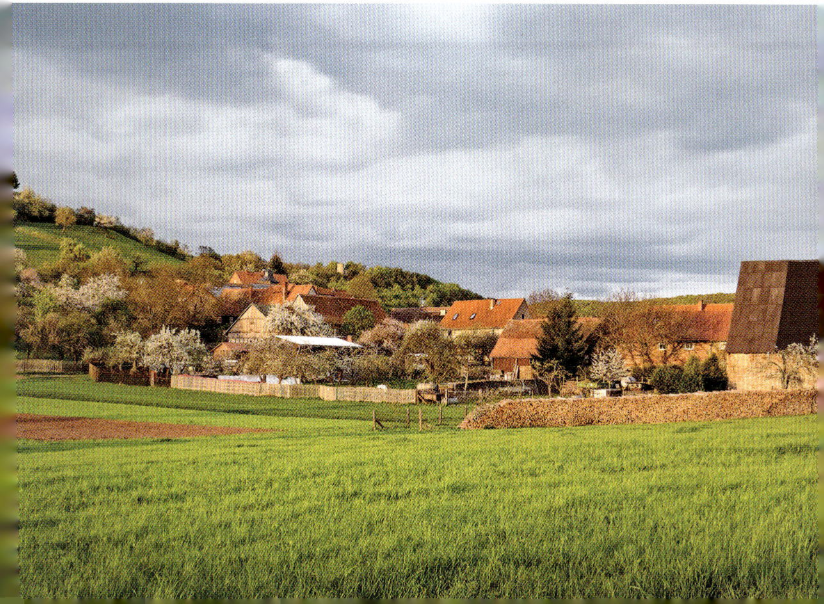

Informationen und Adressen

Verkehr

Öffentlicher Nahverkehr (ÖNV): Der öffentliche Nahverkehr ist überwiegend gut ausgebaut, sodass viele Touren mit Bus oder Bahn erreichbar sind, wenn auch mitunter zusätzliche Anmarschstrecken erforderlich sind oder die Tour von einem anderen als dem angegebenen Ausgangspunkt gestartet werden muss. Im ländlichen Raum ergeben sich für Wanderer jedoch gewisse Einschränkungen, da sich die Abfahrzeiten vor allem an den Schul- und Arbeitszeiten orientieren, sodass das Gros der Verbindungen früh, mittags und spätnachmittags angeboten wird. Zwischendrin klaffen mitunter erhebliche Angebotslücken, die an die Organisation der An- und Abreise unter Umständen erhöhte Anforderungen stellen können. Da sich Buslinien und Haltestellen manchmal ändern, empfiehlt es sich, zeitnah vor einer Wanderung zu recherchieren, ob die bei den einzelnen Touren angegebenen Verbindungen noch aktuell sind.

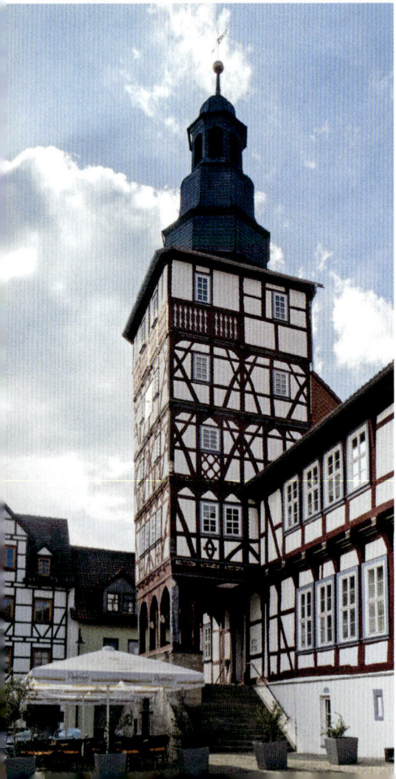

Anfahrt mit dem eigenen Auto: Alle Ausgangspunkte sind mit dem privaten Kraftfahrzeug zu erreichen. Benutzer eines Navigationsgeräts sollten daran denken, dass Ortsnamen mitunter mehr als einmal vorkommen können (den Ortsnamen »Berka« gibt es in Thüringen z.B. nicht weniger als drei Mal!) oder ähnlich geschrieben werden (z.B. Volkenroda/Volkerode), und sicherstellen, dass sie das richtige Ziel ansteuern.

Parken: Das Auto kann bis auf wenige Ausnahmen auf kostenfreien Parkplätzen oder am Straßenrand abgestellt werden. Nur in touristisch stark frequentierten Bereichen kann es notwendig sein, kostenpflichtige Parkmöglichkeiten in Anspruch zu nehmen.

Rathaus und Marktplatz in Treffurt (Tour 10).

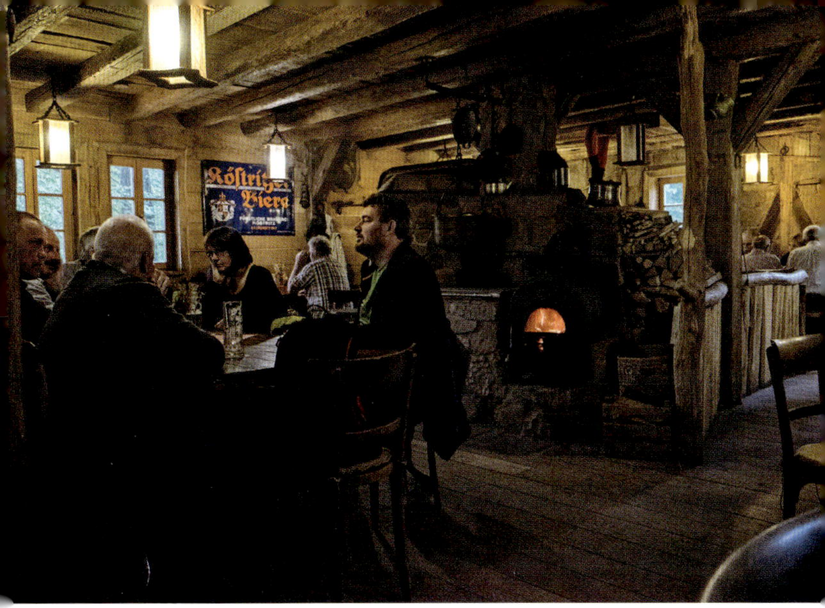

Ein beliebtes Ausflugsziel: Teufelskanzel-Hütte (Tour 1).

Einkehr

Während in den viel besuchten Tourismus-Regionen oder im Umfeld bekannter Attraktionen eine gute Gaststätten-Infrastruktur vorhanden ist, ist die Situation abseits davon deutlich unübersichtlicher und weniger verlässlich. Generell ist in Bereichen abseits der Touristenströme von einer geringeren Gaststätten-Dichte und erratischeren Öffnungszeiten auszugehen: Einige Gaststätten sind mittags und abends geöffnet, schließen aber am Nachmittag, einige sind nur abends oder am Wochenende geöffnet; manche bedienen nur Gruppen nach Voranmeldung oder geben geschlossenen Gesellschaften den Vorzug. Da ein erheblicher Anteil der Gaststätten nicht über eine (aktuelle) Homepage verfügt, sind diese Modalitäten (oder deren Änderung) für potenzielle Gäste nicht erkennbar. Wer sichergehen will, nicht vor verschlossenen Türen zu stehen, sollte vorab telefonisch Erkundigungen einziehen.

Die im Wanderführer gemachten Angaben entsprechen dem Stand 2017; im Zweifelsfall bitte wie erwähnt die aktuellen Öffnungszeiten vorab recherchieren. Generell sollte man sich nicht ausschließlich auf Versorgungsmöglichkeiten unterwegs verlassen; die Mitnahme eines kleinen kulinarischen Notvorrats, insbesondere auch von Getränken, ist sicher keine abwegige Idee.

Weitwanderwege

Liebhaber von Weitwanderwegen finden viele Möglichkeiten, sich zu entfalten. Die bekanntesten Weitwanderwege im zentralen und nördlichen Thüringen sind im Folgenden aufgeführt:

- Lutherweg (ca. 400 km im Wanderführergebiet): Dieses Wegenetz, eine Kombination aus Strecken- und Rundwanderwegen, verbindet zahlreiche Örtlichkeiten, die mit dem Leben und Wirken des Reformators Martin Luther in Verbindung stehen (über Thüringen hinaus existieren Wegabschnitte in Sachsen-Anhalt, Hessen, Sachsen und Bayern).
- Thüringen-Weg (410 km): Streckenwanderweg zwischen Altenburg im Osten Thüringens und Creuzburg an Thüringens Westgrenze.
- Barbarossaweg (insgesamt ca. 326 km, davon ca. 160 km im Wanderführergebiet): Streckenwanderweg von Korbach (Hessen) zum Kyffhäuser (Thüringen).
- Pilgerweg Volkenroda – Loccum (ca. 280 km, davon ca. 120 km im Wanderführergebiet): Streckenwanderweg zwischen den Zisterzienser-Klöstern Volkenroda und Loccum (Niedersachsen).
- Karstwanderweg (233 km): Kombination aus Rund- und Streckenwanderweg mit dem geologischen Schwerpunktthema »Karst« zwischen den Eckpunkten Seesen in Niedersachsen und Sangerhausen in Thüringen.
- Kyffhäuser-Feengrotten-Weg (ca. 230 km): Streckenwanderweg zwischen den Saalfelder Feengrotten im Süden und dem Kyffhäuserdenkmal im Norden Thüringens.
- Eichsfeld-Wanderweg (ca. 220 km): Rundwanderweg, der mit seinem Verlauf den gesamten Naturpark Eichsfeld im Nordwesten Thüringens abdeckt.
- Grünes Band (im Wanderführergebiet ca. 200 km): Streckenwandermöglichkeit entlang der ehemaligen innerdeutschen Grenze, in Thüringen vom Harz im Nordosten bis zur Rhön im Südwesten. Achtung: zwischen Harzvorland und nördlichem Eichsfeld nicht vollständig durchgängig.
- Wanderweg Harz-Eichsfeld-Thüringer Wald (HET – ca. 190 km): Streckenwanderweg vom Harz durch das Eichsfeld zum Thüringer Wald.
- Hainichlandweg (126 km): Rundwanderweg durch und um den Hainich und das südliche Eichsfeld.
- Werra-Burgen-Steig (Teil des Europäischen Fernwanderwegs E6, ca. 120 km im Wanderführergebiet): Streckenwanderweg auf den Höhenzügen entlang der Werra zwischen Hannoversch Münden und Meiningen.
- Fahner Höhe-Hainich-Weg (FHH-Weg – ca. 80 km): Streckenwanderweg zwischen Fahner Höhen und Hainich.
- Mühlen-Wanderweg (ca. 75 km): Streckenwanderweg von Großrudestedt nach Buttstädt, vorbei an vielen Wind- und Wassermühlen.
- Hainleite-Wanderweg (ca. 74 km): Streckenwanderweg von Friedrichsrode im Westen der Hainleite zur Sachsenburg bzw. Oldisleben im Osten.

- MEM-Wanderweg (ca. 74 km): Rundwanderweg zwischen den Eckpunkten Mühlhausen im Osten und Eschwege im Westen.
- SaaleHorizontale (ca. 72 km): Rundwanderweg auf den Höhen und Hängen beidseits des Saaletals rund um Jena.
- Unstrut-Wanderweg (ca. 64 km): Streckenwanderweg von der Unstrut-Quelle bis Herbsleben (Fortführung bis zur Mündung in die Saale in Planung).

Thüringen besitzt eine Vielzahl an attraktiven Wanderregionen.

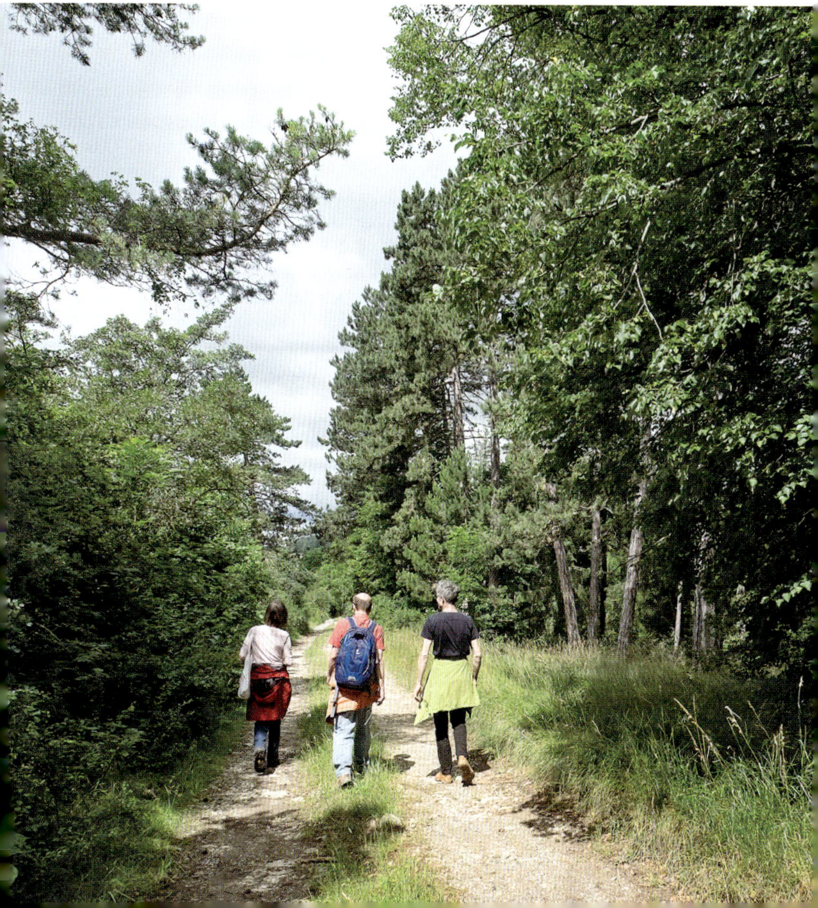

Lohnende Ziele

Das zentrale und nördliche Thüringen bietet sowohl an den Wanderwegen als auch abseits davon viele interessante Sehenswürdigkeiten, von denen ein kleiner, durchaus subjektiv ausgewählter Teil nachfolgend – definitiv nicht abschließend – vorgestellt wird (für die Qualität und das Preis-Leistungs-Verhältnis wird keine Verantwortung übernommen). Eine individuelle Recherche sei jedem empfohlen, denn es gibt auch darüber hinaus viele reizvolle Örtlichkeiten und spannende Veranstaltungen zu entdecken.
Wer mehrere Attraktionen besuchen möchte, sollte prüfen, ob sich der Kauf einer »ThüringenCard« lohnt, die für über 200 Sehenswürdigkeiten und Ausflugsziele gilt (Stand 2017). Es gibt sie für unterschiedliche Geltungszeiträume.

Sehenswerte Städte

- **Erfurt:** Dom, Festungsanlagen, Fachwerkhäuser, Renaissancebauten und nicht zuletzt die Krämerbrücke verhelfen der Landeshauptstadt Thüringens zu einem äußerst malerischen Stadtkern, viele kulturelle Einrichtungen machen es zu einem veritablen Besuchermagneten. Erfurt steht nicht umsonst auf der Vorschlagliste zum Weltkulturerbe!
- **Weimar:** Weimar ist »die« Stadt der deutschen Klassik und seit 1998 Welterbestätte, sie zeichnet sich durch ein bemerkenswertes Stadtensemble und zahlreiche herausragende Kulturdenkmäler aus vielen Bauepochen aus. An fast jeder Straßenecke finden sich Reminiszenzen an Dichter, Denker, Komponisten und deren Förderer. *(Tour 33)*
- **Mühlhausen:** Von Kaiser Barbarossa gegründete Kaiserpfalz mit gut erhaltener Stadtmauer, die man vom Frauenturm aus auf dem Wehrgang zumindest teilweise von oben erkunden kann. Im Stadtkern dominieren Renaissance- und Barockgebäude. Auch die »Bachkirche« Divi Blasii ist eine sehenswerte Attraktion.

Krämerbrücke in Erfurt.

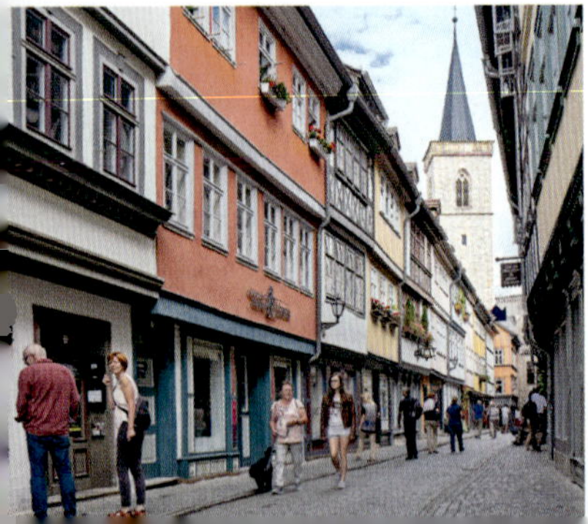

Hausfassade in Mühlhausen.

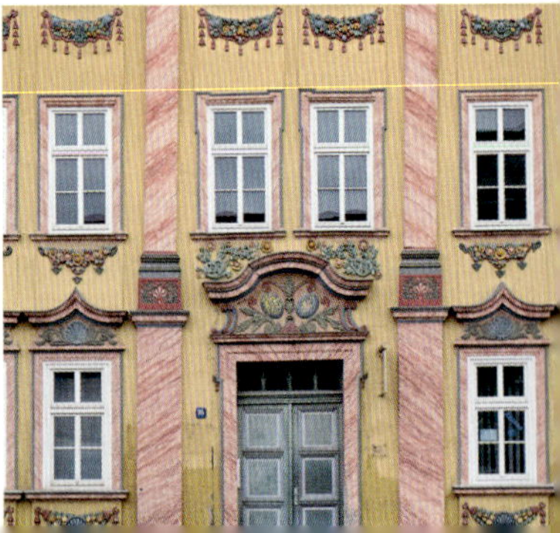

- **Bad Langensalza:** Mittelalterlicher Stadtkern und historische Bauten, die von einer in Teilen erhaltenen Stadtmauer umgeben sind, prägen die Altstadt und sorgen für einen hohen Schnuckeligkeitsfaktor. Außer für Kurmittelanwendungen ist Bad Langensalza auch für seine Themengärten bekannt, darunter Rosengarten (der seine Pracht vor allem im Juni und Juli entfaltet) und Japanischer Garten. *(Tour 21)*

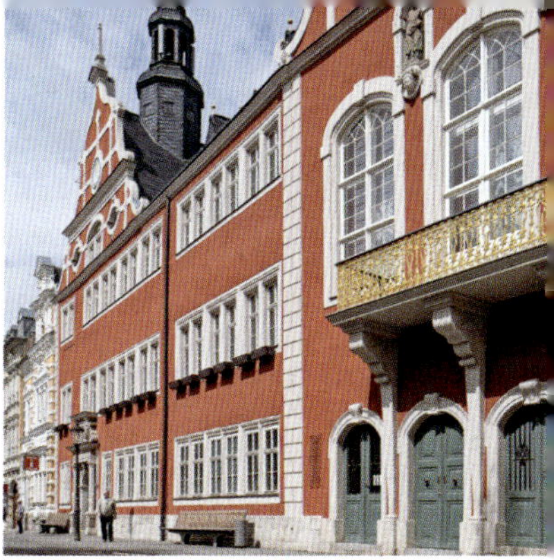

Rathaus in Arnstadt.

- **Arnstadt:** Fachwerk- und Renaissancebauten sind typisch für die im Mittelalter zu Wohlstand gekommene Kleinstadt, die gleichzeitig eine der ältesten urkundlich erwähnten Siedlungen Thüringens ist. J. S. Bach, der hier vier Jahre als Organist wirkte, wird auf dem Platz vor dem Rathaus mit einem Denkmal in unkonventioneller Pose geehrt.

Schlösser, Burgen, Klöster und Ruinen

- **Ruine Hanstein:** Die heute sichtbare Burganlage stammt aus dem 14. Jh. und wurde im Dreißigjährigen Krieg von schwedischen Truppen zerstört. März bis Okt. tgl. 10–18 Uhr, im Winter Sa, So 10–16 Uhr. *(Tour 1)*
- **Burg Normannstein** (1 km nördlich von Treffurt): Zum Schutz der Werrafurten um 1200 errichtete Burganlage mit kleinem Burgmuseum. Burghof frei zugänglich, Ausstellung ganzjährig Mi–So 11–17 Uhr. *(Tour 10)*
- **Wartburg** (südlich von Eisenach): Prototyp der »deutschen Burg«, sagenhafter Austragungsort des Sängerkrieges, Zufluchtsort Martin Luthers und Entstehungsort seiner Bibelübersetzung (»Lutherbibel«), Stätte des ersten Wartburgfestes, Weltkulturerbe. April bis Okt. tgl. 8.30–17 Uhr, im Winter tgl. 9–15.30 Uhr.
- **Schloss Friedenstein** (Gotha): Größte Schlossanlage Thüringens mit Raumkunstwerken des 17.–19. Jh., Ekhof-Theater mit barocker Bühnentechnik sowie Garten- und Parkanlagen aus unterschiedlichen Epochen. Sammlungen siehe »Museen«. April bis Okt. Di–So 10–17 Uhr, im Winter Di–So 10–16 Uhr.
- **Drei Gleichen** (südöstlich von Gotha): Als »Die drei Gleichen« werden die benachbarten Burgruinen Burg Gleichen und Mühlburg sowie die Veste Wachsenburg bezeichnet, die alle imposant auf benachbarten Hügeln thronen. Ruine Gleichen und Mühlburg: April bis Okt. tgl. 10–17 Uhr, Veste Wachsenburg: ganzjährig Mo–Sa 11–20.30 Uhr, So 11–17.30 Uhr. *(Tour 24)*

- **Klosterruine Paulinzella:** Ruine einer romanischen Klosteranlage, deren Bau im frühen 12. Jh. begonnen und die im Zuge der Reformation aufgelöst wurde. Öffentlich zugänglich. *(Tour 27)*
- **Burg Greifenstein** (Bad Blankenburg): im 12. Jh. erstmals erwähnte Burg mit Rundturm, Kirche, Wirtschaftsgebäuden sowie verfallenen Anlageteilen. Kleine Ausstellung zur Burggeschichte, Falknerei. Ganzjährig Di–So 10–17 Uhr. *(Tour 28)*
- **Schloss Heidecksburg** (Rudolstadt): Barocke Schlossanlage mit beeindruckenden Rokoko-Prunkgemächern (nur mit Führung zugänglich) und Sammlungen (siehe »Museen«). April bis Okt. Di–So 10–18 Uhr, im Winter bis 17 Uhr.
- **Schloss Kochberg** (Großkochberg): Reizendes Wasserschloss mit barockem Liebhabertheater und englischem Landschaftsgarten; historischer Wohnsitz Charlotte von Steins und daher häufiges Ziel Goethes. April bis Mitte Okt. Di–So 10–18 Uhr. *(Tour 30)*
- **Obere Burg Kranichfeld** (Kranichfeld): Burganlage aus Vor- und Hauptburg, wobei ein Teil der ursprünglich romanischen Bauten zum Renaissanceschloss umgestaltet wurden. Mai bis Okt. Di–Fr 10–17 Uhr, Sa, So 10–18 Uhr; März, April, Nov. Di–So 10–16 Uhr.
- **Leuchtenburg** (Kahla): Typische Höhenburg mit Ursprüngen im 12. Jh., mit Ausstellung zur mittelalterlichen Gerichtsbarkeit sowie einer Porzellansammlung. April bis Okt. tgl. 9–19 Uhr, im Winter bis 17 Uhr. *(Tour 29)*
- **Zitadelle Petersberg** (Erfurt): Größte Stadtfestung des 17.–19. Jh. in Deutschland. Außenanlagen frei zugänglich.
- **Schloss Belvedere** (Weimar): Barockes Jagd- und Lustschlösschen mit Sammlung von Möbeln, Porzellan und Fayencen; formale Gärten und Landschaftspark. Schloss: April bis Okt. Di–So 10–18 Uhr. Park: öffentlich zugänglich.
- **Schloss und Park Tiefurt**: Englischer Landschaftspark im Kleinformat. Schloss: April bis Mitte Okt. 10–18 Uhr, im Winter 10–16 Uhr; Park: öffentlich zugänglich.
- **Wasserburg Kapellendorf**: Burganlage aus dem 14. Jh. mit umgebender Wehrmauer und Wassergraben. Im Burgmuseum Ausstellung zur Historie der Burg. Führungen nach Voranmeldung. Di–So 10–12 Uhr und 13–17 Uhr.
- **Dornburger Schlösser** (Dornburg): Ensemble aus Altem Schloss, Renaissance- und Rokokoschloss hoch über dem Saaletal mit Gartenanlagen aus unterschiedlichen Stilepochen. April bis Okt. Do–Di 10–17 Uhr.
- **Runneburg** (Weißensee): Große Burganlage, mittel- bis langfristig in Renovierung begriffen. Führungen durch die Burg Di–So 11–16 Uhr stündlich nach Voranmeldung. Im Ort Weißensee finden sich außerdem das älteste Rathaus Thüringens (1351) und ein Chinesischer Garten, der ebenfalls einen Besuch lohnt.

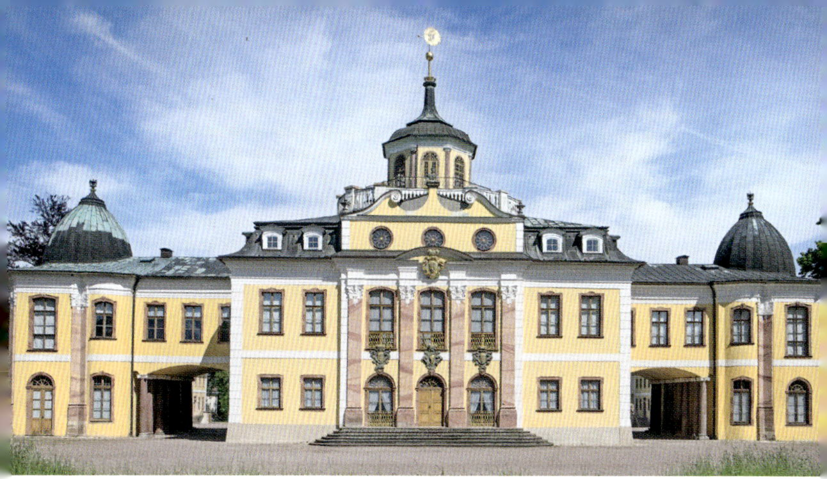

Schloss Belvedere bei Weimar.

- **Burgruine Kyffhausen:** Die ehemalige Reichsburg besteht aus einer (teilweise durch das Kyffhäuserdenkmal zerstörten) Oberburg sowie einer Unterburg mit Baubeginn in der zweiten Hälfte des 11. Jh. sowie Erweiterungsbauten aus dem 12. Jh. durch die Staufer; sie ist seit dem 15. Jh. dem Zerfall preisgegeben. *(Tour 42)*
- **Wasserburg Heldrungen**: Größte Wasserburg Deutschlands in französischer Festungsbauweise; wird heute als Jugendherberge genutzt. Baulichkeiten nach Voranmeldung, Außenanlagen frei zugänglich.
- **Schloss Sondershausen**: Große, über Jahrhunderte gewachsene Schlossanlage mit prächtigen Räumlichkeiten. Im angeschlossenen Museum Geschichte des Hauses Schwarzburg und eine musikhistorische Sammlung. Ganzjährig Di–So 10–17 Uhr.
- **Burg Lohra** (Großlohra): Pittoreske, nicht auf Hochglanz getrimmte Burganlage mit Ursprüngen im 11. Jh. mit zahlreichen Um- und Anbauten und einer romanischen Doppelkapelle als architektonischem Highlight. Kapelle öffentlich zugänglich. *(Tour 46)*
- **Burg Bodenstein**: Die am besten erhaltene Burg des Eichsfelds entwickelte sich von einer Wehranlage zum Fachwerkschloss. Führungen von Mai bis Sep. jeweils Sonn- und Feiertag 15 Uhr. *(Tour 50)*
- **Kloster Walkenried** (Niedersachsen): Zisterzienserkloster mit berühmten Baulichkeiten und interessanter Ausstellung zur geistlichen und wirtschaftlichen Bedeutung sowie zum gesellschaftlichen Kontext. Gelungene Audioführungen für Erwachsene und Kinder. Ganzjährig Di–So 10–17 Uhr. *(Tour 48)*

Museen, Sammlungen und Ausstellungen

- **Grenzmuseum Schifflersgrund** (Sickenberg): Auf dem Gelände an der ehemaligen innerdeutschen Grenze wurden die Grenzanlagen im Originalzustand belassen bzw. wieder aufgebaut. Ganzjährig tgl. 10–17 Uhr. *(Tour 2)*
- **Bauernkriegsmuseum** (Mühlhausen): Die Ausstellung in der Kornmarktkirche beschäftigt sich mit der Reformation, dem Wirken Thomas Müntzers und den Bauernaufständen des 16. Jh. in Deutschland. Ganzjährig Di–So 10–17 Uhr.
- **Kulturhistorisches Museum** (Mühlhausen): Museum mit den Schwerpunkten Archäologie, Kunstgeschichte und Historie der Stadt. Ganzjährig Di–So 10–17 Uhr.
- **Rosengarten und Rosenmuseum** (Bad Langensalza): Große Rosensammlung mit Hauptblütezeit im Juni und Juli. Mai bis Okt. tgl. 10–20 Uhr. Daneben sind auch weitere Themengärten sehenswert, z.B. Japanischer Garten und Arboretum. *(Tour 21)*
- **Opfermoor Vogtei** (Niederdorla): Vorchristliche, germanische Kultstätte mit nachempfundenen Baulichkeiten und Opferstätten sowie Original-Fundstücken im angeschlossenen kleinen Museum. März bis Okt. tgl. 10–18 Uhr, im Winter bis 17 Uhr.

Rosengarten in Bad Langensalza (Tour 21).

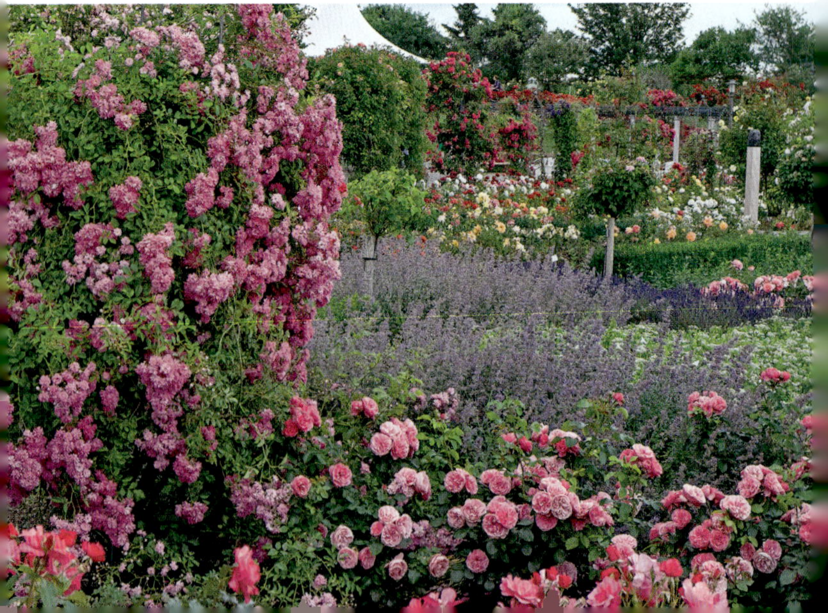

- **Bachhaus** (Eisenach): Das Museum im Geburtshaus von Johann Sebastian Bach widmet sich sowohl dem barocken Leben wie auch umfangreich dem Werk des Komponisten, Musikgenuss inklusive. Ganzjährig tgl. 10–18 Uhr.
- **Automobile Welt Eisenach:** Ausstellung zur Automobilgeschichte an einem der deutschen Traditionsstandorte des Automobilbaus. Ganzjährig Di–So 11–17 Uhr.
- **Schlossmuseum** im **Schloss Friedenstein** (Gotha) mit Historischem und Herzöglichem Museum: Herausragende Sammlung von Kupferstichen, spätmittelalterlicher und niederländischer Malerei. April bis Okt. Di–So 10–17 Uhr, im Winter Di–So 10–16 Uhr.
- **Museum der Natur** im **Schloss Friedenstein** (Gotha): Größtes naturkundliches Museum Thüringens u.a. mit einer Abteilung »Ursaurier«. April bis Okt. Di–So 10–17 Uhr, im Winter Di–So 10–16 Uhr.
- **Historisches Bahnbetriebswerk Arnstadt:** Eisenbahnmuseum in einer historische Anlage mit vielen dampf- und dieselbetriebenen Lokomotiven. Ganzjährig Sa, So 10–17 Uhr.
- **Schlossmuseum Arnstadt:** Glanzstück der Ausstellung ist die Puppenstadt »Mon Plaisir« aus dem 18. Jh.; außerdem findet sich dort eine Porzellan- und Glassammlung mit Ausstellungsstücken sowohl heimischer als auch fernöstlicher Provenienz. Ganzjährig Di–So 9.30–16.30 Uhr.
- **Museum Schloss Heidecksburg** (Rudolstadt): Gemälde- und Porzellansammlung, historische naturkundliche Sammlung und Ausstellung zur Heimatgeschichte. April bis Okt. Di–So 10–18 Uhr, im Winter bis 17 Uhr.
- **Thüringer Freilichtmuseum Hohenfelden:** Das Freilichtmuseum umfasst nicht nur etwa 30 Gebäude – das älteste von 1604 – mit originaler Einrichtung, sondern auch Höfe, Werkstätten und eine Brauerei im authentischen Umfeld im benachbarten Dorf Hohenfelden. April bis Okt. Mo–So 10–18 Uhr, im Winter ist nur der Pfarrhof geöffnet Sa, So 11–17 Uhr. *(Tour 31)*
- **Optisches Museum** (Jena): Historie und Entwicklung optischer Geräte aus fünf Jahrhunderten unter besonderer Berücksichtigung der Errungenschaften von Carl Zeiss, Ernst Abbe und Otto Schott. Ganzjährig Di–Fr 10–16.30 Uhr, Sa 11–17 Uhr.
- **Schott Glasmuseum** in der **Villa Schott** (Jena): Di–Fr 13–17 Uhr.
- **Botanischer Garten Jena:** Der zweitälteste botanische Garten Deutschlands (gegründet 1586) beherbergt auf einer Fläche von 4 ha über 12.000 Pflanzenarten. Ganzjährig tgl. 10–18 Uhr.
- **Phyletisches Museum** (Jena): Naturkundliches Museum mit Schwerpunkt auf der Entwicklungsgeschichte der Tiere und der Evolution. Ganzjährig Di–So 9–13 Uhr und 14–17 Uhr, Sa, So 10–16 Uhr.
- **Saline- und Heimatmuseum Bad Sulza:** Geschichte und Technik der Salzgewinnung. Nur Sa und So 9–12 Uhr. *(Tour 35)*
- Stadtmuseum Erfurt: Erfurt im Wandel der Zeiten. Ganzjährig Di–So 10–18 Uhr.

- **Museum für Thüringer Volkskunde** (Erfurt): Alltag, Leben, Volkskunst und Brauchtum in Thüringen mit Schwerpunkt auf dem 19. Jh. Ganzjährig Di–So 10–18 Uhr.
- **Naturkundemuseum Erfurt:** Flora und Fauna des Thüringer Beckens, kindgerecht aufbereitet, mehrfach ausgezeichnete Konzeption. Ganzjährig Di–So 10–18 Uhr.
- **Deutsches Gartenbaumuseum** (Erfurt): Historie und Entwicklung von Gartenbau und Gartenkunst in Deutschland. März bis Juni + Okt. Di–So 10–18 Uhr, im Juli und Aug. auch Mo 10–18 Uhr.
- **Alte Synagoge Erfurt:** Ältestes erhaltenes Synagogen-Gebäude Deutschlands (Bauteile aus dem 11. Jh.) mit Ausstellung zum jüdischem Leben in Erfurt und dem berühmten Hochzeitsring. Ganzjährig Di–So 10–18 Uhr.
- **Herzogin Anna Amalia Bibliothek** (Weimar): Herausragende Bibliothek u.a. im berühmten Rokoko-Saal des »Grünen Schlosses« mit Werken aus dem 9. bis 21. Jh. Ganzjährig Di–So 9.30–14.30 Uhr; beschränkte Besucherzahl, Voranmeldung erforderlich. *(Tour 33)*
- **Museum für Ur- und Frühgeschichte** (Weimar): Funde von der Altsteinzeit bis ins Mittelalter. Ganzjährig Di–Fr 9–17 Uhr, Sa, So 10–17 Uhr. *(Tour 33)*
- **Goethes Wohnhaus und Goethe-Nationalmuseum** (Weimar): Wohn- und Arbeitsstätte des Dichterfürsten, Darstellung und Rezeption von Leben und Werk. April bis Okt. Di–Fr 9.30–18 Uhr, im Winter bis 16 Uhr. *(Tour 33)*
- **Goethes Gartenhaus** (Weimar): Erster Wohnsitz Goethes in Weimar mit teilweise originaler Möblierung und von ihm angelegtem Garten. April bis Sep. Di–So 10–18 Uhr, im Winter Di–So 10–16 Uhr. *(Tour 33)*
- **Schillerhaus und Schillermuseum** (Weimar): Wohn- und Arbeitsstätte Schillers, wechselnde Ausstellungen. April bis Okt. Di–So 9.30–18 Uhr, im Winter Di–So 9.30–16 Uhr. *(Tour 33)*
- **Schlossmuseum im Residenzschloss** (Weimar): Herausragende Kunstsammlung mit Schwerpunkt auf europäischer Malerei zw. 17. und frühem 20. Jh. April bis Okt. Di–So 9.30–18 Uhr, im Winter Di–So 9.30–16 Uhr. *(Tour 33)*
- **Deutsches Bienenmuseum** (Weimar): Wissenswertes zum Thema Bienen, Imkerei und Honig. Ganzjährig Mi+Do 14–17 Uhr, Fr 10–14 Uhr.
- **Neues Museum Weimar:** Ausstellung moderner und zeitgenössischer Kunst. April bis Okt. Mi–Mo 10–18 Uhr, im Winter bis 16 Uhr.
- **Bauhaus-Museum** (Weimar): Das 2019 neu eingeweihte Museum widmet sich dem Wirken der bedeutendsten Design- und Kunstschule des 20. Jh. in Deutschland und richtet außerdem Sonderausstellungen aus. Mi–Mo 9.30–18 Uhr. *(Tour 33)*
- **Glocken- und Stadtmuseum Apolda:** Ausstellung zur Stadtgeschichte und zur Historie und Technik des Glockenbaus (Friedrich Schiller fand hier – sicher zum Unmut vieler Schülergenerationen – die Anregung für sein

Gedicht »Die Glocke«). Ganzjährig Di–So 10–18 Uhr.

- **Funkenburg** (Westgreußen): Germanischer Siedlungsplatz aus dem 1. und 2. Jh. n. Chr, der in einem Freilichtmuseum nachempfunden ist. Ganzjährig Mo–Fr 10–17 Uhr, von April bis Okt. auch Sa, So 10–17 Uhr.
- **Ausgrabungsstätte Steinrinne** (Bilzingsleben): Bedeutende prähistorische Fundstelle mit Überresten einer Wohnstätte von Homo erectus. April bis Okt. Di–So 10–16 Uhr.
- **Königspfalz Tilleda:** Vollständig ausgegrabene, früh- bis hochmittelalterliche Herrscherresidenz mit sichtbaren Fundamenten, rekonstruierten Anlagen und thematischer Aufbereitung. April bis Okt. tgl. 10–18 Uhr, März und Nov. tgl. 10–16 Uhr. *(Tour 42)*
- **Panoramamuseum** (Bad Frankenhausen): 1700 m² großes Monumentalgemälde der letzten Schlacht des Bauernkrieges. April bis Okt. Di–So 10–18 Uhr, im Winter Di–So 10–17 Uhr.
- **Regionalmuseum Bad Frankenhausen:** Museum mit naturkundlichem und regionalhistorischem Schwerpunkt. Ganzjährig Mi–So 10–17 Uhr.
- **Kunsthaus Meyenburg** (Nordhausen): Sammlung mit Schwerpunkt auf Druckgrafiken, u.a. von Max Ernst, Pablo Picasso, Lionel Feininger, Ernst Barlach und Henri Matisse. Ganzjährig Di–So 10–17 Uhr.

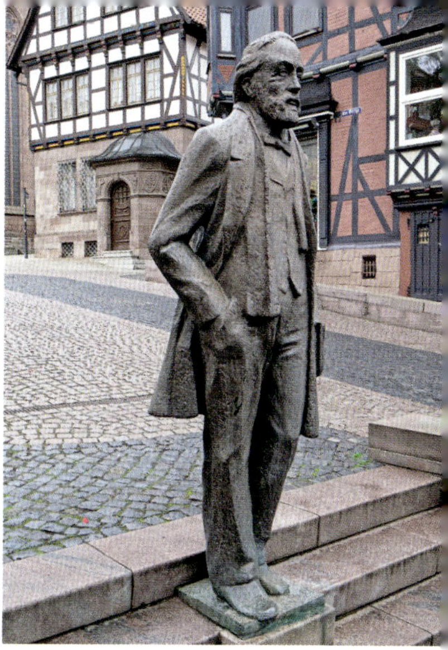

Theodor Storm in Heilbad Heiligenstadt.

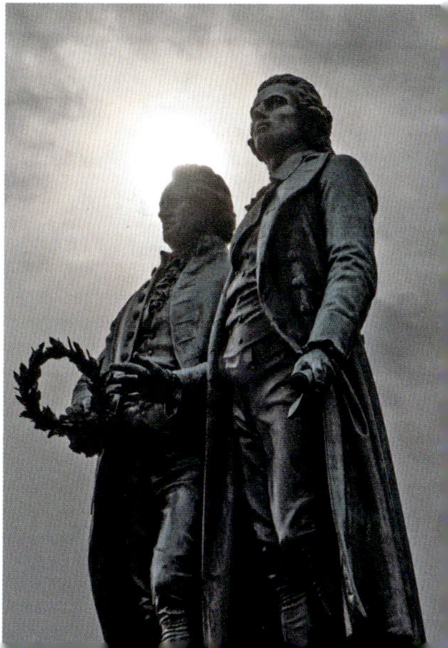

Goethe und Schiller in Weimar.

- **Tabakspeicher Nordhausen:** Stadtmuseum mit Schwerpunkt auf Handel und Industrie unter besonderer Würdigung von Tabakverarbeitung und Branntweinherstellung. Ganzjährig Di–So 10–17 Uhr.
- **Kali-Bergbaumuseum Bischofferode:** Geschichte des Bergbaus des zwischen 1893 und 1993 betriebenen Kalibergwerks und des Arbeitskampfes seiner Kumpel. Ganzjährig Mo, Di, Do, Fr 14–16 Uhr, Mi 10–12 Uhr.
- **Eichsfelder Heimatmuseum** (Heilbad Heiligenstadt): Schwerpunkte sind regionale Historie, volkskundliche Themen, sakrale Kunst und der hier geborene Schnitzkünstler Tilman Riemenschneider und sein Werk. Ganzjährig Di–Fr 10–17 Uhr, Sa, So 14.30–16.30 Uhr.
- **Storm-Museum** (Heilbad Heiligenstadt): Gut konzipierte Ausstellung zum Wirken Theodor Storms in Thüringen und zur Rezeption seiner Werke. Ganzjährig Di–Fr 10–17 Uhr, Sa + So 14.30–16.30 Uhr.
- **Grenzlandmuseum Eichsfeld** (Teistungen): Museum mit originalen Grenzanlagen der DDR, Ausstellung zu Leben, Arbeiten und Zwangsumsiedlungen im Grenzgebiet. Ganzjährig Di–So 10–17 Uhr.

■ Gedenkstätten

- **KZ-Gedenkstätte Buchenwald** (4 km nordwestlich von Weimar): Museum und Gedenkstätte auf dem Gelände eines der größten Konzentrationslager auf deutschem Boden. April bis Okt. Di–So 9–18 Uhr, im Winter bis 16 Uhr.
- **KZ-Gedenkstätte Mittelbau Dora** (Nordhausen). In den Stollen des KZ Mittelbau Dora wurde von den Häftlingen die V1- und V2-Rakete produziert. Außenanlagen und Ausstellung frei zugänglich, Zugang zum Stollen nur mit Führung. März bis Okt. Di–So 10–18 Uhr, im Winter Di–So 10–16 Uhr.

■ Sonstiges

- **»Erlebnis Draisine«:** Fahrrad-Draisinenstrecke auf der stillgelegten Strecke der »Kanonenbahn« mit Ausgangspunkt Lengenfeld (Voranmeldung erforderlich).
- **Nationalparkzentrum Hainich** und **Baumkronenpfad:** Im Nationalparkzentrum kann man auf dem Baumkronenpfad den Kronen von Buche, Eiche und Co. aus ungewohnten Perspektiven nahekommen. Im Sommer tgl. 10–18 Uhr, im Winter nur an Wochenenden 10–16 Uhr. *(Tour 15, 16, 20)*
- **Porzellanwerk Kahla:** Ausstellung zu Technik und Design, Trends und Innovationen der Porzellanherstellung. Ganzjährig Sa–So 10–18 Uhr; Führungen durch das Werk jeweils Freitag 10.30 Uhr.
- **»Gläserne Porzellanmanufaktur« der Aeltesten Volkstedt** (Volkstedt bei Rudolstadt): älteste Porzellanmanufaktur Thüringens mit Schauwerkstadt. Ganzjährig Mo–Fr 10–17 Uhr, Sa bis 15 Uhr.
- **Saalfelder Feengrotten** (Saalfeld): Die für Besucher zugänglichen Stollen eines Alaunschiefer-Bergwerks gehören zu den farbenprächtigsten Höh-

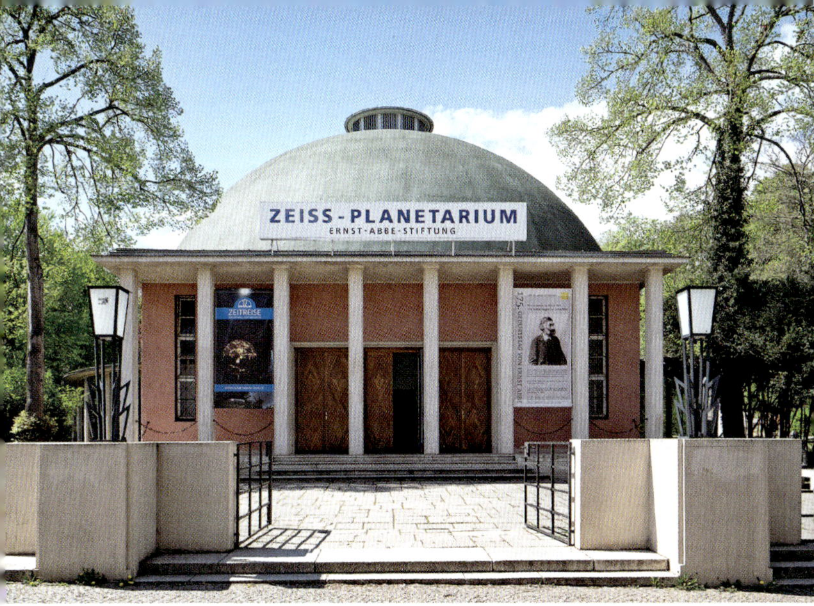

Zeiss-Planetarium in Jena.

len Europas (sogar mit Eintrag ins Guinness-Buch der Rekorde). Feb. bis April und Nov. bis Dez. tgl. 10.30–15.30, Mai bis Okt. tgl. 9.30–17 Uhr.

- **Zeiss-Planetarium** (Jena): Ältestes noch betriebenes Planetarium der Welt im Originalgebäude von 1926, im Inneren mit hochmoderner Technik. Meist mehrere Veranstaltungen pro Tag.
- **Gradierwerk Louise** (Bad Sulza): Mi, Do, Sa, So 10–12 Uhr und 13–17 Uhr. *(Tour 35)*
- **Imaginata** (Jena): Vorstellungskraft, Lust am Ausprobieren und Entdecken wird groß geschrieben in den umgewidmeten Hallen des ehemaligen Umspannwerks. Zahlreiche Experimente zum Selbermachen bieten ein breites Betätigungsfeld vor allem für Kinder. In den Thüringer Schulferien täglich 10–18 Uhr, sonst So 10–18 Uhr.
- **Thüringer Zoopark** (Erfurt): Zoo mit großzügigen Freigehegen. März bis Okt. tgl. 9–18 Uhr, im Winter bis 16 Uhr.
- **Egapark** (Erfurt): Großes abwechslungsreiches Parkgelände mit vielen verschiedenen Themengärten einschließlich großem Kinderspielbereich, Kinderbauernhof und Aussichtsturm. Öffentlich zugänglich.
- **Camposanto** (Buttstädt): Einer von nur noch drei Friedhöfen in Deutschland im italienischen Renaissancestil mit Arkaden und Grabmalen aus

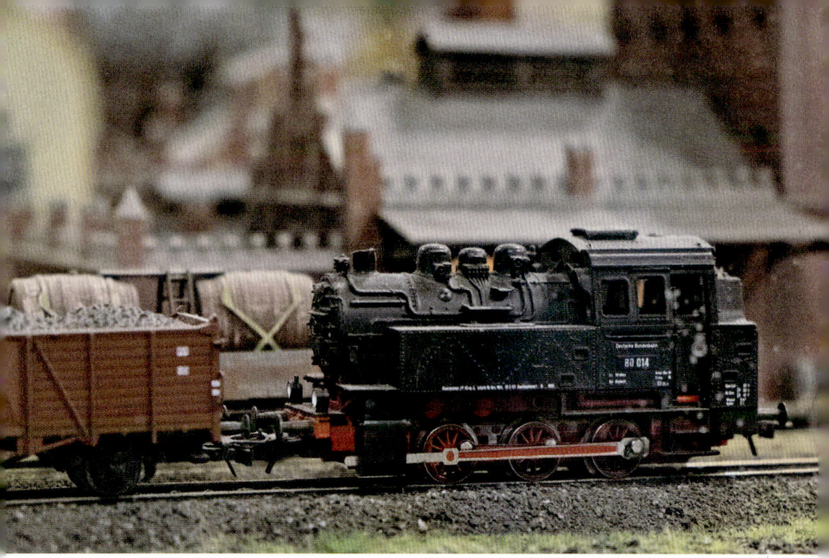

Kleines Detail aus dem riesigen Modellbahnzentrum Wiehe.

dem 16. bis 19. Jh. Der Friedhof ist abgeschlossen, den Schlüssel verwaltet Familie Reiche (telefonische Anmeldung unter +49 36373 90196). *(Tour 36)*

- **Waldbad Rastenberg**: Das Schwimmbad ist das einzige denkmalgeschützte Freibad Deutschlands, integriert aber mit einer großen Rutsche auch zeitgenössische Spaß-Bedürfnisse. In der warmen Jahreszeit in den Ferien und an Wochenenden 10–19 Uhr, unter der Woche 12–19 Uhr.
- **Modellbahnzentrum Wiehe**: Modellbahn-Glück auf 1200 m² mit dem nachempfundenen Thüringer Schienennetz als Herzstück der Anlage, jedoch auch mit weiteren Themenbereichen. Ganzjährig tgl. 10–18 Uhr.
- **Barbarossahöhle** (5 km westlich von Bad Frankenhausen): Einzige zugängliche Anhydrit-Höhle Europas mit bizarren Felsbildungen und unterirdischen Seen. April bis Okt. tgl. 10–17 Uhr, im Winter bis 16 Uhr. *(Tour 41)*
- **Erste Nordhäuser Traditionsbrennerei** (Nordhausen): Führung durch die Brennerei jeweils Mo–Sa, 14 Uhr.
- **Erlebnisbergwerk Glückauf** (Sondershausen): Ältestes befahrbares Kalibergwerk Deutschlands mit vielseitigem Angebot, z.B. Besichtigungen, Konzerten und unterirdischen Kahnfahrten. Grubenfahrten nach Voranmeldung Di–Fr 11+14 Uhr, Sa 10+14 Uhr, So 11 Uhr.
- **Alternativer Bärenpark Worbis**: Große Freianlage für Bären und Wölfe. März bis Okt. tgl. 10–18 Uhr, im Winter bis 16 Uhr.

Literatur

Alle renommierten Reiseverlage haben das Reiseziel Thüringen im Programm. Eine Auswahl:

- Stahn, D.: Thüringen (Baedeker). Informiert in gewohnter Qualität und baedeker-typischer, d.h. alphabetischer Gliederung der Reiseziele ausführlich über touristische Attraktionen sowie Gastronomie und Nächtigung.
- Schmitt, H.: Thüringen (Michael Müller Verlag). Der nach Regionen gegliederte Reiseführer setzt sich kenntnisreich mit den regional und überregional bedeutsamen Sehenswürdigkeiten auseinander. Praktische Aspekte (Gastronomie, Übernachtung) werden versiert abgehandelt.
- Müller, H.: Kunst-Reiseführer Thüringen (DuMont). Ausführlicher und daher gewichtiger Reiseführer mit architektonischer und kunsthistorischer Schwerpunktsetzung.
- Vanhoefen, A.: Thüringen (Mitteldeutscher Verlag). Ansprechend geschriebener Reiseführer mittleren Umfangs, der sowohl die Highlights abdeckt als auch manch kleinere Attraktion oder unbekanntere Örtlichkeit vorstellt. Gastronomie und Übernachtung werden hingegen nur gestreift.

Darüber hinaus sind auch einige Kurz-Reiseführer und Stadtführer (z.B. Erfurt, Jena, Weimar) erhältlich. Folgende Bücher widmen sich speziellen Themen:

- Cornelius, R.: Grünes Band Deutschland Bd. 3 Eichsfeld-Werra-Bergland (Auwel-Verlag). Natur, Kultur, Geschichte und Geschichten entlang des Grünen Bandes, Begegnungen mit Landschaft, Natur und Menschen beiderseits der ehemaligen innerdeutschen Grenze.
- Großmann, M., Klaus, S. & Stephan, Th.: Nationalpark Hainich – Weltnaturerbe in Thüringen (Verlag Natur+Text). Wissenswertes zum Nationalpark, seiner Entstehung und seiner Pflanzen- und Tierwelt.

Nützliche Links

- **Touristische Informationen**
  - Offizielle Homepage der Tourist-Information Thüringen: www.thueringen-entdecken.de; www.thueringen-tourismus.de
  - Informationen zur ThüringenCard: www.thueringencard.info
  - Sonstige regionale Tourismusportale: www.thueringen.info
- **Natur und Landschaft**
  - Umfangreiche Informationen der Thüringer Landesanstalt für Umwelt und Geologie (TLUG) zu Geografie, Bevölkerung, Naturschutz u.a.m.: www.tlug-jena.de/uw_raum/umweltregional
  - Nationalpark Hainich: www.nationalpark-hainich.de
  - Naturparkzentrum Eichsfeld: www.naturpark-ehw.de
- **Kultur, Schlösser und Museen**
  - Thüringer Stiftung Schlösser und Gärten: www.thueringerschloesser.de
  - Klassik Stiftung Weimar: www.klassik-stiftung.de
  - Museumsverband Thüringen: www.museumsverband-thueringen.de

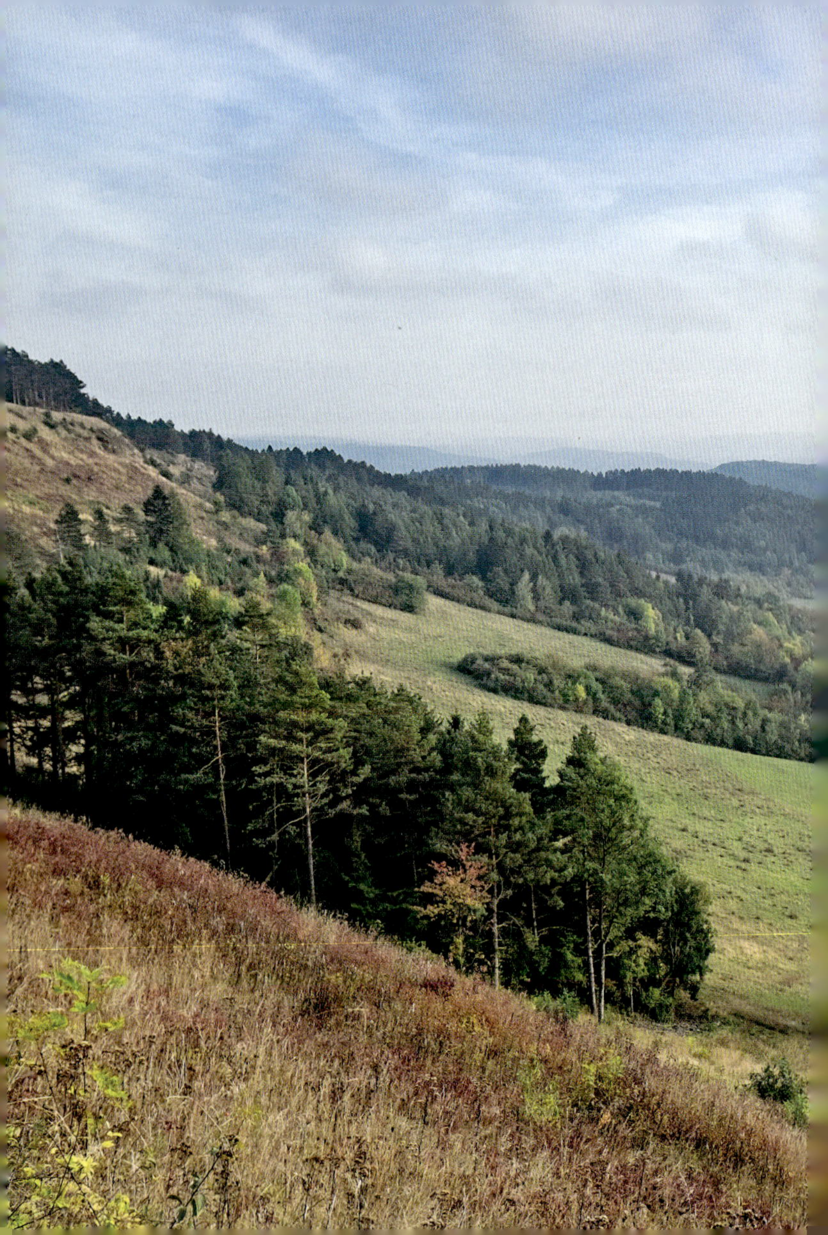

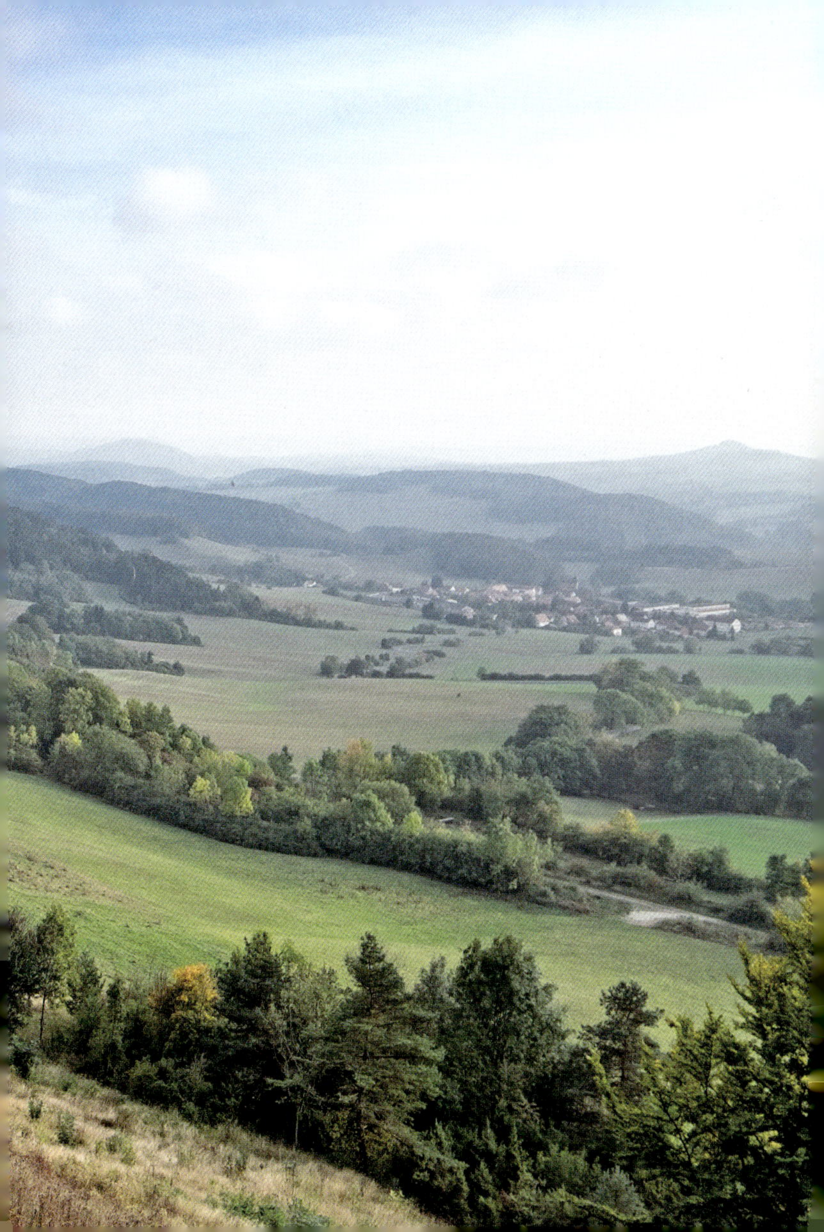

TOP **1**

Über die Teufelskanzel zur Burgruine Hanstein

3.30 Std.

Eine der klassischen Rundtouren im Werra-Bergland

Die Wanderung startet im hübschen Fachwerkdorf Lindewerra (bekannt für die Herstellung von Spazierstöcken) und führt durch Laubwald hinauf zur Teufelskanzel. Dabei handelt es sich um einen Sandsteinblock, der aus dem Hang hinauskragt und als vorgeschobener Aussichtsbalkon den Tiefblick auf die Werraschleife ermöglicht. Dort wartet auch eine urige Berghütte, deren Vorgängerin an dieser Stelle schon im ausgehenden 19. Jh. Ziel von Wanderern war. Die hoch aufragende Burgruine Hanstein ist der nördliche Eckpunkt dieser Tour; sie verfügt über eine bemerkenswerte Geschichte und war lange Zeit Sitz nicht allzu friedfertiger Rittersleut', die u.a. den Mühlhäuser Bürgern das Leben schwer machten und sie zum Bau von Wallanlagen veranlassten (vgl. Tour 7). Auf dem Rückweg wird noch ein weiterer Aussichtspunkt angesteuert, bevor es durch Eichenwald, der ehemals Rohmaterial für die Lohgerber lieferte, zurück zum Ausgangspunkt geht.

Bei jedem Wetter eine urige Anlaufstelle: die Hütte an der Teufelskanzel.

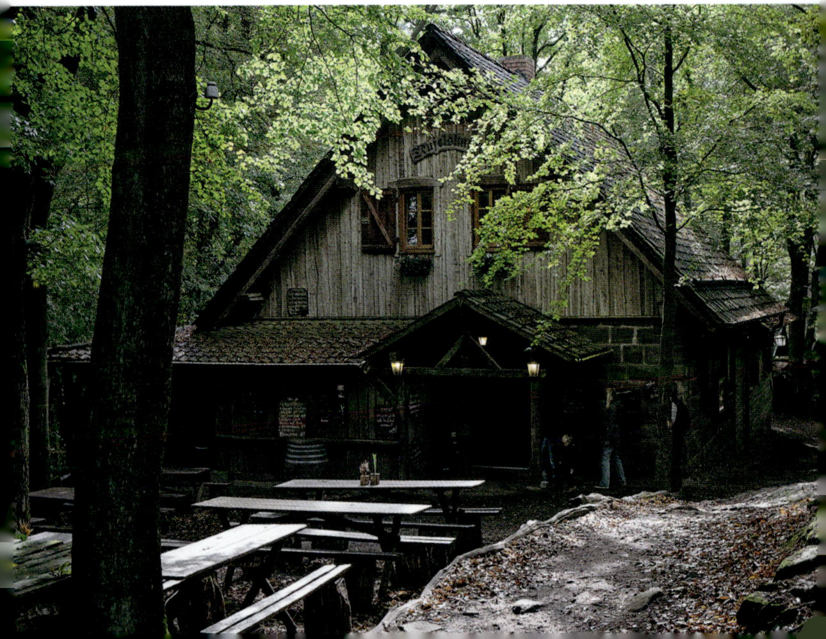

Ausgangspunkt: Lindewerra. Von Wahlhausen kommend in den Ort hineinfahren und 200 m hinter dem Ortseingang am Rand der Friedensstraße parken (alternativ: im Ort links in die Straße Zur Einheit abbiegen und dort parken).
Höhenunterschied: 500 Hm.
Anforderungen: Wanderung auf Forst- und Waldwegen sowie schmalen Pfaden, die mitunter etwas steinig sind. Bei Nässe einige matschige Abschnitte.
Einkehr: Berghütte Teufelskanzel, »Zweiburgenblick« unterhalb der Burgruine Hanstein, Klausenhof in Bornhagen (500 m abseits des Wegs), mehrere Möglichkeiten in Lindewerra am Ausgangspunkt der Tour.
Tipp: Der Klausenhof in Bornhagen ist ein bodenständiges Wirtshaus und eine erstklassige Anlaufstelle für alle, die handwerklich hergestellte, regionale Fleisch- und Wurstspezialitäten (z.B. Feldgieker, Krumme) schätzen.
Karte: 53 Nördliches Eichsfeld.

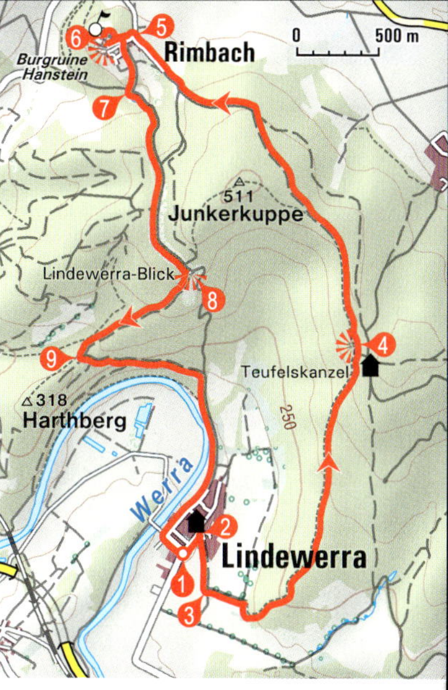

Von der Parkmöglichkeit an der **Friedensstraße (1)** folgen wir der Dorfstraße geradeaus in das Fachwerk-Dorf **Lindewerra** hinein, biegen beim Schild »Teufelskanzel« rechts in den »Hirtenrasen« ab **(2)** und entdecken nach wenigen Metern erneut einen Hinweis zur Teufelskanzel halb rechts. Ein Hohlweg bringt uns nach gut 300 m zu einer Verzweigung **(3)**, wo wir uns links halten (»Teufelskanzel«). Ansteigend erreichen wir den Waldrand und lassen uns von dem Fußweg geradeaus in den Wald hineinlotsen, wo er zunächst – leicht zu verfolgen – nach rechts, dann nach links kurvt und leicht an Höhe gewinnt. Hinter einer Verebnung steigt der Weg stärker an und erreicht bei der **Teufelskanzel-Hütte** die Höhe, wo wir nach wenigen Metern die **Teufelskanzel (4)** links vor uns haben.
Von dort aus geht es entlang der Hangkante nach Norden (Markierung »Ha«). Der Pfad mutiert bald zu einem breiten Fußweg und anschließend

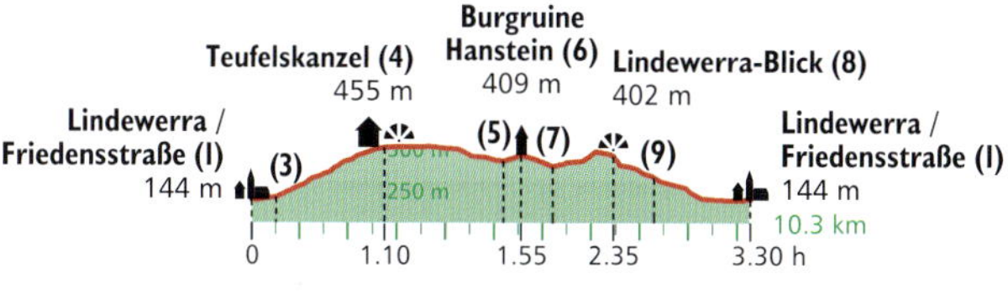

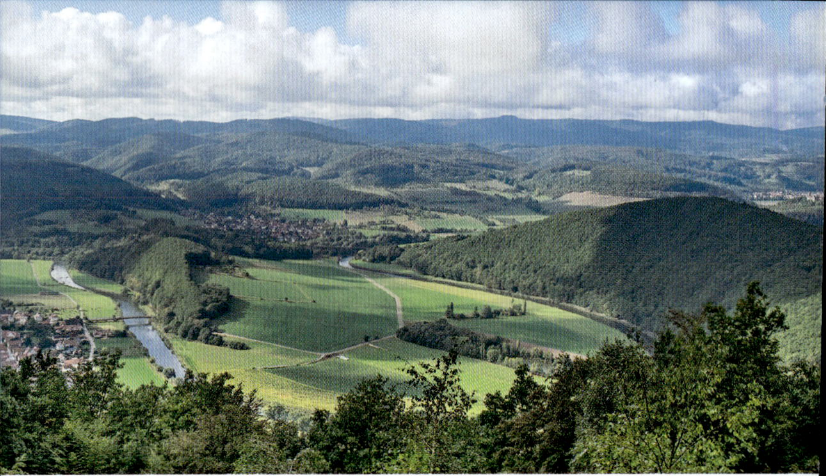

Blick von der Teufelskanzel auf die Werraschleife.

zum Forstweg. Eine Abzweigung zur Junkerkuppe nach links lassen wir unbeachtet. Nach Kurzem mündet der Forstweg in eine breite Forststraße, der wir nach links mit geringem Höhenverlust und Abzweigungen ignorierend folgen. Bald kommt direkt vor uns die Ruine Hanstein ins Blickfeld, die unser nächstes Etappenziel ist. Bei der Abzweigung in **Rimbach** biegen wir links ab **(5)** und erklimmen den spiralförmig ansteigenden Teerweg zum Burgberg. Nach 20 m merken wir uns aber das Schild »Burg Ludwigstein«, zu dem wir nach einer Besichtigung der **Burgruine Hanstein (6)** zurückkehren, um dort abzubiegen.

Das schmale Gässchen geht in einen abwärtsführenden Feldweg über. Im Talgrund auf dem Kolonnenweg nach links **(7)**. Im Anstieg lassen wir eine Abzweigung nach links unbeachtet und erreichen geradeaus den **Lindewerra-Blick (8)**. Dort wählen wir den rechten Weg, der abwärts bald in den Eichenwald eintaucht. Nach ca. 300 m verlassen wir den Geländerücken und nehmen halb links einen Forstweg mit stärkerem Gefälle den Hang hinunter. Kreuzende Bewirtschaftungswege werden ignoriert; erst dort, wo der Weg mit einer T-Kreuzung in einen Querweg mündet (und sich nicht weiter geradeaus fortsetzt), wenden wir uns nach links **(9)**. Mit etwas Höhenverlust und schließlich in einem Rechtsbogen gelangen wir zum Hangfuß, wo aus dem Weg ein Teersträßchen wird, das uns nach **Lindewerra** hineinbringt. Auf die »Straße zur Einheit« biegen wir links ab und gelangen mit einer T-Kreuzung wieder zur **Friedensstraße** und dem **Ausgangspunkt (1)**.

Die Burgruine Hanstein ist ein lohnendes Etappenziel.

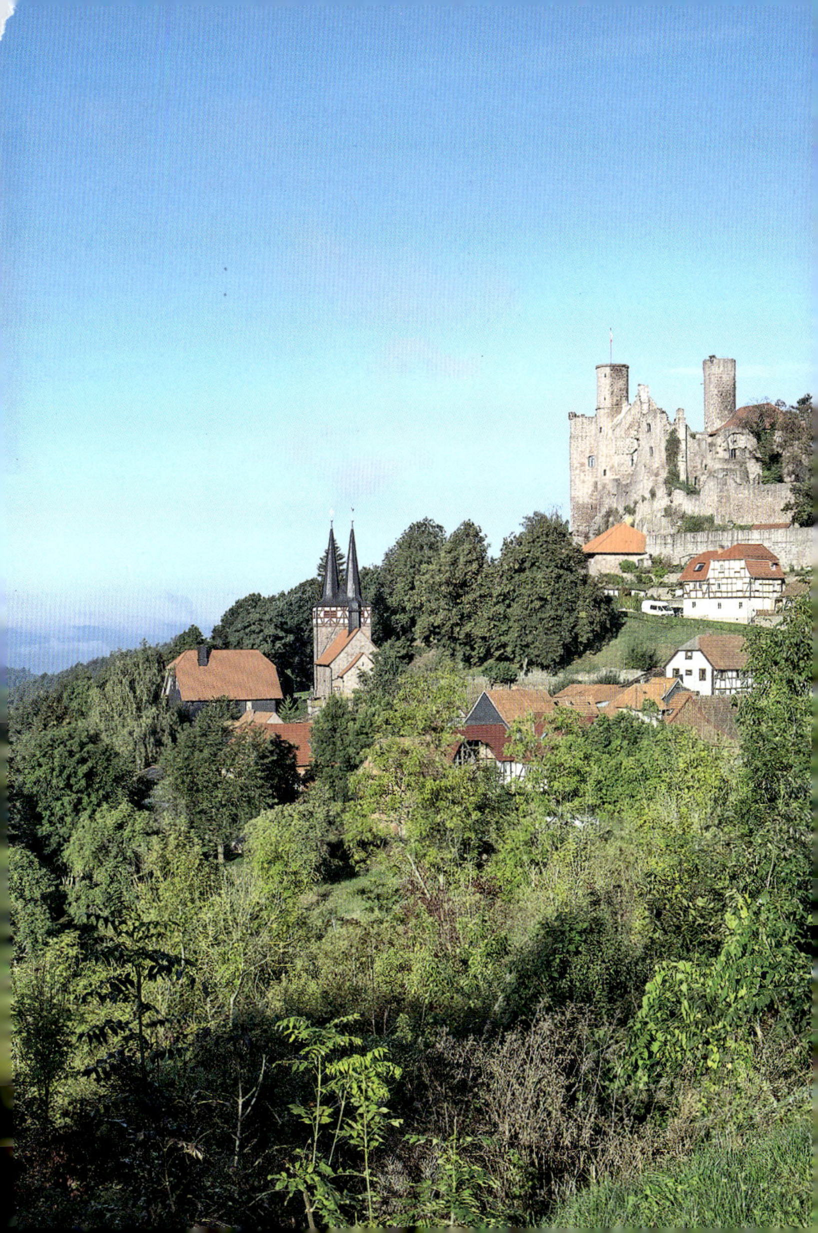

2 Dietzenröder Stein und Rachelsberg

5.00 Std.

Auf schmalen Pfaden zu exponierten Höhen des Werra-Berglands

Ziemlich abgelegen, aber lohnenswert ist diese Runde in den Höhenzügen des Werra-Berglands. Es geht durch abwechslungsreiche Laubwälder, die durch die exponierten Kanzeln an Nase, Dietzenröder Stein und Rachelsberg aussichtsreich unterbrochen werden. Die Wegeführung des Premiumwanderweg 16 (»P16«) ist dabei so konzipiert, dass überwiegend schmale Pfade und unbefestigte Fahrspuren genutzt werden. Die Runde schließt mit einem Abstecher zum Grenzmuseum Schifflersgrund.

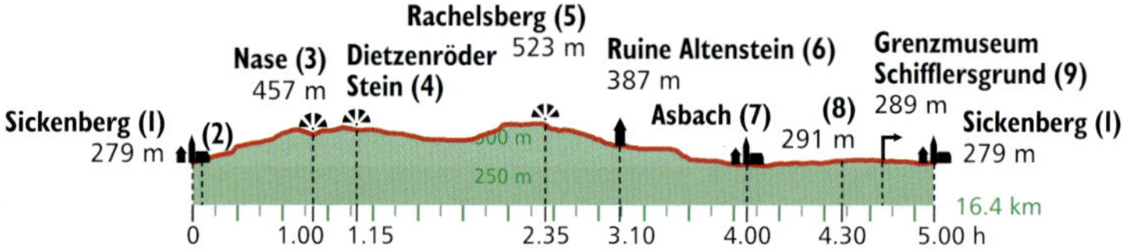

Ausgangspunkt: Sickenberg. Parkplatz in der Dorfmitte, neben der Einfahrt zum Hof Sickenberg.
Höhenunterschied: 600 Hm.
Anforderungen: Überwiegend schmale Pfade, die wurzelig, steinig und punktuell matschig sein können, mehrere steile Passagen. Der Abstecher zur »Nase« erfordert Trittsicherheit und Schwindelfreiheit; ohne den Abstecher mittel – »rot«.
Einkehr: »Schmiede« in Asbach (nur Fr–So), »Hof Sickenberg« (nur Sa+So) am Ausgangspunkt der Tour.
Variante: Abkürzung zwischen Asbach (7) und Sickenberg (1): Tour dann ca. 13,5 km lang.
Karte: 54 Südliches Eichsfeld, Hainich, Werratal.

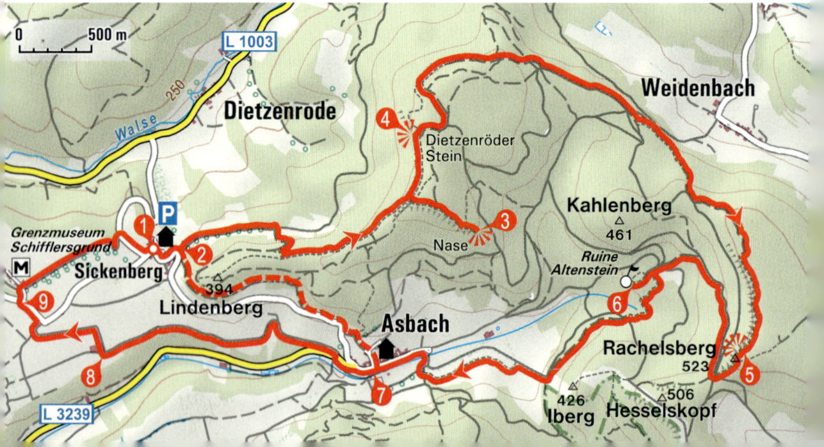

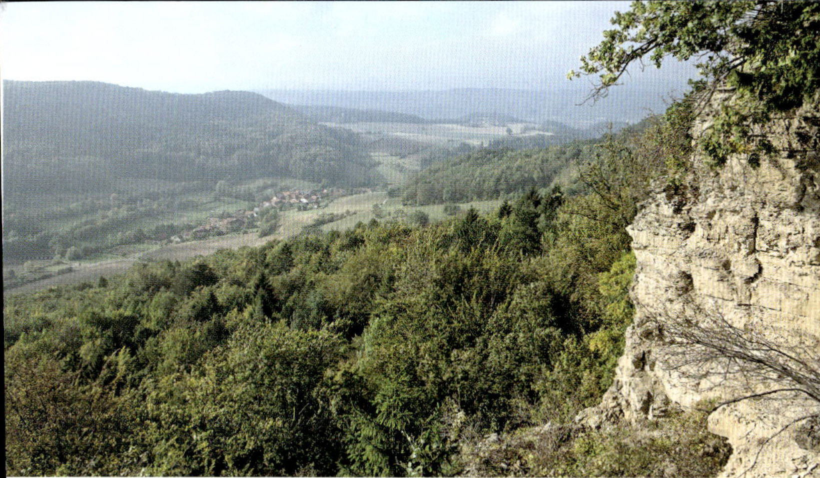

Der Ausblick über die »Nase« erfordert etwas Schwindelfreiheit.

Vom Parkplatz in **Sickenberg (1)** orientieren wir uns auf der Straße aufwärts (»Zuweg P16«) und biegen am Ortsrand mit dem Symbol »P16«, das uns nun auf einem Großteil der Wanderung begleiten wird, links auf einen Feldweg ab **(2)**. Auf einem kleinen Hochpunkt wenden wir uns beim Wegweiser »P16« nach rechts und betreten den Wald. Nun leitet uns die Markierung in Serpentinen den Hang hinauf. Oben führt der Pfad nach links auf dem Höhenrücken entlang und mündet in eine Fahrspur. Dort rechts und nach 100 m links. Nun geht es auf einem Steig kräftiger den Hang hinauf, wobei der letzte steile Anstieg mittels Treppen bezwungen wird. Direkt dahinter können wir rechts einen Abstecher zur **»Nase« (3)**, einem exponierten Kalkfelsen mit Ausblick (nur für Schwindelfreie!) machen (hin und zurück 1 km). Anschließend geht es zurück zum Ausgangspunkt des Abstechers und von dort nach Norden, wo wir nach Kurzem die Abbruchkante des **Dietzenröder Steins (4)** erreichen. Nun knickt der Weg rechts in den Wald hinein ab. Dann schlägt er einen weiten Linksbogen, um wieder zur Hangkante zu gelangen, wo wir rechts gehen und leicht an Höhe verlieren. Der Pfad trifft bei einem Wendeplatz auf einen breiten Forstweg, dem wir halb links folgen. Bei der nächsten Wegspinne aufpassen: Wir überqueren die Kreuzung geradeaus und entscheiden uns für den linken, schmaleren der beiden Wege, der ansteigend auf dem Geländerücken entlangführt. Wo der Pfad in einen Forstweg mündet, halten wir uns etwa 100 m geradeaus und gelangen an eine V-Gabelung, wo eine schmale Fahrspur halb links kräftig den Hang erklimmt. Der kurze Anstieg bringt uns hinauf zum Rachelsberg-Plateau, wo wir bald halb links auf eine Fahrspur einschwenken und anschließend den Wegwei-

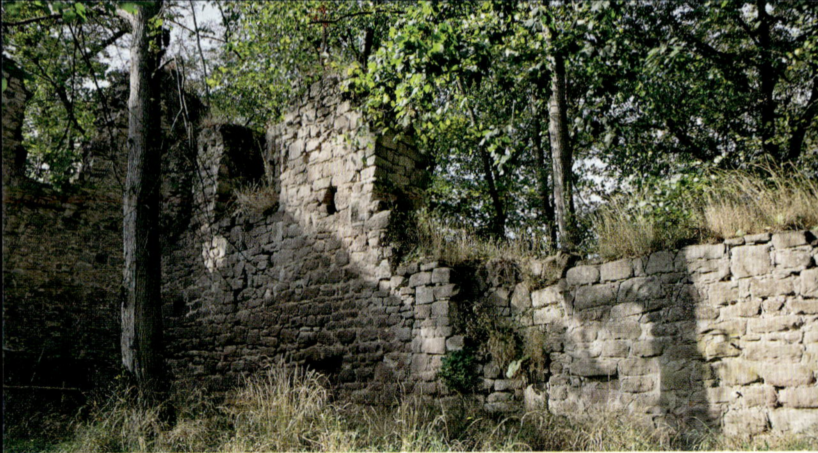

Von der Ruine Altenstein zeugen nur noch einige Mauerreste.

ser »P16« nach rechts auf einen Fußpfad nicht übersehen dürfen. Mit dem Steilabfall rechter Hand gelangen wir zum Aussichtspunkt **Rachelsberg (5)** und steigen kurz dahinter steil zu einem Sattel ab.

Dort nehmen wir den zweiten Forstweg nach rechts, der leicht abwärtsführt. Nach etwa 1 km leitet uns eine Fahrspur links hinunter – einen Forstweg geradeaus kreuzend – zur **Ruine Altenstein (6)**. Dabei bemerken wir direkt vor der Zufahrtsschranke links einen schmalen Pfad, den wir nach der Besichtigung der Ruine für den Abstieg nutzen. Im Talgrund schwenkt er zunächst nach links, um kurz darauf scharf rechts abzuknicken. Dann lotst uns ein Wegweiser halb links sowohl über den ehemaligen Grenzstreifen als auch über einen Forstweg hinweg auf ein eben verlaufendes Pfädchen. Es mündet in einen Betonweg, dem wir zunächst geradeaus und dann mit einem Rechtsknick abwärtsfolgen. Am Hangfuß schickt uns der Wegweiser »P16« nach links. Nach 700 m erreichen wir einen querenden Feldweg, auf dem wir – nun P16 verlassend – rechts abbiegen und dann auf der Straße links laufen.

Wir marschieren durch **Asbach (7)** hindurch, halten uns auf der Straße in Richtung Allendorf geradeaus, wählen 100 m hinter dem Ortsrand den rechts abzweigenden Feldweg und gelangen auf ihm (eine Verzweigung nach rechts wird ignoriert) zu einem Stallgebäude, vor dem wir einen Asphaltweg nach rechts wählen **(8)**. Wo dieser in eine Querstraße mündet, wenden wir uns nach rechts und nach wenigen Metern auf der Kreisstraße nach links. Wir treffen auf die Zufahrt zum **Grenzmuseum Schifflersgrund**, biegen rechts dorthin ab **(9)** und entdecken hinter dem Parkplatz eine nach rechts abzweigende Route auf dem Kolonnenweg. Auf ihm kommen wir zu einer Straße, auf der wir rechts wieder **Sickenberg** und den Parkplatz **(1)** erreichen.

4.15 Std.

Gobert und Silberklippe 3

Eine Waldwanderung mit Aussichtsbonus

Hat man einmal den Anstieg hinter sich gebracht, bewegt man sich bei dieser Tour mit nur noch geringen Höhenunterschieden auf dem Kalkplateau der Gobert über hessisches und thüringisches Gebiet und durchstreift dabei Buchen-, Eichen- und Edellaubholzwälder und sogar alte Niederwälder. Zudem gilt es, die lohnenden Aussichtspunkte mit klingenden Namen wie »Wolfstisch«, »Salzfrau« und »Silberklippe« am Rand des Plateaus zu erwandern, denn von ihnen öffnen sich weite Blicke: nach Westen über die Hessische Schweiz zum Hohen Meissner, nach Süden über das Werratal und nach Südosten über das südliche Eichsfeld.

Ausgangspunkt: Lourdes-Kapelle westlich von Volkerode. Den Hinweisschildern »Zur Gobert« durch den verwinkelten Ort Volkerode folgen und am ersten Parkplatz am Ortsrand vorbei aufwärts in Richtung Kapelle fahren. Parkplatz 100 m vor der Kapelle an einem Rastplatz.

Höhenunterschied: 450 Hm.

Anforderungen: Forst- und Waldwege sowie Waldpfade, die abschnittsweise steinig und wurzelig sowie bei Nässe matschig sein können.

Einkehr: Keine.

Variante: Wer die Tour abkürzen möchte, verzichtet auf den Abstecher zum Uhlenkopf (2) und auf den südlichen Tourteil und nimmt zwischen WP 6 und 9 den direkten Weg; Tour dann ca. 11 km lang (auch für Kinder geeignet).

Karte: 54 Südliches Eichsfeld, Hainich, Werratal.

Der »Wolfstisch« besteht aus unterschiedlich erodierten Kalkschichten.

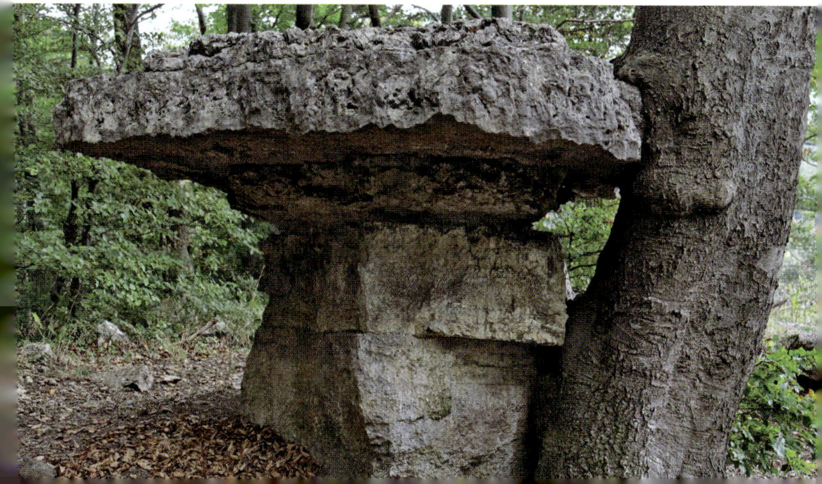

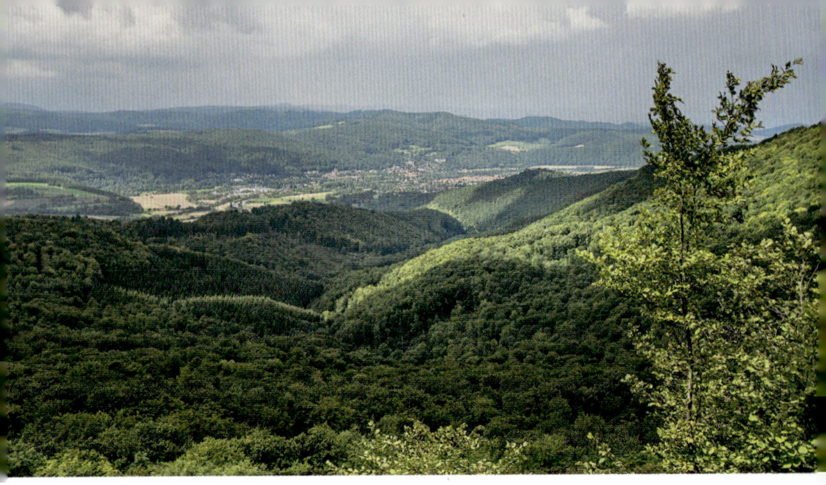

Vom Uhlenkopf geht der Blick in Richtung Bad Sooden.

Vom **Parkplatz (1)** unterhalb der **Lourdes-Kapelle** nehmen wir den Betonplatten-Weg aufwärts, der am Oberhang in einen breiten Forstweg übergeht. Auf der Höhe erreichen wir eine beschilderte Kreuzung breiter Forstwege, die wir geradeaus überqueren, um nach Kurzem die Schneise des »Grünen Bands« zu betreten. Von dort machen wir einen Abstecher zum Aussichtspunkt **Uhlenkopf (2)**: Dazu rechts abbiegen und nach 150 m der Beschilderung »Uhlenkopf« nach links folgen.

Anschließend geht es zurück zum Ausgangspunkt des Abstechers und von dort nach Süden. Wo das »Grüne Band« links abknickt, bietet sich rechts ein weiterer Abstecher zur »Schönen Aussicht« an. Dann folgen wir dem Kolonnenweg nach Südosten und verlassen ihn am Rastplatz **Am Sägewerk** nach rechts **(3)**. Wieder im Wald erreichen wir einen Kreuzungspunkt und wählen den Weg nach links (»Rundweg Wolfstisch«, »P4«). Wir folgen nun dem engmaschig mit »P4« markierten Wanderweg und lassen Forstwege nach links oder Abstiege nach rechts unbeachtet. Wir passieren einen alten Kalkbrennofen und stoßen kurz darauf auf den **»Wolfstisch«** mit seinem Aussichtspunkt **(4)**.

Zu den im weiteren Verlauf des Wegs angesteuerten Aussichtspunkten **»Pferdeloch«** und **»Salzfrau« (5)** machen wir jeweils einen Abstecher nach rechts. Schließlich schwenken wir mit dem Fußweg nach Osten, laufen geradeaus über eine Kreuzung hinweg (»Silberklippe«) und nehmen bei der **Rasthütte Gobert** den rechten (Forst-)Weg **(6)**. Nach nur 250 m biegen wir auf einen untergeordneten Waldweg rechts ab (weiterhin »P4«) und achten auf einen Pfeil, der uns bei einer Gabelung nach Kurzem nach links weist.

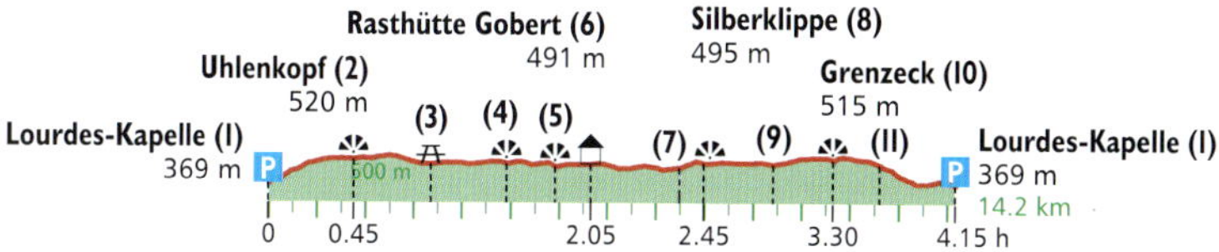

Nach einem kurzen Ab- und Wiederanstieg kreuzen wir einen breiten Forstweg geradeaus und wandern mit geringem Höhenverlust und in einem Bogen nach links, bevor unser Weg in einen weiteren Forstweg mündet. Dort links. Bei einer Kreuzung orientieren wir uns am Schild »P4 Silberklippe« **(7)** und setzen den Weg geradeaus, jedoch mit einem leichten Linksknick, auf einem schmalen Waldweg fort, lassen querende Wege unbeachtet und erreichen bald die **Silberklippe (8)**.

Dort wenden wir uns scharf nach links (»P4 Wolfstisch«), entdecken einen schmalen Pfad, der sich oberhalb des Steilhangs entlangschlängelt und durchstreifen dabei einen ehemaligen Niederwald. Nach ca. 1,4 km, bei einer Kreuzung im **Kellaer Wald (9)**, verlassen wir die Markierung »P4«, die links abknickt, und folgen stattdessen mit der Beschilderung »Grenzeck« dem Grenzverlauf zwischen Thüringen und Hessen, der durch zahlreiche Grenzsteine markiert ist, auf einem Pfad geradeaus nach Norden.

Er entlässt uns auf eine Lichtung und damit auf den Aussichtspunkt **Grenzeck (10)**, wo wir uns nach links orientieren und auf dem »Grünen Band« weiterwandern. Hinter einer Rechtskurve des »Grünen Bandes« geht es hinunter in eine Geländemulde, wo rechts ein Forstweg (unmarkiert) in den Wald abzweigt **(11)**. Bei Verlassen des Waldes am Unterhang wenden wir uns nach links. Auf einem schmalen Feldweg und anschließend auf einem nur schwach ausgetretenen Grasweg am Waldrand entlang (nicht nach rechts zum Dorf abbiegen) schließen wir die Runde vor der **Lourdes-Kapelle (1)**.

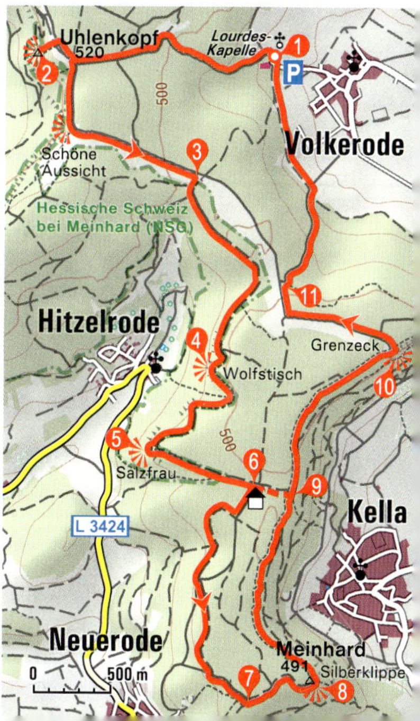

4 Dieteröder Klippen

2.00 Std.

Aussicht ohne anstrengenden Anstieg

Ausnahmsweise muss man sich bei diesem Spaziergang die Höhenmeter zu einem lohnenden Ausblick nicht mühsam erarbeiten, sondern bekommt das Panorama quasi zu Füßen gelegt: Die Dieteröder Klippen bilden einen famosen Aussichtsbalkon und garantieren – gute Sicht natürlich vorausgesetzt – einen tollen Tiefblick über das westliche Eichsfeld und auf die Höhen des Werra-Berglandes. Unterhalb der Klippen geht es auf der ehemaligen Trasse der Bahnlinie Heiligenstadt–Scherbda zum alten Bahnhof Fürstenhagen, in dem heute das Informationszentrum des Naturparks Eichsfeld und eine kleine Ausstellung untergebracht sind.

Ausgangspunkt: Parkplatz an den Dieteröder Klippen. Von Kalteneber in Richtung Dieterode fahren, nach knapp 3 km knapp vor dem Waldrand (Umsetzer) links abbiegen und bis zum Ende des Feldwegs fahren. – Bei Anfahrt mit dem Bus: Start in Dieterode (Tour dann 1,5 km länger).

Höhenunterschied: 180 Hm.
Anforderungen: Feldwege und breite Pfade.
Einkehr: »Zur schönen Aussicht« (200 m abseits des Wegs), Kiosk am Naturparkzentrum Fürstenhagen.
Karte: 54 Südliches Eichsfeld, Hainich, Werratal.

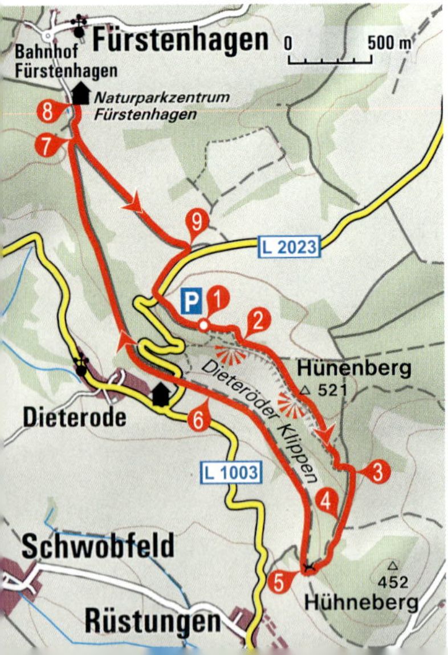

Vom **Parkplatz (1)** starten wir auf einem Grasweg oberhalb des Waldrands nach Osten und haben bereits nach wenigen Schritten die **Dieteröder Klippen (2)** vor uns. Auf diesem Aussichtsbalkon geht es nun entlang, wobei wir links abzweigende Wege unbeachtet lassen. Wir bewegen uns parallel zur Hangkante und erreichen den Hochpunkt, hinter dem sich der Weg allmählich abwärtssenkt (Markierung »Grüner Diagonalbalken«). Auf einem querenden Pfad geht es nach links. Nach einigen Metern halten wir uns halb rechts, um einen aufgelassenen Steinbruch rechts zu umgehen.

Dahinter mündet unser Pfad in einen Feldweg, dem wir rechts mit et-

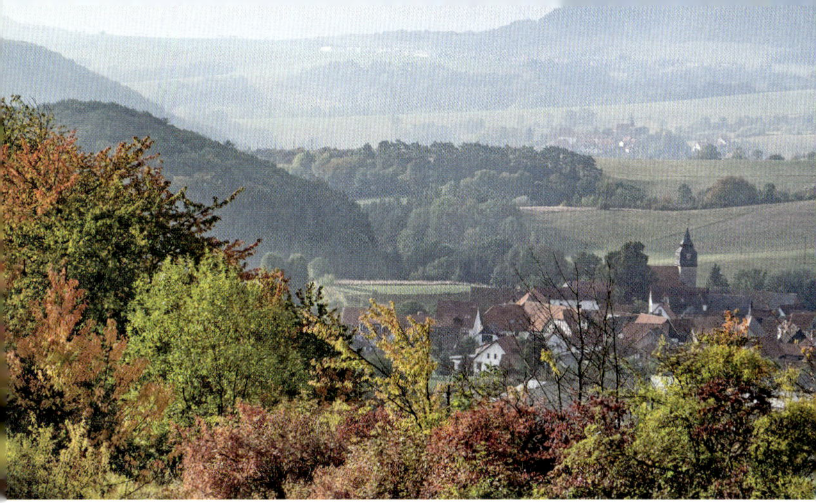

Kräftige Herbstfarben rahmen den Blick in Richtung Rüstungen.

was Gefälle folgen **(3)**. Wo der Hauptweg links abknickt **(4)**, bleiben wir einer untergeordneten Fahrspur geradeaus treu und nehmen bereits nach 100 m (bevor der Weg wieder ansteigt) eine Traktorspur halb rechts abwärts. Wir überqueren die ehemalige Bahnlinie Heiligenstadt–Scherbda auf einer **Brücke (5)** und biegen dahinter rechts und dann links ab, um auf die ehemalige Bahntrasse zu gelangen. Auf ihr marschieren wir mit geringem Höhengewinn entlang und passieren sowohl den ehemaligen **Bahnhof Dieterode (6)** als auch die L 2023, deren Brücke die Trasse überspannt. Dahinter wird aus der Fahrspur ein Forstweg, der im Wald allmählich den Hang erklimmt. Hinter der Hangkante erreichen wir freies Feld und passieren einen Kreuzungspunkt **(7)**, den wir uns für später merken.

Wir erreichen das **Naturparkzentrum Fürstenhagen (8)** und können dort die Ausstellung zum Naturpark Eichsfeld begutachten. Anschließend geht es zurück zum Kreuzungspunkt **(7)**, wo wir den linken Weg einschlagen. Hinter einer Geraden beschreibt der Weg eine lang gezogene Linkskurve, wo wir die Abzweigung eines Pfads nach rechts (»Grüner Diagonalbalken«) nicht verpassen dürfen **(9)**. Wir wandern auf einem Grasweg parallel zur Straße nach Südwesten und biegen vor dem Waldrand links auf einen Feldweg ab, an dessen Ende wir wieder auf den **Parkplatz (1)** stoßen.

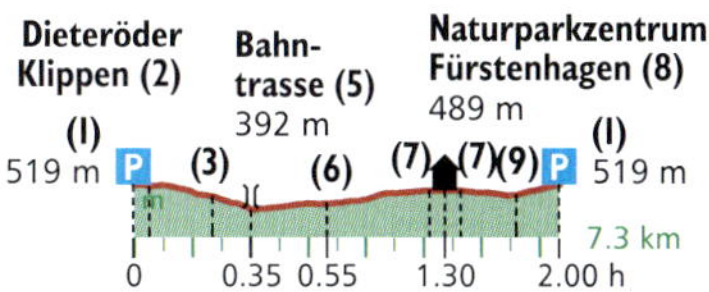

5 Zum Wallfahrtsort Hülfensberg

2.15 Std.

Auf Pilgerpfaden zu einem Fels des Glaubens hoch über dem Werratal

Im Eichsfeld ist der Katholizismus wesentlicher Bestandteil der regionalen Identität, was sich an zahlreichen historischen Kreuzwegen, Klöstern und Wallfahrtskirchen ablesen lässt, die seit der Wende wieder in neuem Glanz erstrahlen. Dies ist beim Wallfahrtsort Hülfensberg (erstmals erwähnt im Jahr 1352 und lange Zeit eines der sieben wichtigsten Wallfahrtsziele Deutschlands) nicht anders. Das Besondere ist aber, dass die Franziskaner hier auch im »real existierenden Sozialismus« unbeirrt die Stellung hielten. Heute ist der Hülfensberg mit seinem Gnadenbild wieder regelmäßig Ziel von Wallfahrten.

Ausgangspunkt: Parkbucht an der L 3467/L 1007 zwischen Frieda und Geismar auf Höhe der ehemaligen innerdeutschen Grenze (Hinweistafel), ca. 1 km südwestlich von Großtöpfer. – Bei Anfahrt mit dem Bus: Start in Geismar (Tour dann 2 km länger).

Höhenunterschied: 320 Hm.
Anforderungen: Feldwege und Pfade, nach Regen streckenweise matschig, kurzzeitig Kolonnenweg.
Einkehr: Keine.
Karte: 54 Südliches Eichsfeld, Hainich, Werratal.

Das Kloster auf dem Hülfensberg beherbergt Franziskaner-Mönche.

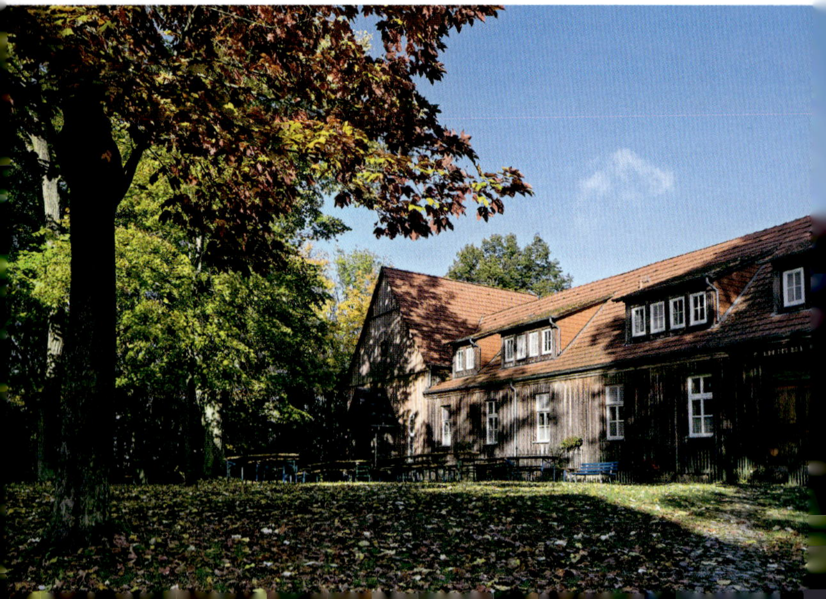

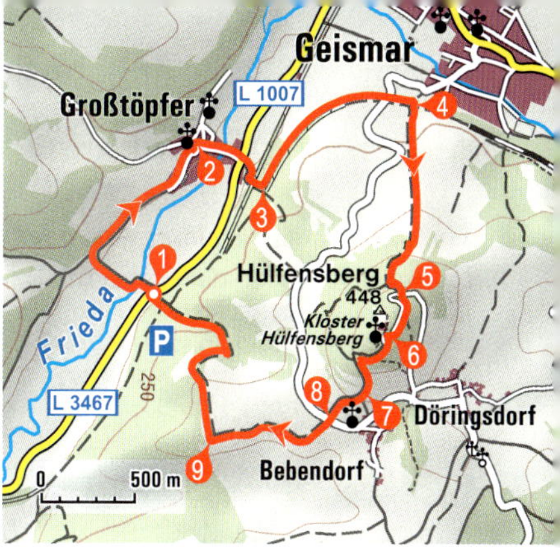

20 m nördlich der **Parkbucht (1)** nutzen wir den links abzweigenden Feldweg (»Grünes Band«), queren den Talgrund und biegen am westlichen Talrand rechts auf ein Teersträßchen ab. In **Großtöpfer** nehmen wir die »Hauptstraße« nach rechts **(2)**, kreuzen die L 1007 geradeaus und wandern auf der gegenüberliegenden Seite auf einem Feldweg aufwärts (»Prozessionsweg Hülfensberg«). Hinter einer Bahnunterführung wenden wir uns nach links **(3)** und marschieren die Trasse der ehemaligen »Kanonenbahn« entlang. Nach gut 1 km queren wir eine Straße und setzen den Weg geradeaus fort. Nach weiteren 100 m passieren wir ein Tälchen auf einer Überführung, entdecken unmittelbar dahinter einen unmarkierten schmalen Pfad **(4)** scharf rechts und steigen in den Einschnitt ab, wo wir auf einen kreuzenden Fußweg treffen und diesem links folgen. Entlang eines Kreuzwegs pilgern wir in einer Allee aufwärts. Nach den ersten Schritten im Wald entscheiden wir uns für die Option halb rechts, bei weiteren Verzweigungen halten wir uns eher links bzw. orientieren uns jeweils am »Roten Quadrat«. Bei einer Verebnung treffen wir auf ein Sträßchen **(5)** und setzen den Weg gegenüber auf einem Fußweg aufwärts fort. Erneut quert dieser die Straße und erreicht mit einem weiteren Anstieg die Kuppe des **Hülfensbergs (6)** mit Kirche und Kloster.
Anschließend gehen wir die Straße in südlicher Richtung hinab, verlassen sie in einer Haarnadelkurve geradeaus und steigen in einem Hohlweg weiter ab. Eine Verzweigung nach links beachten wir nicht, sondern orientieren uns sowohl hier wie auch hinter einer Spitzkehre am Schild »Parkplatz Bebendorf«. Wenige Meter unterhalb des Waldrands entscheiden wir uns oberhalb von Bebendorf bei einer Gabelung für den rechten Weg **(7)**, überqueren die Straße westlich von **Bebendorf (8)** und marschieren geradewegs in einen Feldweg hinein. Vor dem gegenüberliegenden Waldrand biegen wir rechts auf den ehemaligen **Kolonnenweg** ab **(9)**, wobei im weiteren Verlauf im Wald eine Gefällstrecke zu überwinden ist. Hinter einer alten Bahnunterführung erreichen wir die Straße, wo unsere Tour an der **Parkbucht (1)** links vor uns endet.

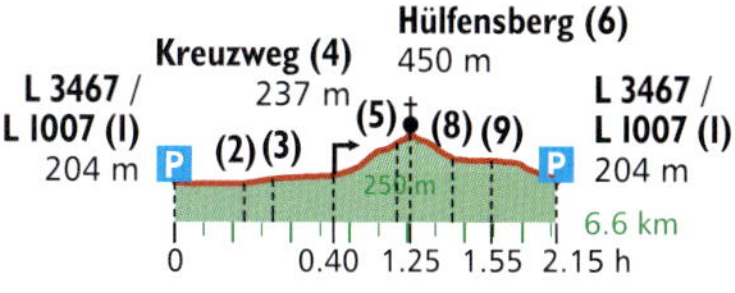

6

Plesse und Katharinenberg

5.00 Std.

Ein langer Weg vom »Eisernen Vorhang« zum »Grünen Band«

Die Wanderung folgt der ehemaligen innerdeutschen Grenze und wird durch drei Türme höchst unterschiedlicher Provenienz interpunktiert: Von der Kante des Westabhangs am Plesse-Turm bieten sich tolle Ausblicke nach Süden, der Führungsturm der Grenztruppen auf dem Katharinenberg erinnert an die Existenz des »Eisernen Vorhangs« und der älteste Turm auf der Wanderung gehört zur Ruine der Wallfahrtskirche St. Katharina, die im 13. Jh. geweiht wurde.

Ausgangspunkt: Hildebrandshausen. Auf der Hauptstraße an der Kirche vorbeifahren und nach 150 m links in die Klausgasse abbiegen und bei der ersten Möglichkeit erneut links halten. Parkplatz nach wenigen Metern geradeaus.
Höhenunterschied: 450 Hm.
Anforderungen: Einfache, aber lange Wanderung mit einigen kurzen steilen Anstiegen, überwiegend auf dem Kolonnenweg und sonstigem befestigten Untergrund.
Einkehr: Keine.
Variante: Abkürzung zw. WP 6 und Hildebrandshausen (1); Tour dann ca. 10,5 km (einfach, auch für Kinder geeignet).
Karte: 54 Südliches Eichsfeld, Hainich, Werratal.

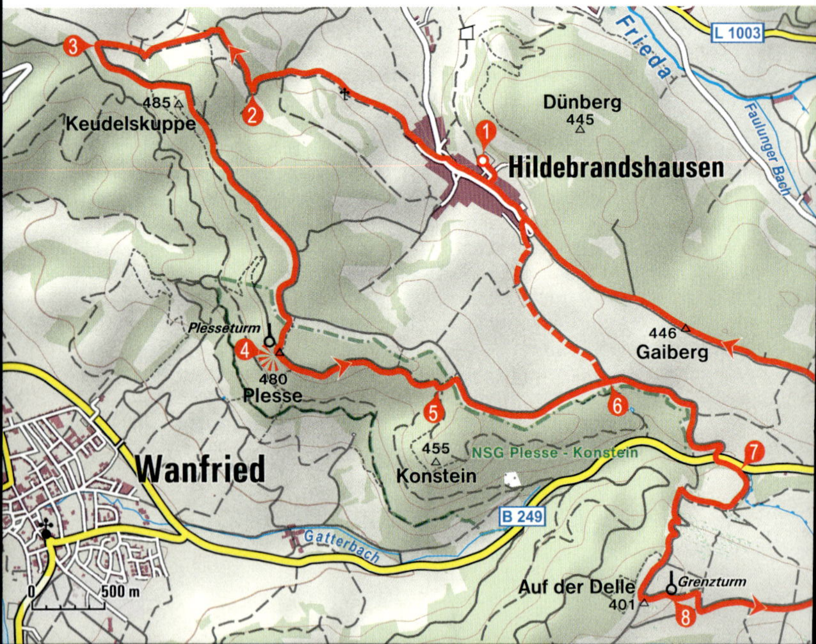

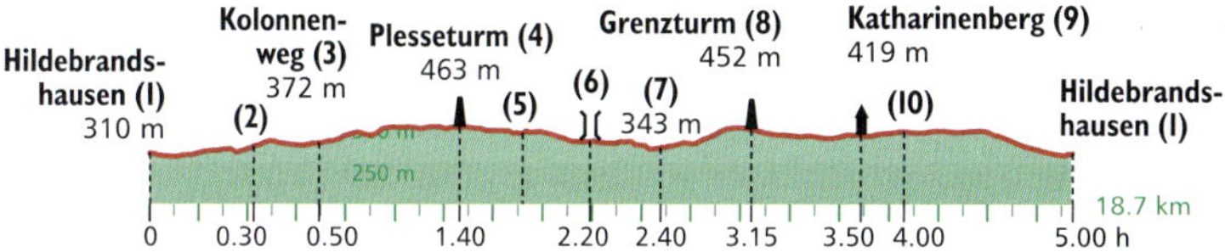

Vom **Parkplatz** kehren wir zur Hauptstraße von **Hildebrandshausen (1)** zurück und biegen dort rechts ab. Wir ignorieren zwei Abzweigungen nach links und nehmen die nächste Möglichkeit, die Martinsgasse, halb links. Mit der Markierung »Rotes Viereck« führt der Feldweg mit geringer Steigung am Hang entlang. Hinter einem kurzen Zwischenabstieg gelangen wir zu einer Kreuzung am Waldrand, wo wir geradeaus auf einem Forstweg aufwärtswandern. Oberhalb des Waldrands nutzen wir den Feldweg rechts **(2)** und schwenken nach wenigen Hundert Metern bei einer Kreuzung nach links (»Hülfensberg«). Bald kommen wir zum **Kolonnenweg (3)** und wenden uns auf diesem scharf nach links (»Plesse«). Er steigt zur **Keudelskuppe** hin an und führt nach zwischenzeitlichem Höhenverlust kräftig zum lang gestreckten Höhenzug der

Leider ist der Plesse-Turm wegen Baufälligkeit bis auf Weiteres gesperrt.

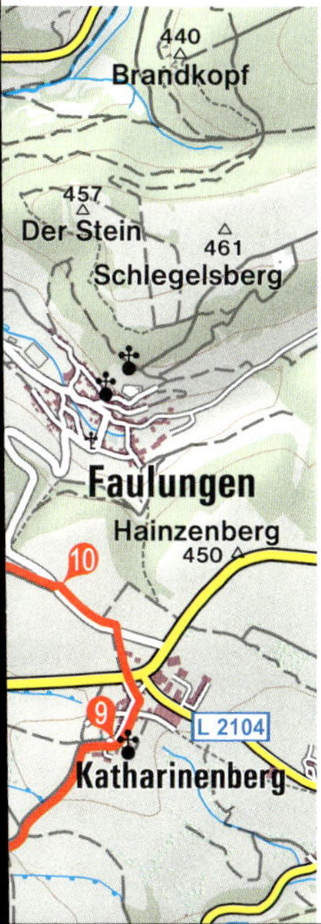

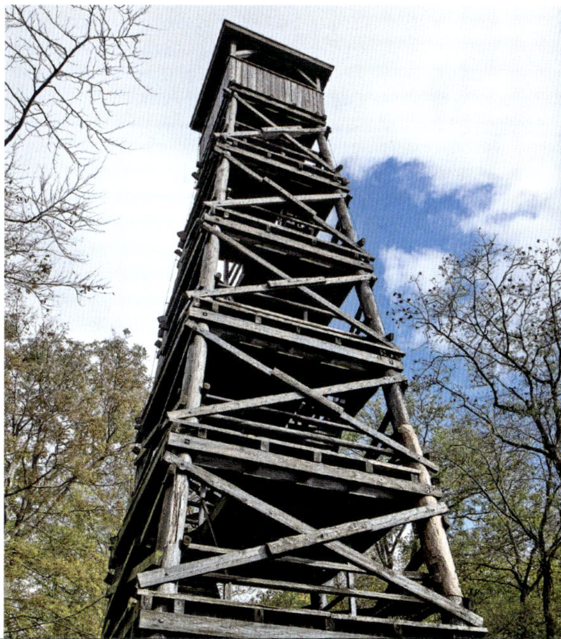

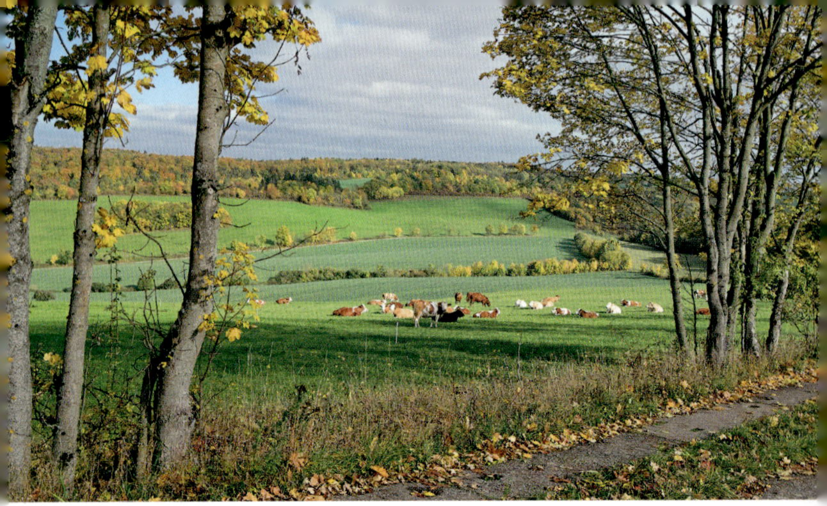

Der Kolonnenweg verläuft entlang der ehemaligen innerdeutschen Grenze.

Plesse hinauf, wo es fast eben nach Südosten geht. Hinter einem Linksbogen dürfen wir das Schild »Plesseturm« nicht übersehen, das uns nach rechts lockt. Am **Plesseturm (4)** orientieren wir uns nach links. Einen ersten Wegweiser »P5« ignorieren wir und wenden uns erst beim zweiten »P5«-Wegweiser nach links **(5)**. Auf der Anhöhe stoßen wir wieder auf den Kolonnenweg und marschieren auf ihm nach rechts. Er verliert bis zu einem Sattel **(6)** an Höhe und schlängelt sich dann zunächst mit geringem Auf und Ab, schließlich aber mit kräftigem Gefälle hinunter ins **Gattertal** und zur B 249. Auf ihr geht es 200 m aufwärts, bevor rechts ein Feldweg abzweigt **(7)**. Nach 400 m nehmen wir eine Fahrspur nach rechts, die uns wieder zum Kolonnenweg bringt. Dort links.

Mit Serpentinen geht es den Hang hinauf und kurz eben auf der Kuppe weiter, bevor der **Grenzturm (8)** in Sicht kommt. Wir nutzen einen Feldweg, um nach links dorthin abzubiegen, passieren den Turm und gelangen hinter einer Rechtskurve auf einen Asphaltweg, den wir links bis **Katharinenberg** entlangmarschieren. Im Ort erwartet uns die Ruine der **Kirche St. Katharina (9)**, vor der das Sträßchen links abknickt. In der Dorfmitte wählen wir das links abzweigende »Gäßchen«. Wir überqueren die B 249 und folgen zunächst dem Feldweg geradeaus und nach 200 m einer Landstraße nach links. Nach weiteren 200 m wählen wir halb links einen (abschnittsweise geteerten) Feldweg **(10)** und wandern auf ihm zurück nach **Hildebrandshausen**, wo wir in die Klausgasse rechts und in die nächste Möglichkeit links abbiegen und wieder am Parkplatz anlangen **(1)**.

Mühlhäuser Landgraben und Kloster Anrode

Entlang historischer Wehranlagen zu einem mittelalterlichen Kloster

Wer auf einer topografischen Karte oder einem Luftbild die Landschaft nordwestlich von Mühlhausen betrachtet, dem fällt wahrscheinlich ein schmaler Gehölzgürtel auf, der über 21 km hinweg einen weiten Bogen zwischen Eigenrieden und Sollstedt spannt. So zeichnet sich der Verlauf des Mühlhäuser Landgrabens, eines mittelalterlichen Befestigungswalls, auch heute noch im Gelände ab; seine Dimension qualifiziert ihn als eine der längsten mittelalterlichen Wehranlagen Deutschlands. Angelegt wurde er um 1350 von den Mühlhäuser Bürgern, um sich vor räuberischen Überfällen aus Hessen und dem Eichsfeld (z.B. von den Hansteinern – vgl. Tour 1) zu schützen, und zwar mit einem auch im Verfall stellenweise noch durchaus imposanten Doppelgraben und Mittelwall, die vor allem nördlich von Bickenriede noch gut erkennbar sind. Passiert werden konnte der Landgraben nur an den bemannten »Warten«, so auch an der Lengefelder Warte, die einer der Eckpunkte dieser Wanderung ist. Ein weiteres Etappenziel ist das Kloster Anrode, in dem von der Mitte des 15. Jh. bis zur Säkularisierung Zisterzienserinnen lebten. Teile des ehemaligen Klosters sind teilweise schon renoviert, andere sind (noch) keine Schmuckstücke, sondern zeigen authentisch unterschiedliche Stadien von Verfall, Umnutzung und Erhaltung und werden Zug um Zug instand gesetzt.

Ausgangspunkt: Parkmöglichkeit am Sportplatz Bickenriede. Auf der L 1006 von Mühlhausen kommend am Ortsrand von Bickenriede links zum Sportplatz abbiegen und am Ende des Weges parken.
Höhenunterschied: 220 Hm.
Anforderungen: Einfache Wanderung auf Waldpfaden (abschnittsweise etwas wurzelig) sowie Forst- und Feldwegen. Auf den letzten 2 km Teerstraße.
Einkehr: Lengefelder Warte, Klosterschänke im Kloster Anrode.
Tipp: Mühlhausen ist einen Besuch wert. Dabei nicht verpassen: Auf 300 m Länge kann man am Wehrgang der zum Teil noch erhaltenen Stadtmauer entlangspazieren (Aufgang im Frauentor auf der westlichen Seite der Altstadt).
Karte: 54 Südliches Eichsfeld, Hainich, Werratal.

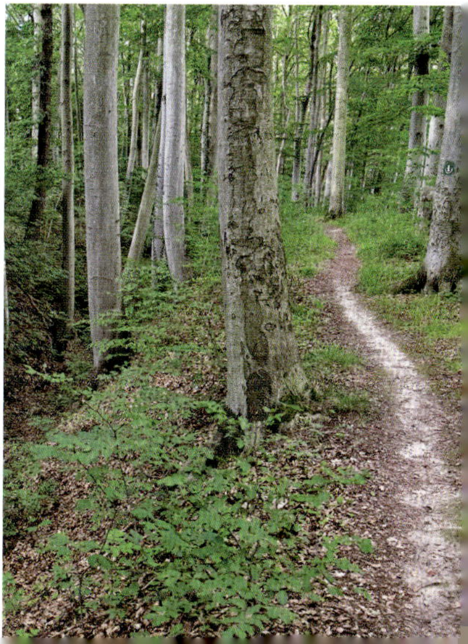

Der Pfad folgt dem Landgraben.

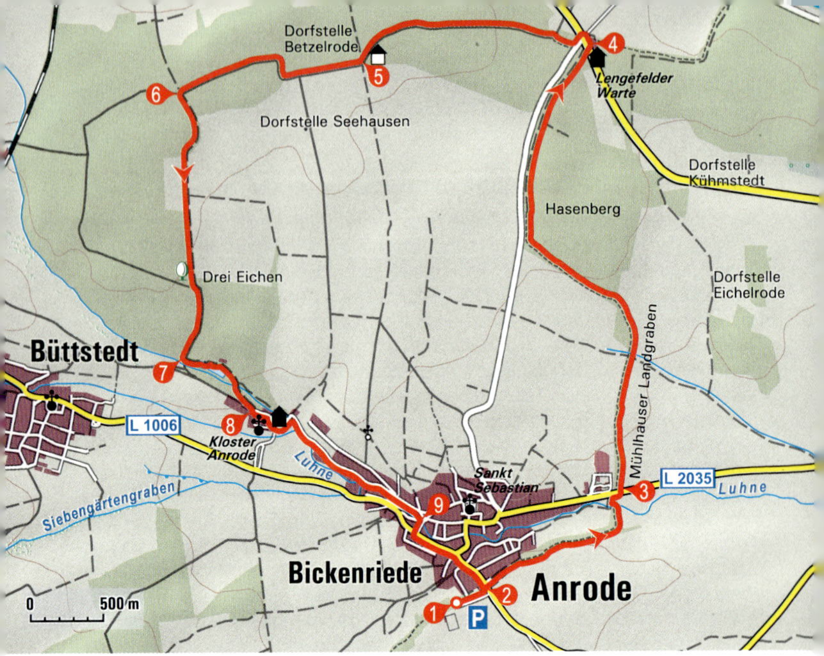

Vom **Parkplatz (1)** spazieren wir zur Hauptstraße zurück, biegen links ab und finden nach knapp 100 m den Weg »Am Landgraben«, der rechts abzweigt **(2)**. Am Ortsrand verlassen wir den Feldweg und entdecken rechts versetzt in einem Gehölzgürtel einen schmalen Fußpfad. Er verläuft genau auf dem Mittelwall des **Mühlhäuser Landgrabens** mit dem vorderen Graben links und dem hinteren Graben rechts von uns. Auf einem Feldweg gehen wir links, überqueren rechts einen Bach und erreichen eine Teerstraße. Dort wenden wir uns kurz nach rechts und stoßen nach wenigen Metern auf die Fortsetzung des Pfades in Längsrichtung durch den Gehölzstreifen **(3)**. Wir wandern mit geringem Höhengewinn aufwärts, ignorieren alle querenden Wege und folgen getreulich dem Landgraben. Auf dem **Hasenberg** schwenkt der Weg vom Wall hinunter, begleitet ihn aber in geringer Entfernung rechts. So gelangen wir zur **Lengefelder Warte (4)**.

Wir laufen wenige Meter auf der Bundesstraße nach links, wählen eine Seitenstraße nach links und erreichen nach 100 m einen nach rechts abgehenden Waldweg. Dieser mündet in einen breiten Fahrweg, dem wir links folgen (»Kloster Anrode«), um durch Wald an eine **Rasthütte** zu gelangen, wo der Weg nach rechts schwenkt **(5)**. Nach 700 m kurvt er rechts in den Wald hinein, um kurz darauf einen Linksbogen zu beschreiben. Nach 700 m heißt es

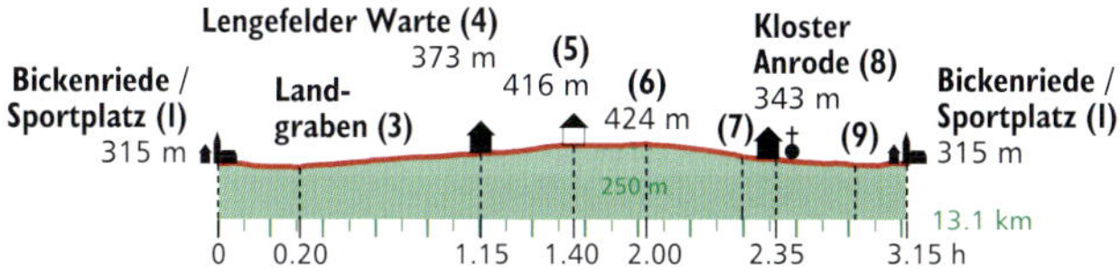

aufpassen: Ein Fußpfad **(6)** zweigt links ab (Achtung: der Wegweiser »Drei Eichen« befindet sich auf der gegenüberliegenden Wegseite) und verliert leicht an Höhe. Bei den **»Drei Eichen«** mutiert er zu einem breiten Forstweg, der uns geradeaus zum Talgrund bringt. Unmittelbar am Hangfuß **(7)** links (»Kloster Anrode«). Bei einer Weggabelung bleiben wir halb rechts im Talgrund, laufen an zwei (!) Weihern entlang und überqueren dahinter eine Brücke halb rechts. Dann nicht die Fahrspur nach links nehmen, sondern dem Forstweg geradeaus zur Klosterstraße folgen, auf der wir – nach links laufend – den Eingang zum **Kloster Anrode (8)** direkt vor uns haben.
Wir spazieren durch die Anlage abwärts, verlassen sie durch das Bickenrieder Tor und wählen hinter dem Bach die Teerstraße nach rechts. Wir erreichen **Bickenriede** auf einem Teersträßchen, laufen auf einer Wohnstraße entlang und entdecken im Ort am Hangfuß einen Fußweg nach rechts, der den Talgrund quert **(9)**. Dahinter geht es auf der Hauptstraße links. Sie bringt uns aufwärts zum Ortsrand, wo wir rechts zum Sportplatz abbiegen und wieder auf den **Ausgangspunkt (1)** stoßen.

Auf dem Weg zum Schmuckstück: Kloster Anrode.

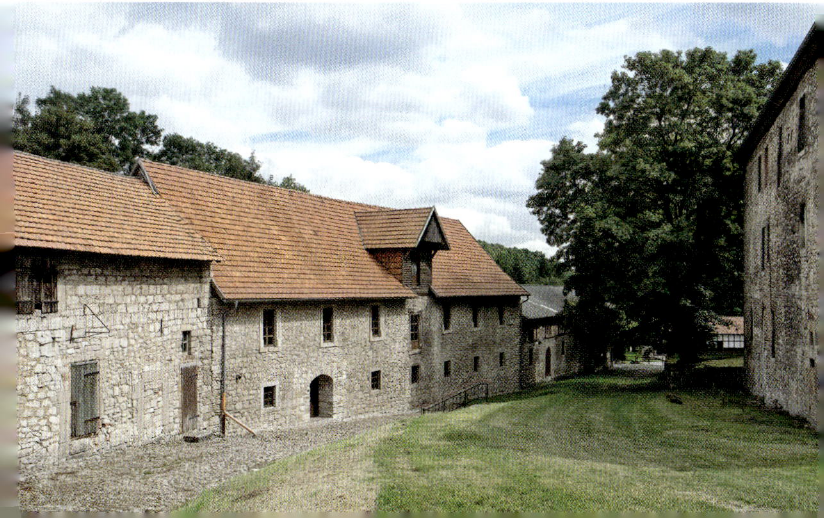

8 Flachstal

2.45 Std.

Vielfalt im westlichen Thüringer Becken

Das Flachstal ist ein bemerkenswert vielfältiges Naturschutzgebiet, das das erste Drittel der Wanderung mit Magerrasen, Trockengebüschen, Streuobstwiesen und Wäldern an den Hängen sowie Quellen und Feuchtwäldern auf der Talsohle bereichert. Die Artenvielfalt, vor allem bei Vögeln, Schmetterlingen und anderen Insekten ist beachtlich, auch seltene Amphibien haben dort ein Refugium. Das zweite Drittel der Tour führt – mit weiten Blicken über das zentrale Thüringer Becken – über gar nicht mal so offene Ackerlandschaft zum Ort Dachrieden; im letzten Drittel geht es an der Unstrut entlang und durch artenreiche Hangwälder zurück zum Ausgangspunkt.

Durch das Flachstal führt nur ein schmaler Pfad.

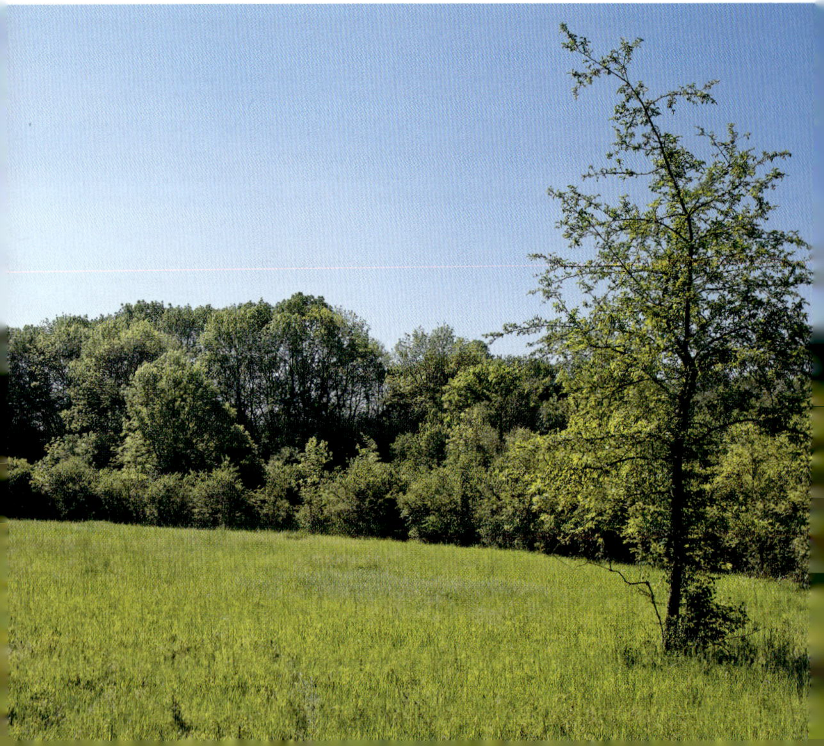

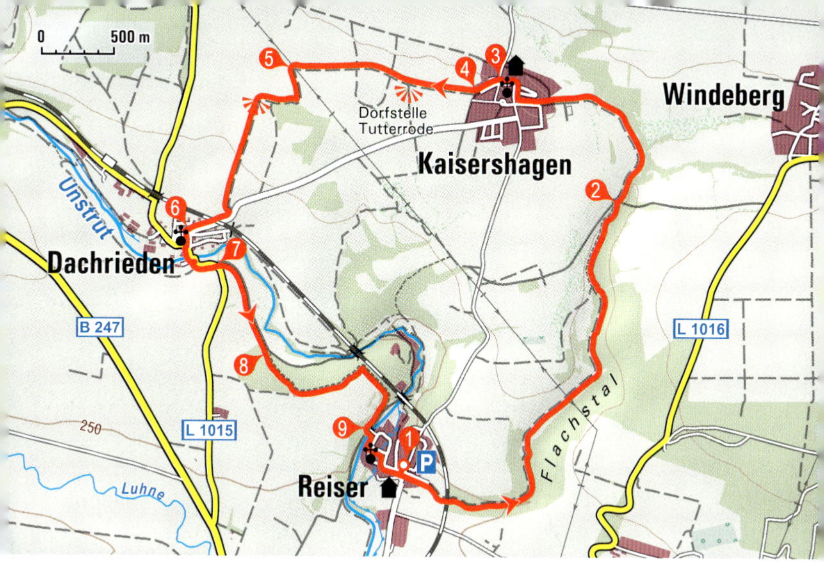

Ausgangspunkt: Reiser, südlicher Ortsrand. Von Süden nach Reiser kommend biegt man innerorts beim zweiten Sträßchen Auf der Leithen rechts ab und stellt das Auto auf dem Miniparkplatz gleich am Anfang der Straße ab.
Höhenunterschied: 200 Hm.
Anforderungen: Überwiegend Wiesenwege, Feldwege und Fahrspuren, kurzzeitig Hartbelag. Im Flachstal muss ein flacher Bach von Stein zu Stein gehend gequert werden.
Einkehr: In Kaisershagen »Zum alten Kaiser«, Eiscafé und Gaststätte Zum Flachstal in Reiser am Ausgangspunkt der Tour.
Karte: 54 Südliches Eichsfeld, Hainich, Werratal.

Vom **Parkplatz (1)** sind es nur wenige Schritte zur Hauptstraße. Dort links und beim nächsten Sträßchen »Weg zum Flachstal« ebenfalls links. Der Feldweg unterquert eine Bahnbrücke und entlässt uns ins **Flachstal**, wo wir uns auf einem Trampelpfad wiederfinden, der sich durch die Talsohle schlängelt. Nachdem wir eine querende Hochspannungsleitung hinter uns gebracht haben, tendiert der Pfad allmählich zur rechten (östlichen) Talseite, wird recht schmal und windet sich durch ein Gebüsch. Dann knickt er halb

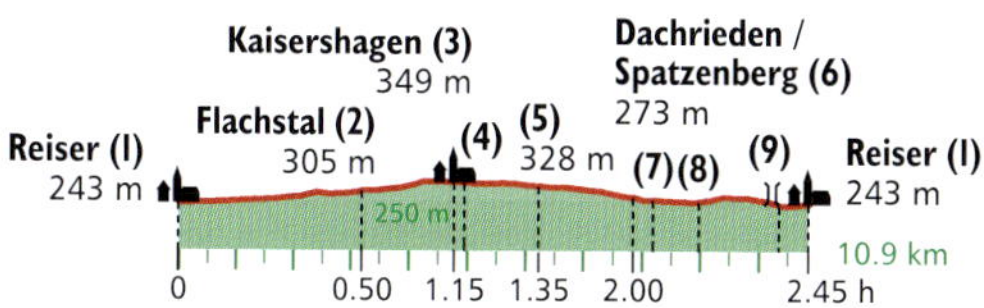

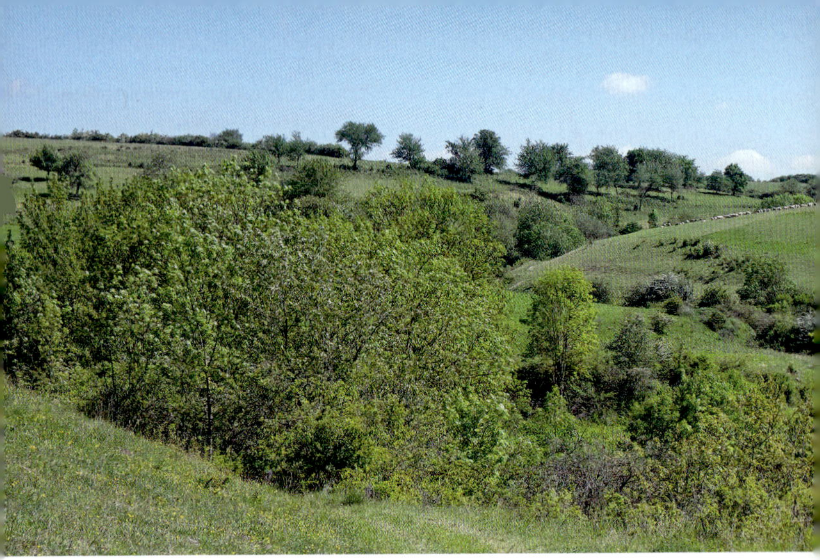

Magerrasen, Streuobstwiesen und Gebüsche prägen das Flachstal.

links ab. Mit zwei großen Schritten überqueren wir den **Flachsbach**. Erneut geht es in der Talsohle entlang, bevor der Weg mit einem Linksbogen etwas ansteigt und auf eine Fahrspur trifft. Dort rechts **(2)**. Auf den nächsten 200 m ist der Pfad etwas undeutlich, vereint sich aber bald mit einer von links oben kommenden Fahrspur, die nun – in einem weiten Linksbogen ansteigend – aus dem Tal hinausführt.

Wir erreichen geradeaus die Hauptstraße von **Kaisershagen**, biegen dort rechts und hinter der Kirche links ab und nehmen in einer Rechtskurve die Gasse Langer Weg halb links **(3)**. Am Ortsrand entscheiden wir uns für den Wiesenweg rechts **(4)**. Zwei Wiesenwegkreuzungen passieren wir geradeaus, bevor unser Weg zwischen zwei Hecken etwas an Höhe verliert. Unter einer Überlandleitung aufpassen: Der Wiesenweg knickt scharf links ab **(5)** und erreicht leicht ansteigend einen Wald, vor dem er nach rechts schwenkt. Wir gehen am Waldrand entlang, jenseits davon noch knapp 100 m geradeaus und wählen dann den Wiesenweg links abwärts. Er stößt auf eine Teerstraße, auf der wir rechts nach **Dachrieden** gelangen. Im Ort laufen wir links den **Spatzenberg (6)** hinunter und schließen unten einen kurzen Links-rechts-Zickzack an, um die Hauptstraße zu erreichen.

Ihr folgen wir links über die Unstrutbrücke und finden 200 m dahinter einen links abzweigenden Rad- und Fußweg **(7)**. Zunächst geht es über Offenland, bevor rechter Hand ein Wald beginnt. Nach wenigen Metern entdecken wir

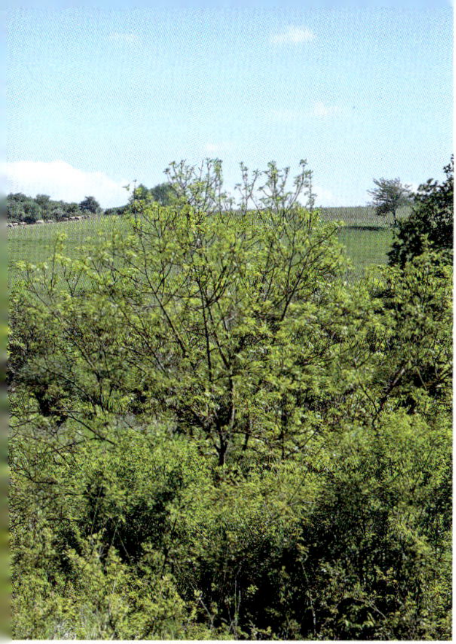

dort einen unmarkierten Erdweg halb rechts **(8)** und erklimmen mit sanfter Steigung den Hang. Oben biegen wir bei einer T-Kreuzung links auf einen Waldpfad ab. Unmittelbar vor den Bahngleisen treffen wir auf einen Feldweg und marschieren ihn rechts entlang. Er mündet in einen schmalen Teerweg, den wir geradeaus weiterverfolgen, bis wir ihn über eine **Brücke** nach links verlassen **(9)**. Im Ort wählen wir jeweils die ersten Möglichkeiten rechts, links, rechts und wieder links. Nun erreichen wir geradeaus die Hauptstraße, auf die wir links abbiegen, wo wir nach wenigen Metern rechts die Straße **Auf der Leithen** vor uns haben **(1)**.

Zwischen Dachrieder Fachwerkhäusern geht es hinunter zur Hauptstraße.

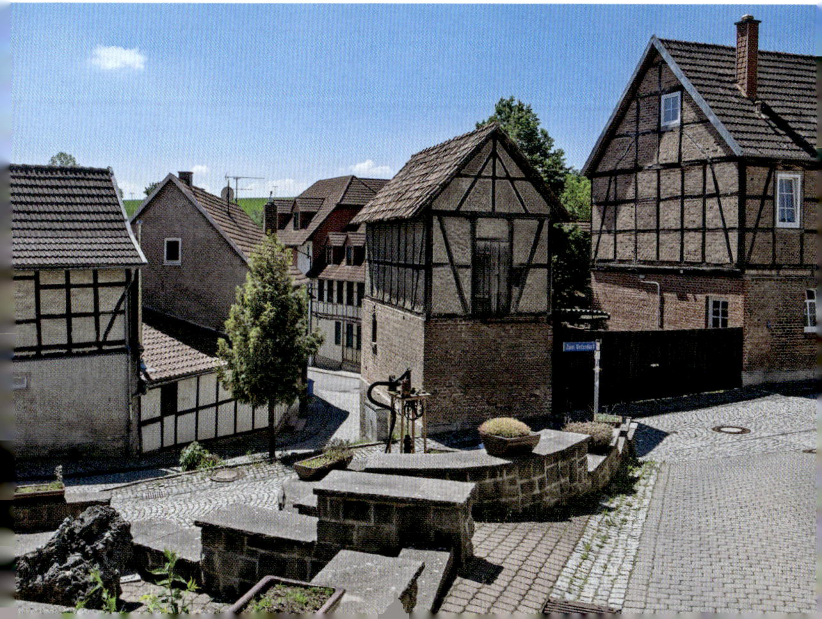

9 Wälder und Quellen bei Mühlhausen

4.15 Std.

Durch den Mühlhäuser Stadtwald zu Springen, Bornen, Quellen & Co.

Auf dem Weg zu Kainspring und Melchiorbrunnen (die als Erdfallquellen eine beachtliche Dimension erreichen und durch eine türkisblaue Färbung beeindrucken) sowie zur gefassten Popperöder Quelle mit ihrem hübschen Brunnenhaus geht es zunächst auf überwiegend schmalen Pfaden durch den Mühlhäuser Stadtwald, anschließend über die durch Hecken gegliederte Feldflur nach Oberdorla und von dort zurück in Richtung Mühlhausen.

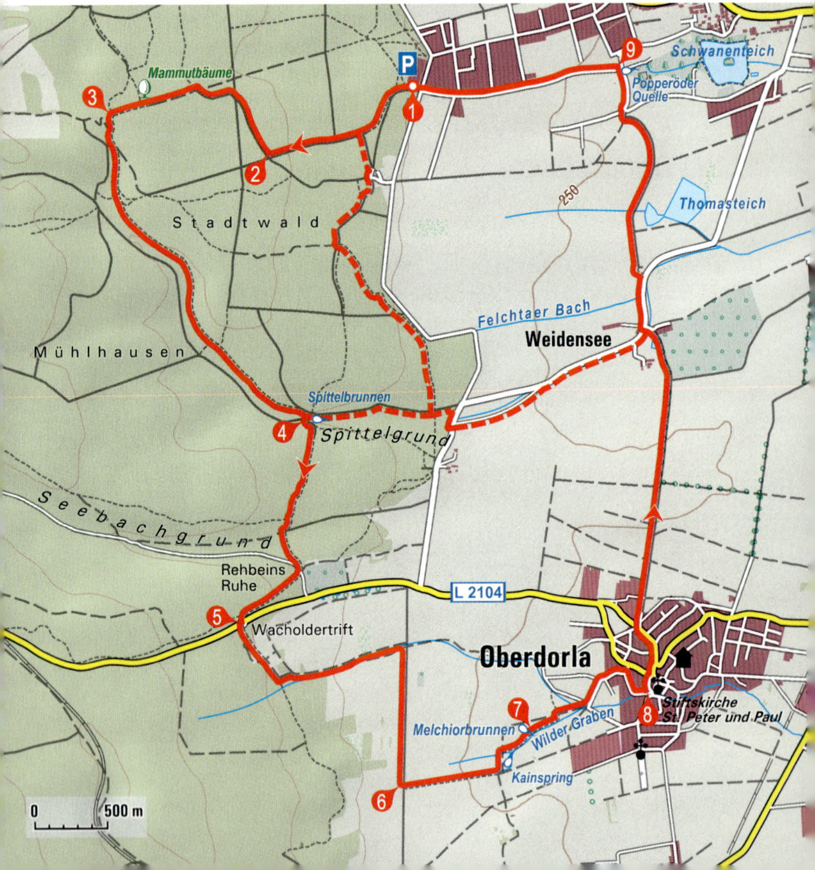

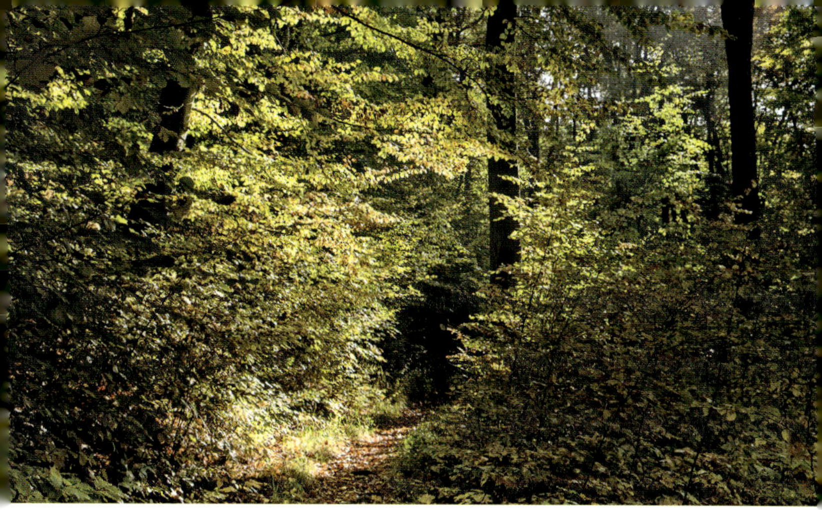

Ein Sonnenstrahl bahnt sich seinen Weg durch herbstliches Laubwerk.

Ausgangspunkt: Von der B 249 auf Höhe Pfafferode nach Süden auf die Straße Am Stadtwald abbiegen. Parkplatz nach knapp 1 km rechts, gegenüber der Abzweigung der Waldstraße.
Höhenunterschied: 320 Hm.
Anforderungen: Feldwege und Fahrspuren, im Wald Forstwege und Waldpfade, bei Feuchtigkeit streckenweise matschig. Abschnittsweise Teer (ca. 4 km). Orientierungsvermögen ist erforderlich.
Einkehr: Mehrere Möglichkeiten in Oberdorla.
Varianten: 1. Nordwestliche Runde im Mühlhäuser Stadtwald: ca. 8,5 km (»blau«, auch für Kinder geeignet).
2. Nördliche Runde mit Mühlhäuser Stadtwald und Popperöder Quelle: ca. 11,5 km (»blau«, auch für Kinder geeignet).
Tipp: Das nahe gelegene Museum Opfermoor Vogtei widmet sich einer germanischen Kult- und Opferstätte, die beim Torfabbau entdeckt wurde.
Karte: 54 Südliches Eichsfeld, Hainich, Werratal.

Vom **Parkplatz (1)** aus tauchen wir auf dem breiten Weg mit einem Linksbogen in den Wald ein. Nachdem wir den Bogen hinter uns gelassen haben, erreichen wir nach 200 m geraden Wegabschnitts einen unmarkiert nach rechts abzweigenden Trampelpfad. Er entlässt uns geradeaus auf einen

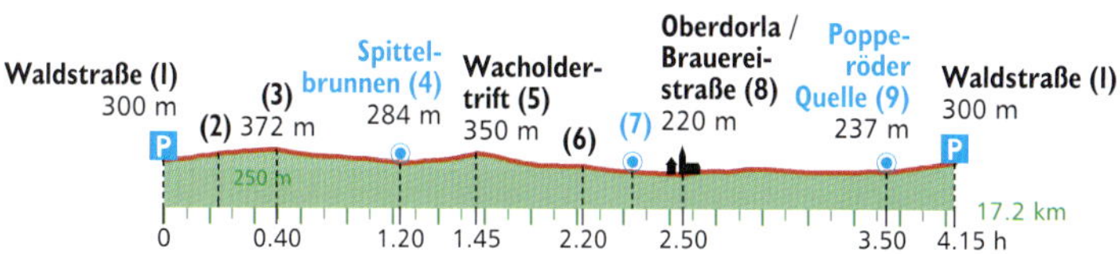

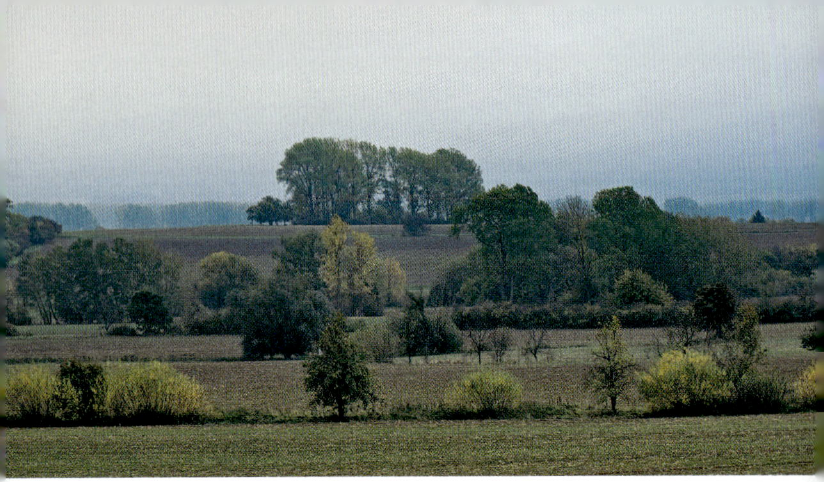

Bei Oberdorla staffeln sich die Hecken kulissenartig hintereinander.

breiten Forstweg, auf dem wir – eine Abzweigung ignorierend – nach ca. 700 m an die Abzweigung des **Lutherwegs** gelangen **(2)**. Dort rechts. Infotafeln begleiten uns über einen kreuzenden Forstweg hinweg. Hinter einem Rechtsbogen gelangen wir an eine Kreuzung, biegen links ab (»Mammutbäume«), passieren auf dem mit einem »Gelben Dreieck« markierten Weg die **Mammutbäume** geradeaus und verlieren etwas an Höhe. Bei einer Kreuzung wenden wir uns auf dem **»Jägerstieg« (3)** nach links (Markierung »Grünes Dreieck«). Dieser verläuft am Hang entlang, wobei mehrere kreuzende Waldwege ignoriert werden. Schließlich mündet er in einen Forstweg, der in eine Senke hinunterführt. Bei der dortigen Kreuzung gehen wir rechts über die Brücke und entdecken links den **Spittelbrunnen (4)**.
Dahinter ersteigen wir links den Hang und kommen nach wenigen Metern an eine Mehrfachverzweigung, wo wir uns für die rechte Möglichkeit entscheiden. Mit dem »Gelben X« als Begleiter orientieren wir uns sowohl bei einer Verzweigung nach 700 m **(»Rehbeins Ruhe«)** als auch hinter einem kreuzenden Forstweg in einer Senke auf einem schmalen Pfad geradeaus. Nach einem kurzen Anstieg wenden wir uns am Waldrand nach rechts, überqueren eine Teerstraße und betreten mit »Hainichlandweg« geradeaus erneut einen Gehölzbestand. Nach wenigen Hundert Metern weist uns »Hainichlandweg« nach links. Wir queren die L 2104 und setzen hinter dem Parkplatz den Weg in der **Wacholdertrift (5)** fort. Auf einem nur schwach sichtbaren Grasweg überqueren wir ein Wiesengelände und folgen einem Waldrand abwärts. Wo der Hainichlandweg rechts im Wald verschwindet, verlassen wir ihn und wählen eine Fahrspur nach links (ohne Markierung). Auf einem kreu-

zenden Feldweg halten wir uns rechts und entdecken nach ca. 1 km das Schild »Oberdorla« **(6)**.

Sowohl hier als auch bei der nächsten Möglichkeit biegen wir links ab und sehen bald den **Kainspring** rechter Hand. Dahinter halten wir uns rechts und wandern mit einem Bachlauf rechter Hand zum **Melchiorbrunnen (7)** und daran vorbei. Bei der nächsten T-Kreuzung rechts. Bei einer Mehrfachverzweigung orientieren wir uns halb links nach **Oberdorla** hin und spazieren im Ort erst rechts in die Straße Sperlingsberg und dann vor dem Bachlauf nach links. Wir bewundern die alte Mühle und biegen links in die Brauereistraße ab **(8)**. Den großen, baumbestandenen **Dorfanger** (mit historischem Gerichtstisch, an dem tatsächlich Recht gesprochen wurde) passieren wir oberhalb und steuern geradewegs in die Kreuzgasse hinein. Am Ortsrand nehmen wir den Weidenseer Weg nach rechts (Fahrradwegweiser »Mühlhausen«) und marschieren 2 km bis zu seiner Einmündung in eine Landstraße. Dort rechts. Nach 200 m wählen wir einen Feldweg links und folgen seinem Rechtsknick. Ca. 2 km danach geht der Feldweg hinter einer Rechtskurve in eine Teerstraße über, auf der wir geradeaus zur **Popperöder Quelle (9)** und ihrem Brunnenhaus (rechter Hand) gelangen. Anschließend schlagen wir den Weg links aufwärts ein (Waldstraße), wo sich am **Parkplatz (1)** unsere Runde schließt.

Die Popperöder Quelle und ihr Brunnenhaus: türkise Farbe meets Fachwerk.

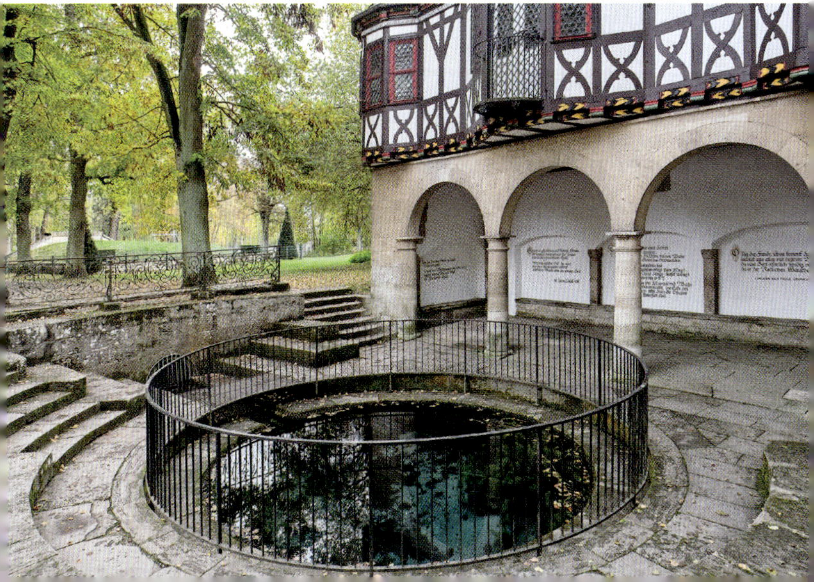

10 Treffurt und Burg Normannstein

2.45 Std.

Von einem Fachwerkjuwel zu einem lohnenden Aussichtspunkt

Das überaus schmucke Fachwerk-Städtchen Treffurt, die darüber thronende Burg Normannstein und der Aussichtspunkt Adolfsburg sind Ausgangs- bzw. Etappenpunkte der Wanderung, auf der hauptsächlich Obstwiesen und Wälder durchstreift werden.

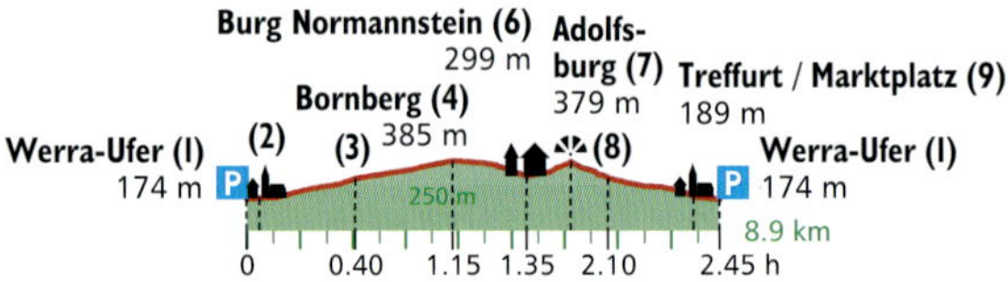

Ausgangspunkt: Treffurt, Parkplätze am Werra-Ufer. Nördlich der Werrabrücke rechts in Richtung Falken abbiegen und nach 200 m rechts parken.
Höhenunterschied: 320 Hm.
Anforderungen: Überwiegend einfache Wanderung auf Feldwegen. An der Adolfsburg auf ca. 200 m jedoch steiniger Pfad recht nahe an der Steilkante, sodass dort Trittsicherheit und etwas Schwindelfreiheit erforderlich sind.
Einkehr: Gaststätte in der Burg Normannstein, Möglichkeiten in Treffurt.
Variante: Von der Burg Normannstein (6) auf direktem Weg zurück nach Treffurt, ca. 6,8 km (»blau«, auch für Kinder geeignet).
Karte: 54 Südliches Eichsfeld, Hainich, Werratal.

Der Aussichtspunkt Adolfsburg bietet einen guten Blick auf Treffurt.

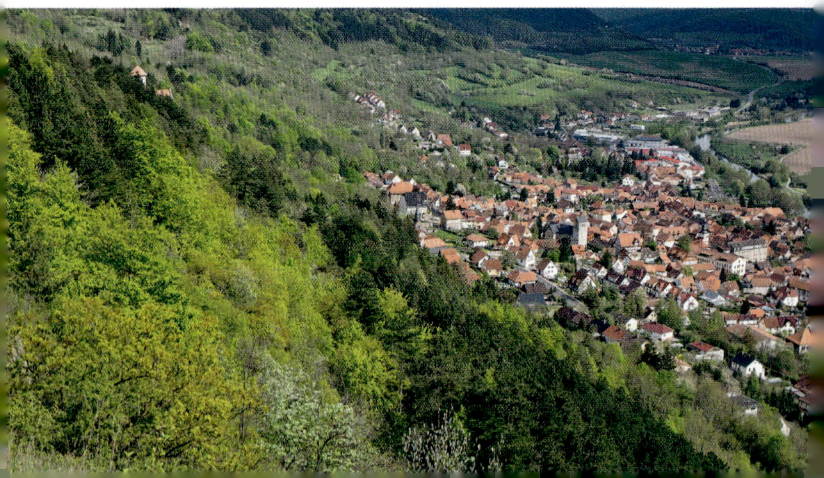

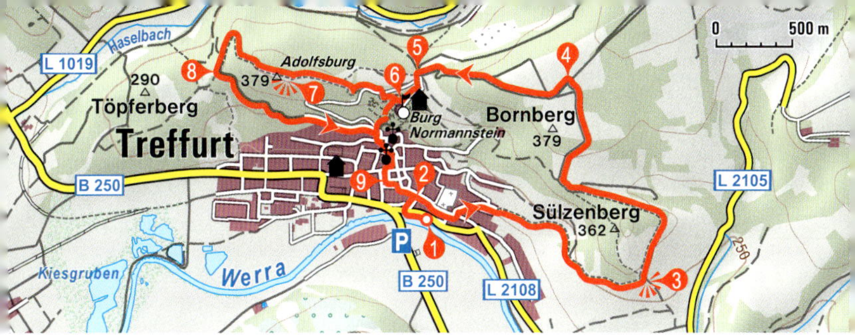

Vom **Parkplatz (1)** beginnen wir die Runde in Richtung Westen und biegen dann nach wenigen Schritten rechts in den »Werrarain« ab. Ebenfalls rechts geht es in die **Egon-Bahr-Straße (2)**. Nach 300 m nehmen wir links das Sträßchen mit dem seltsamen Namen »Heidewickchen« den Hang hinauf (Abzweigungen unbeachtet lassen). Am Ortsrand mutiert die Wohnstraße zum Feldweg, der leicht ansteigend am Hang aufwärtsführt. Einmündungen und Abzweigungen interessieren uns nicht. Hinter einem weiten Linksbogen treffen wir am Südosthang des **Sülzenbergs** auf eine Infotafel und setzen den Weg geradeaus fort **(3)**.

Bald schwenkt der Weg nach Westen (links) und durchquert ein Waldstück, hinter dem wir bei zweiter (!) Gelegenheit rechts auf einen Feldweg abbiegen und auf ihm aufwärts die T-Kreuzung am **Bornberg (4)** erreichen. Dort links. Nach 200 m entscheiden wir uns an einer Rasthütte für den höhenparallelen Pfad halb links, der mit einem »Gelben A« markiert ist. Er mündet in einen breiten Feldweg, den wir in gleichbleibender Richtung weiter verfolgen, wobei wir an Höhe verlieren. In einem Sattel nutzen wir das Teersträßchen links **(5)**, das uns hinunter zur **Burg Normannstein (6)** bringt. An deren Nordwestseite schickt uns der Wegweiser »Adolfsburg« auf einen aufwärtsführenden Steig. Wir kreuzen ein Sträßchen und setzen den Weg auf der anderen Seite aufwärts fort (Markierung »T3«). Schließlich öffnet sich oberhalb eines Steilabfalls ein weiter Ausblick und wir passieren den **Aussichtspunkt Adolfsburg (7)**. Anschließend begleitet der Pfad die Hangkante mit Gefälle nach Westen. Im Buchenwald vollzieht er einen scharfen Linksknick und mündet in einen Forstweg. Bei der folgenden T-Kreuzung links **(8)** (»T3«).

Am Ortsrand von **Treffurt** geht der Fahrweg in eine Wohnstraße über. In einer scharfen Rechtskurve biegen wir links zu einer Kirche hin ab und nehmen gleich die nächste Gasse rechts (Kirchstraße) abwärts. Nun sind Abstecher in die Seitengassen und nach rechts – insbesondere zum **Marktplatz (9)** – sehr zu empfehlen. Wo die Kirchstraße am Hangfuß mit einer T-Kreuzung in die Hessische Straße mündet, wenden wir uns nach links und kommen bei der nächsten Kreuzung **(2)** rechts auf bekanntem Weg zum **Werra-Ufer** und links wieder zum Parkplatz **(1)**.

TOP **11**

Auf den Heldrastein

3.45 Std.

Zum »König des Werratals«

Der markante Heldrastein fällt mit senkrechten Muschelkalk-Felsabstürzen nach Norden zum Werratal hin ab. Von der Oberkante erschließen sich weite Blicke nach Norden, die noch getoppt werden, wenn man den 30 m hohen Turm der Einheit ersteigt (ein umgebauter Stasi-Lauschposten!) und den atemberaubenden Rundumblick genießt.

Sonne und Nebel ringen im Wald am Heldrastein um die Vorherrschaft.

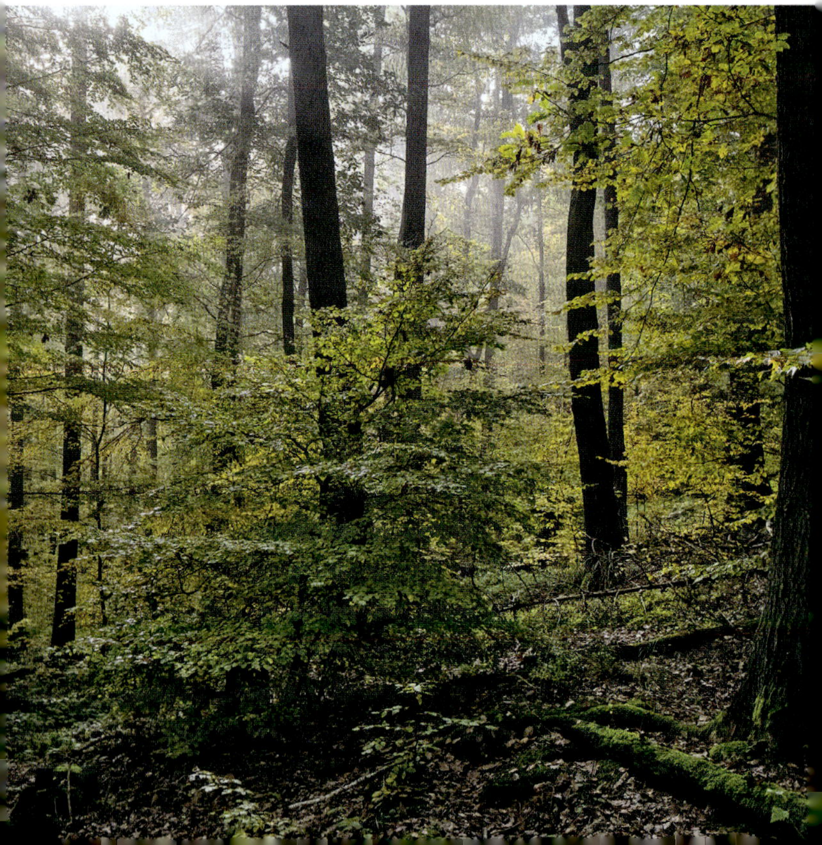

Ausgangspunkt: Parkplatz an der Kirche in Großburschla.
Höhenunterschied: 420 Hm.
Anforderungen: Waldwege, Pfade und Feldwege, in Heldra kurz auf der Straße. Aufstieg abschnittsweise steil über unregelmäßige Treppenstufen, bei Nässe schlüpfrig.
Einkehr: Gemeindeschänke und »Kleegarten« in Heldra, Außenbewirtung am Turm der Einheit (Letztere nur von Mai bis September an Wochenenden geöffnet), mehrere Möglichkeiten in Großburschla am Ausgangspunkt der Tour.
Karte: 54 Südliches Eichsfeld, Hainich, Werratal.

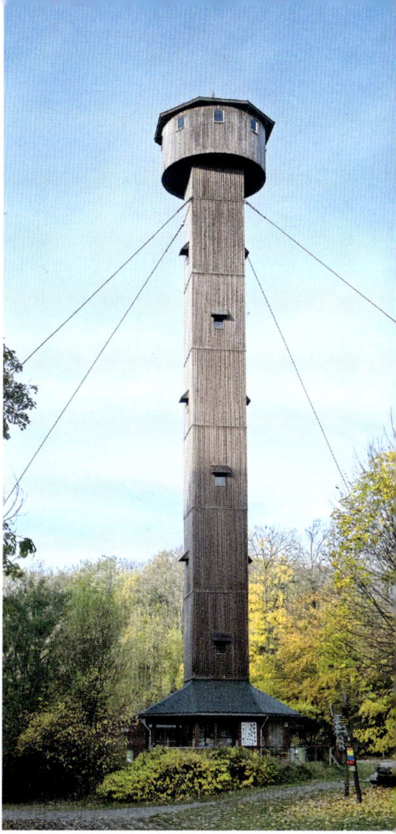

Turm der Einheit.

Vom Parkplatz an der **Kirche (1)** sind es nur ein paar Meter hinunter zur Werrabrücke, die wir überqueren. 100 m hinter der Brücke biegen wir rechts in Richtung **Heldra** ab und halten direkt (»P6« hier nicht beachten) auf das Dorf zu. Wir wandern geradeaus über die Kreuzung in der hübschen Ortsmitte hinweg (und ignorieren die dortige Beschilderung zum Heldrastein) und entscheiden uns am Ortsende für einen Feldweg nach rechts **(2)** (hier weiter mit »P6«). Er bringt uns mit einem Linksbogen zur **Blauen Brücke (3)**, auf der wir die Werra überqueren, um unsere Tour dahinter halb rechts fortzusetzen.
Am Waldrand schwenkt der Weg nach links. Wir wählen bei der folgenden Verzweigung den **Kolonnenweg** halb rechts aufwärts **(4)**. Wenige Meter hinter der anschließenden Spitzkehre verlassen wir ihn schon wieder, entschei-

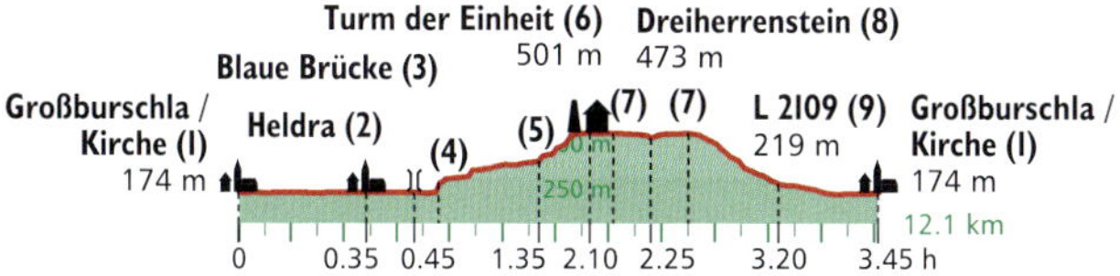

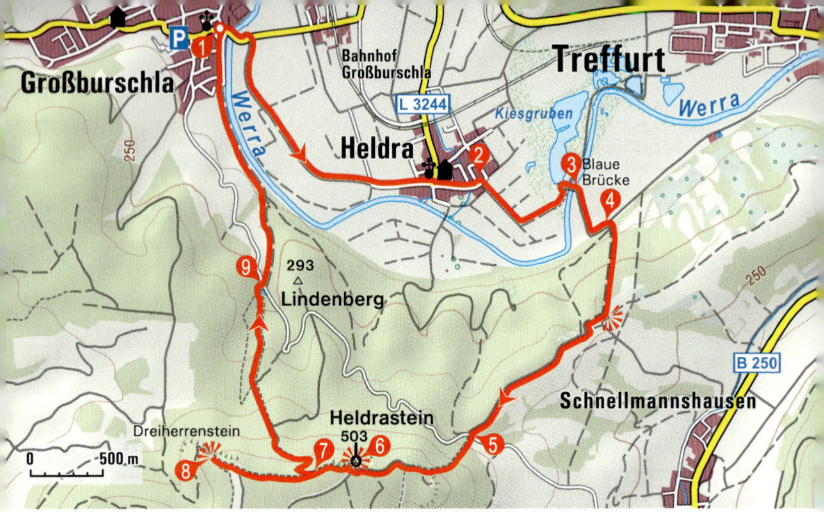

den uns für den links aufwärtsführenden Pfad und steigen im Wald zügig bergan. Auf dem Höhenrücken angelangt, geht es mit geringerer Steigung und mit dem Waldrand rechter Hand weiter, wobei wir bald erneut auf den Kolonnenweg treffen und ihm geradeaus folgen.

Hinter einem Teersträßchen **(5)** beginnt auf einem schmalen Steig der steile Anstieg – abschnittsweise über Treppen – zum **Heldrastein**. Auf dem Plateau geht es kurz durch zerklüftetes Gelände (Weg nicht verlassen!) und bei einer beschilderten Weggabelung rechts eben weiter. Nach 400 m kommen wir zum **Turm der Einheit (6)**, orientieren uns dort rechts (»P6«) zur Kante des Steilabfalls hin (gesichert) und wandern an diesem entlang nach Westen. Statt nach 300 m gleich rechts abwärts abzubiegen **(7)**, können wir geradeaus noch einen Abstecher zum **Dreiherrenstein (8)**, einer historischen Grenzmarkierung, machen (hin und zurück 1,4 km).

Anschließend geht es zurück zum Abstiegspunkt **(7)** und mit der Markierung »P6« zügig den Hang hinunter. Hinter dem Steilstück wenden wir uns auf einer Fahrspur scharf nach links und halten uns über die folgenden Kreuzungen bzw. querenden Forstwege hinweg geradeaus, wobei uns die Markierungen »P6« bzw. »Großburschla« mit beruhigender Regelmäßigkeit begleiten. Hinter der **L 2109 (9)** geht es auf einem Forstweg weiter. Bei einer Gabelung entscheiden wir uns für den Weg geradeaus, der am Kolonnenweg links abknickt und an Höhe verliert. Wir erreichen bald **Großburschla**, wo wir geradeaus wieder zum Ausgangspunkt zurückkehren **(1)** und dort auch einer der ältesten Kirchen Thüringens (12. Jh.) einen Besuch abstatten können.

Muschelkalk-Abstürze charakterisieren die Nordflanke des Heldrasteins.

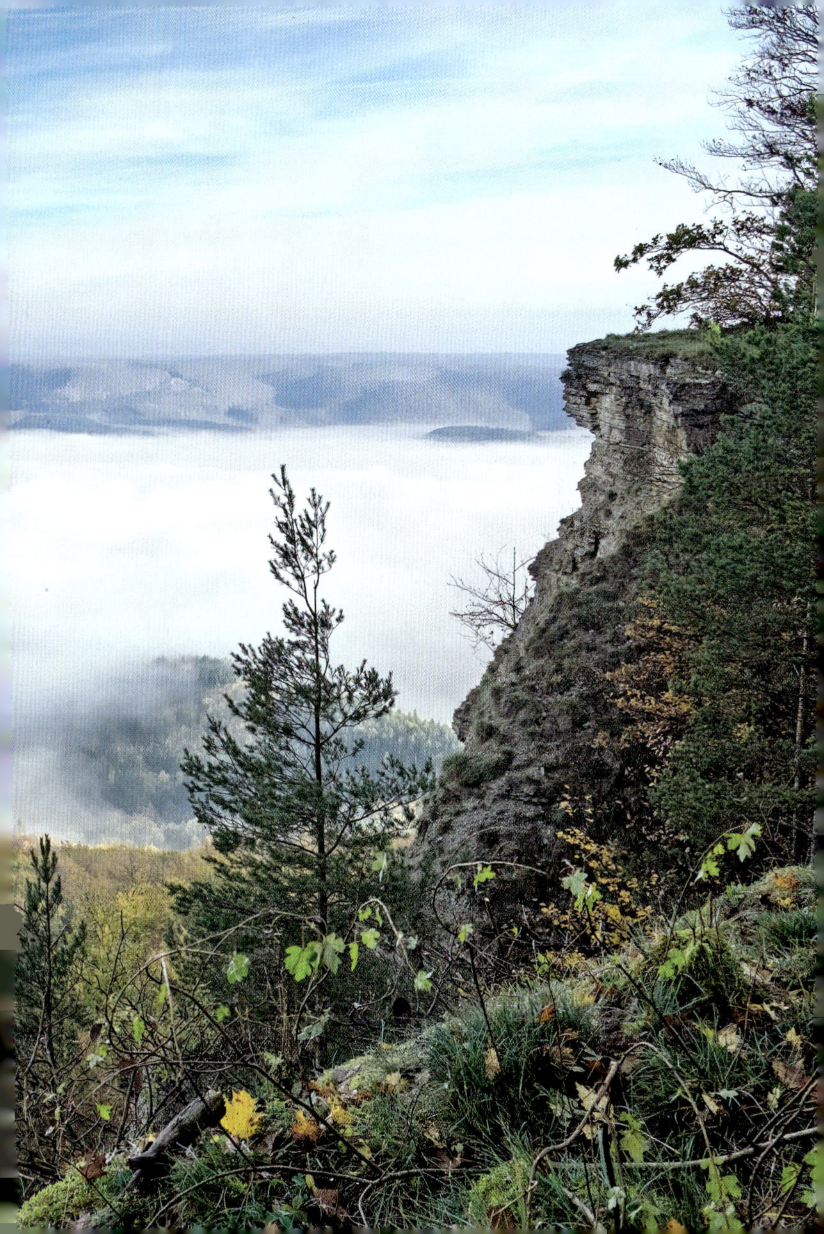

12 Über die Ebenauer Köpfe nach Creuzburg

2.30 Std.

Über Kalkklippen zu einer der ältesten Siedlungen Thüringens

Creuzburg ist eine der ältesten Siedlungen Thüringens und wurde bereits im 8. Jh. urkundlich erwähnt. Eine Blütezeit erlebte es als Wirkungsort der Landgräfin Elisabeth, die bereits kurz nach ihrem Tod heiliggesprochen wurde. Die historische Bogenbrücke wurde zu ihren Lebzeiten gebaut; sie stammt aus dem Jahr 1223, die Liboriuskapelle aus dem Jahr 1499.

Ausgangspunkt: Ebenau (2 km östlich von Creuzburg). Von der L 1017 nach Ebenau abbiegen und sofort rechts auf dem Grünstreifen parken. – Bei Anfahrt mit ÖNV: Start in Creuzburg.
Höhenunterschied: 250 Hm.
Anforderungen: Überwiegend einfache Wanderung auf Feld- und Wiesenwegen, entlang der Werra etwas überwachsen. Die ungesicherten Abstürze der Ebenauer Köpfe können umgangen werden (Tour dann »blau«, auch für Kinder geeignet).
Einkehr: Mehrere Möglichkeiten in Creuzburg.
Karte: 54 Südliches Eichsfeld, Hainich, Werratal.

Vom **Parkplatz (1)** aus überqueren wir die Hauptstraße und betreten gegenüber einen Feldweg, der sich den Hang hinaufschlängelt. In einem Gehölzstreifen zweigt ein Pfad links ab **(2)** (»Ebenauer Köpfe«; alternativ: dem Feldweg geradeaus und dann in einer Linkskurve folgen), der uns ansteigend zu den **Ebenauer Köpfen** bringt. Der Pfad mündet in einen Feldweg, der nach Westen führt. Eine Raststelle lassen wir rechts liegen und kommen hinter einer Lichtung an eine Kreuzung **(3)**. Wir setzen unseren Weg geradeaus fort (»Wisch«) und biegen hinter dem Wald links auf einen Querweg ab, dem sich bald eine weitere Fahrspur von rechts zugesellt. Wir halten der westlichen Richtung die Treue und entscheiden uns beim nächsten Querweg **(4)** für die linke Möglichkeit (»Hainichlandweg«). Wir bleiben auf dem breiten Feldweg und lassen Abzweigungen nach links und rechts unbeachtet bis zum Hinweisschild »Aussichtspunkt« bzw. »Wisch«. Dort halb links.

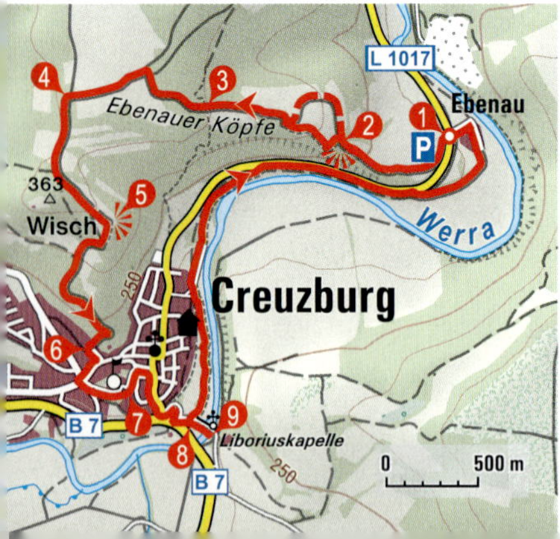

Wir erreichen den **Wisch (5)** mit seiner kleinen Schutzhütte auf einem Grasweg und wenden uns nach rechts abwärts. Wieder auf dem breiten Feldweg angelangt, marschieren wir auf ihm hinunter bis zum Ortsrand

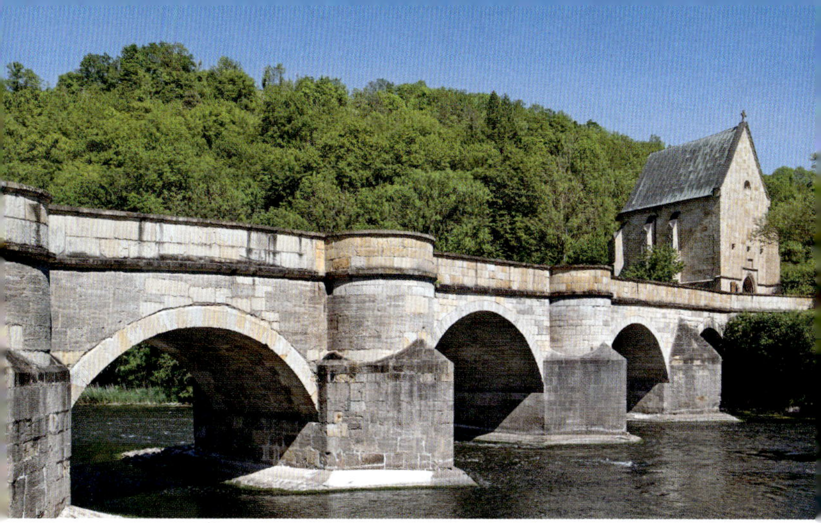

Über die historische Bogenbrücke gelangt man zur Liboriuskapelle.

von **Creuzburg**, gehen auf der Scherbdaer Straße links **(6)** und auf der Bahnhofstraße rechts. Nach 200 m weist uns das Hinweisschild »Info Burg« links den Hang hinauf.

Wir betreten die **Creuzburg** durch das Westtor und verlassen sie auf der gegenüberliegenden Seite durch das **Osttor (7)**. Am Hangfuß biegen wir in die abwärtsführende Elisabethstraße ein und halten uns auf der Marktstraße rechts. Kurz hinter dem Ortsrand entdecken wir links einen Fußweg, der uns zur historischen **Werrabrücke (8)** bringt. Auf deren östlicher Seite besichtigen wir die **Liboriuskapelle (9)**, kehren anschließend zum Westufer zurück und wählen bei der Brücke **(8)** den Wiesenweg nach rechts. Wir wandern parallel zur Werra nach Norden, folgen kurz einem Asphaltweg halb rechts, bevor sich der Weg als (überwachsener) Wiesenpfad fortsetzt. Kurz vor Ebenau geht es auf einem Feldweg nach rechts, im Angesicht der **Nordmannsteine** (am anderen Werra-Ufer) durch **Ebenau** hindurch und dahinter links, wo wir nach wenigen Metern am **Ausgangspunkt (1)** anlangen.

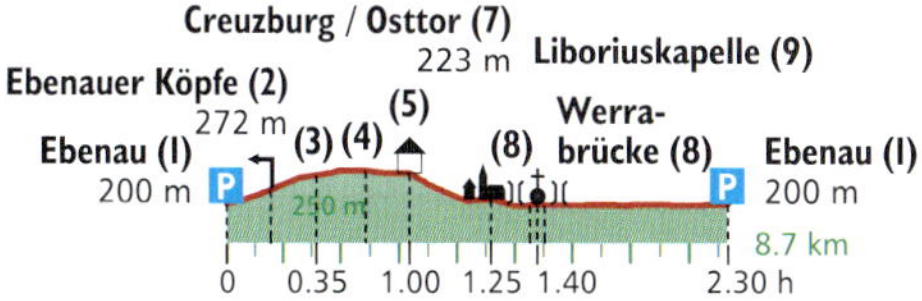

13 Betteleiche und Bummelkuppe

3.45 Std.

Wirtschaftswälder und werdende Urwälder am Westabfall des Hainich

Die Wanderung führt sowohl durch bewirtschaftete Buchenwälder außerhalb des Nationalparks als auch durch die nicht mehr genutzten Wälder im Nationalpark. Während Buchen in einem bewirtschafteten »Otto Normalwald« schon im verhältnismäßig »zarten« Alter von 120 bis 150 Jahren geerntet werden, können Buchenbestände unter natürlichen Rahmenbedingungen 300 bis 400 Jahre alt werden. In erster Linie ist es dieses alte Stark- und Totholz, das für einen Urwald charakteristisch und für seinen Artenreichtum verantwortlich ist. So verwundert es nicht, dass im Nationalpark zahlreiche – darunter seltene – Alt- und Totholzarten und Arten reifer Waldphasen entdeckt wurden, die im normalen Wirtschaftswald kaum geeignete Bedingungen vorfinden. Insgesamt ist der Nationalpark Heimat für mehr als 10.000 Pflanzen-, Tier- und Pilzarten, darunter so prominenter Spezies wie Wildkatze, Schwarzstorch und Bechsteinfledermaus.

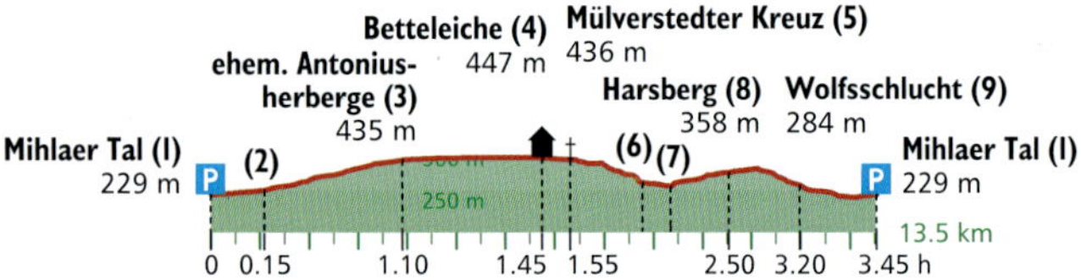

Ausgangspunkt: Wanderparkplatz Mihlaer Tal. Im nördlichen Ortsbereich von Mihla bei einem »Wanderparkplatz«-Schild von der L 1016 nach Osten in die Straße Am Schützenhaus abbiegen und 1,7 km zum Parkplatz fahren. – Bei Anfahrt mit dem Bus: Start in Mihla (Tour dann ca. 4 km länger).

Höhenunterschied: 400 Hm.

Anforderungen: Einfache Wanderung auf Forstwegen und Waldpfaden, in der Wolfsschlucht aber stellenweise steinig und schmierig. Da im Nationalpark die Fußwege nicht freigehalten werden, muss man damit rechnen, über auf den Weg gefallene Bäume hinwegzuklettern oder sie zu umgehen.

Einkehr: Außenbewirtung am Forsthaus Mülverstedt (saisonale Bewirtung; nur an Sommerwochenenden geöffnet).

Variante: Die Wanderung kann von der Betteleiche (4) aus mit einem Abstecher zur Eisernen Hand und zum Ihlefelder Kreuz ergänzt werden. Tour dann 2 km länger.

Kombinationsmöglichkeit: Mit Tour 14 (Eiserne Hand und Ihlefelder Kreuz). Achtung: Damit man nicht die schönsten Bereiche verpasst, sollte man die Tour als »8« laufen, d.h. Tour 13 bis Wegpunkt 4, von dort weiter zu WP 3 (Tour 14) in entgegengesetzter Richtung über WP 1 bis zum WP 7 (Tour 14). Von dort ohne Beschreibung zu WP 4 (Tour 13) und anschließend weiter mit Tour 13 wie beschrieben, ca. 25 km.

Karte: 54 Südliches Eichsfeld, Hainich, Werratal.

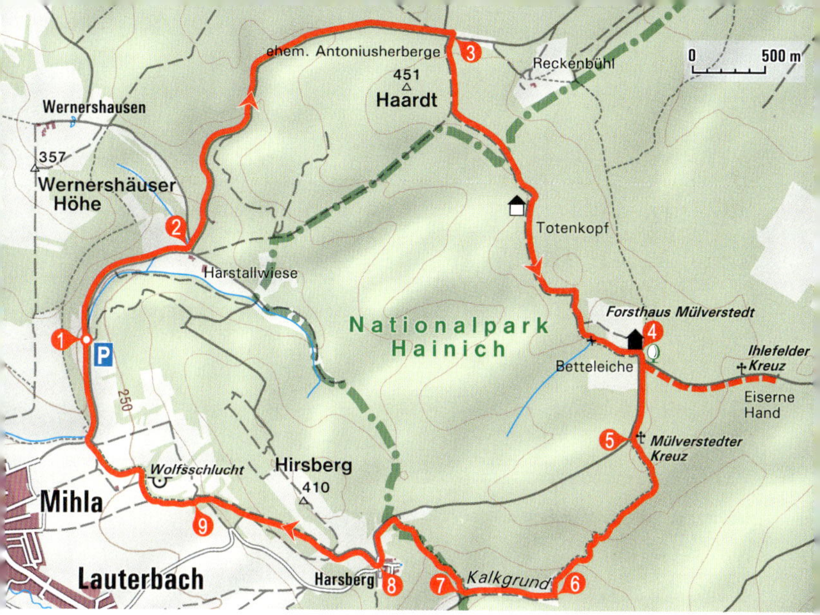

Vom **Wanderparkplatz (1)** aus schlagen wir den breiten Feldweg in Richtung Norden ein (»Antoniusherberge«). An einer Scheune **(2)** biegen wir links ab (erneut »Antoniusherberge«), ignorieren bei der anschließenden Gabelung den linken Weg und wandern in einem sich windenden Tälchen auf einem Forstweg unmerklich aufwärts. Wir bleiben auf dem Hauptweg, wobei uns Abzweigungen nach links und rechts nicht interessieren, und erreichen auf der Höhe die (ehemalige) **Antoniusherberge**. Auf der Lichtung nehmen wir den Forstweg **(3)** nach rechts (»Betteleiche«), entscheiden uns bei einer Gabelung nach 100 m für die halb linke Möglichkeit und marschieren mit der Markierung »R« nach Süden. Bald

Die Betteleiche: ein Wahrzeichen des Nationalparks Hainich.

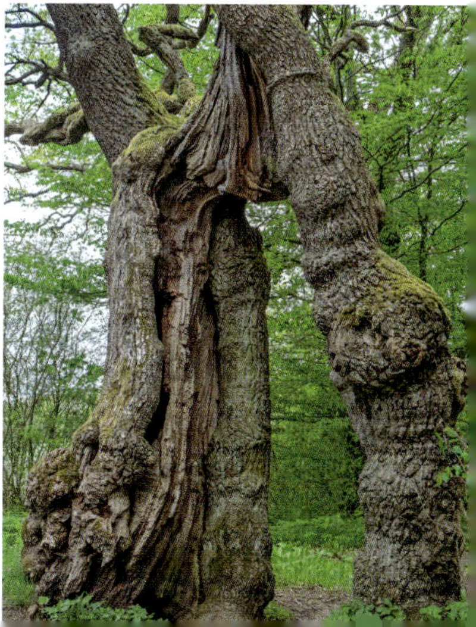

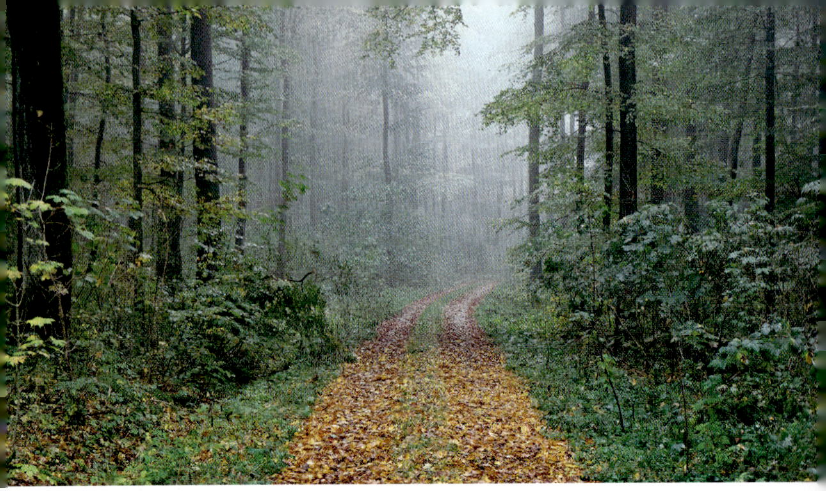

Goldenes Laub auf dem Boden kündet vom Fortschreiten des Herbstes.

kommen wir an die Grenze des Nationalparks und bleiben der bisherigen Richtung treu. Wo – nach gut 1 km – Radfahrer mittels Piktogramm nach links gelotst werden, gehen wir auf einem Fußpfad weiter geradeaus, folgen seinem Schlängelkurs, passieren das **Forsthaus Mülverstedt** und gelangen nach wenigen Metern zur **Betteleiche (4)**. Dort schlagen wir den rechten Forstweg ein (»Harsberg«).

Nach etwa 500 m dürfen wir beim **Mülverstedter Kreuz** das Pfädchen nach links **(5)** nicht übersehen (»Bummelkuppenweg«) und bewegen uns auf ihm zunächst mit geringem Höhenverlust, dann mit stärkerer Neigung in ein kleines Tal hinunter. Auf der Lichtung im **Kalkgrund** biegen wir rechts ab **(6)**. Ebenfalls rechts halten wir uns beim Hinweisschild »Bummelkuppenweg kurze Runde« **(7)** und erklimmen den Hang. Oben angelangt, orientieren wir uns auf einem breiten Forstweg links und nutzen auf Höhe der Jugendherberge und des Informationszentrums **Harsberg (8)** den nach rechts abzweigenden, beschilderten Feldweg (»Wolfsschlucht«), der in einem Linksbogen zu einer Hangkante führt.

Zunächst am Segelhang vorbei, an einer Gabelung halb links und dann mit stetigem Gefälle erreichen wir einen Kreuzungspunkt, orientieren uns zunächst nach links, bevor wir nach wenigen Schritten auf den anschließenden Querweg rechts abbiegen **(9)** und nach Kurzem zum Einstieg in die **Wolfsschlucht** gelangen. Dort nehmen wir den schmalen Pfad halb rechts, wandern in dem Einschnitt zwischen steilen Hängen hinab und an einer Stelle durch einen gemauerten Durchlass hindurch. Am Hangfuß stoßen wir auf ein Sträßchen, das uns rechts zurück zum **Wanderparkplatz (1)** bringt.

3.45 Std.

Eiserne Hand und Ihlefelder Kreuz 14

Siedlungs- und kulturhistorische Reminiszenzen im Nationalpark Hainich

Der Hainich war nicht immer so unbewohnt, wie er es heute ist. Viele Wüstungen künden von früherer Besiedlung und der »Rennstieg« entlang des Hauptkamms war ein wichtiger und viel begangener Verbindungsweg in Nord-Süd-Richtung. Während die meisten Höfe und Ortschaften schon im späten Mittelalter verlassen wurden, mussten einige, z.B. Ihlefeld und Heßwinkel, erst in den 60er- und 70er-Jahren des 20. Jh. aufgegeben werden. Zu Beginn der Wanderung bestimmen Gehölzsukzession (also die Vegetationsentwicklung durch natürliche Besiedlungsprozesse) und Jungwald das Bild, doch später sind entlang des Hauptkamms vor allem alte Wälder zu bewundern, in denen sich Bärlauch, Buschwindröschen, Gelbes Windröschen und die Zwiebeltragende Zahnwurz im Frühling ein Stelldichein geben. Das Ihlefelder Kreuz mit seiner Darstellung einer Bärenjagd (!) aus dem 15. Jh., die »Eiserne Hand« als Beispiel eines historischen Wegweisertyps und auch die pittoreske, wahrscheinlich 600–800 Jahre alte Betteleiche setzen interessante Akzente am Wegesrand.

Ausgangspunkt: Parkplatz Zollgarten, ca. 1,5 km südöstlich von Kammerforst. – Bei Anfahrt mit dem Bus: Start in Kammerforst.

Höhenunterschied: 280 Hm.

Anforderungen: Einfache Wanderung auf Forstwegen und Waldpfaden. Da im Nationalpark die Fußwege nicht freigehalten werden, muss man damit rechnen, über auf den Weg gefallene Bäume hinwegzuklettern oder sie zu umgehen.

Einkehr: Außenbewirtung am Forsthaus Mülverstedt (saisonale Bewirtung an Sommerwochenenden), Gastwirtschaft Reckenbühl (gegenwärtig ohne Pächter), in Kammerforst Rennstieghotel Rettelbusch und Brauner Hirsch (beide ca. 300 m abseits des Wegs).

Variante: Die Tour kann zwischen Betteleiche (WP 4) und WP 7 abgekürzt werden, dann 11,5 km lang (auch für Kinder geeignet).

Kombinationsmöglichkeit: Siehe Tour 13 und 15.

Karte: 54 Südliches Eichsfeld, Hainich, Werratal.

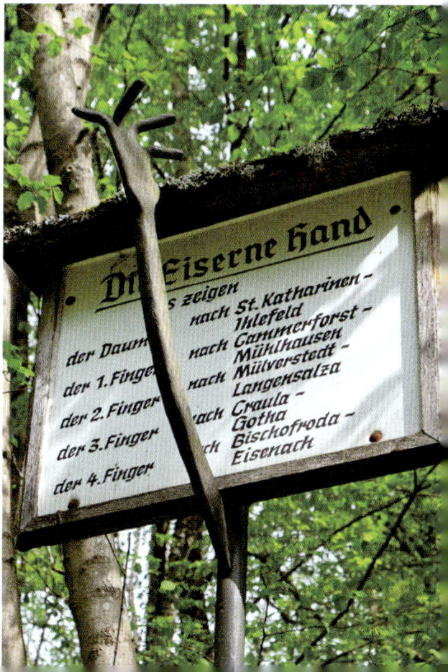

Der Wegweiser »Eiserne Hand«.

Wir beginnen die Runde bei den Informationstafeln am **Parkplatz Zollgarten (1)**, von wo aus der Saugrabenweg diagonal auf den Waldrand zuführt und uns entlang des Waldrandes nach Südwesten lotst, wobei der Pfad fast unmerklich ansteigt. Bald beschreibt er einen Linksbogen und mündet in einen breiten Feldweg. Dort rechts. Eine Abzweigung nach links ignorieren wir und gelangen in den Wald, wo wir mit einem Knick halb rechts dem Hauptweg treu bleiben. Bei einer T-Kreuzung am Rettungspunkt **UH5309** wählen wir den rechten Forstweg **(2)**, der Bestandteil des **Rennstiegs** ist (»R«). Wir müssen achtgeben, um nach ca. 300 m die **Eiserne Hand« (3)** und unweit dahinter den Stichweg zum **Ihlefelder Kreuz** (beide jeweils rechts des Wegs) nicht zu verpassen.
Ein weiterer Kilometer geradeaus bringt uns zur **Betteleiche (4)**. Den dort nach links abzweigenden Forstweg beachten wir nicht, sondern nehmen erst nach einigen weiteren Metern bei einer Gabelung den linken Fahrweg (»R mit Unterstrich«). Wir wandern am **Forsthaus Mülverstedt** vorbei und kurz auf einem malerischen Pfad entlang, der bald wieder in den Hauptweg mündet. Dort geradeaus. An einer Schranke verlassen wir den Nationalpark und bleiben der Richtung weiterhin treu. Bei einem breiten Querweg auf ei-

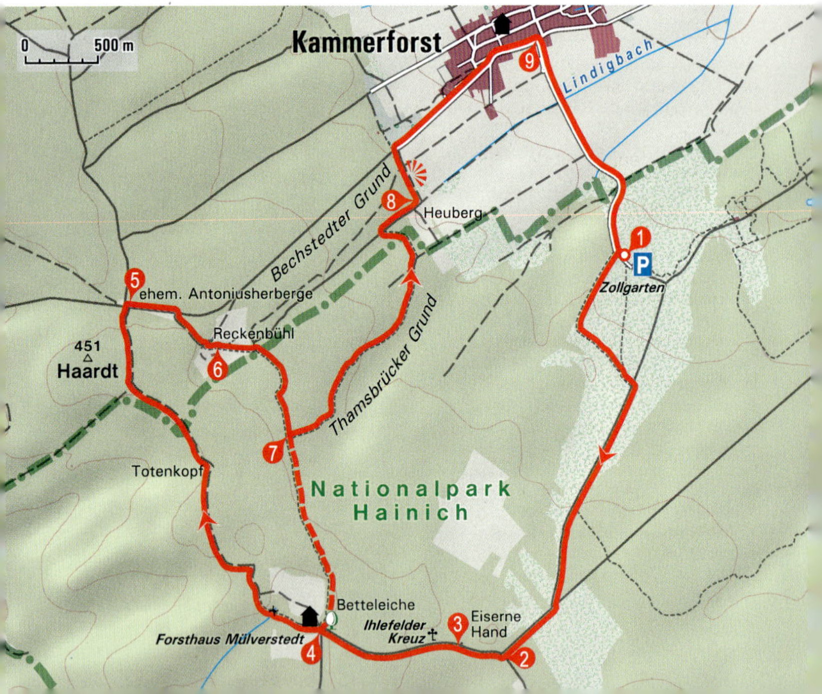

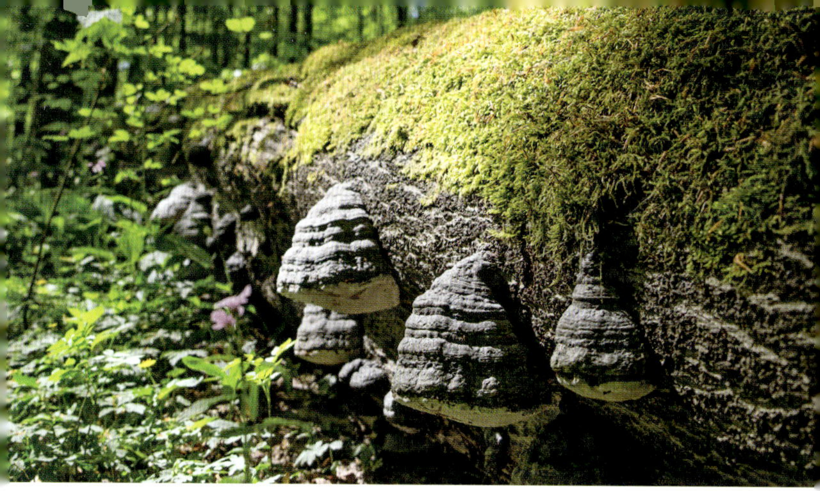

Totholz dient als Sprungbrett für neues Leben.

ner kleinen Lichtung, dem Standort der ehemaligen **Antoniusherberge**, gehen wir rechts **(5)**. Am Ende der Lichtung biegen wir (ohne Wegweiser) rechts ab und gelangen auf einem kleinen Pfad zum **Haus Reckenbühl (6)**. An ihm laufen wir geradeaus vorbei (die Zufahrt ignorierend) und streben auf einem Trampelpfad über die Wiese abwärts. An deren unterem Ende wählen wir den rechten der beiden Pfade in den Wald, wo wir nach wenigen Metern auf ein Hinweisschild des Waagebalkenwegs treffen. Nach etwa 800 m gelangen wir an eine Verzweigung und wenden uns mit dem Symbol der Betteleiche nach links **(7)**.

Gemächlich steigen wir den Hang hinunter und treffen in der Senke auf eine Fahrspur, der wir halb links folgen. Nach 1,5 km beschreibt diese einen ausgeprägten Linksbogen und trifft im **Bechstedter Grund** auf einen breiten Forstweg, auf den wir scharf rechts abbiegen. Wir verlassen den Wald und machen am **Heuberg** den Linksknick des Hauptweges mit **(8)**. Auf einem kleinen Sträßchen wandern wir nach rechts und kommen nach **Kammerforst (9)**. Im Ort orientieren wir uns rechts in Richtung »Parkplatz Zollgarten« und erreichen auf bekanntem Weg wieder den **Ausgangspunkt (1)**.

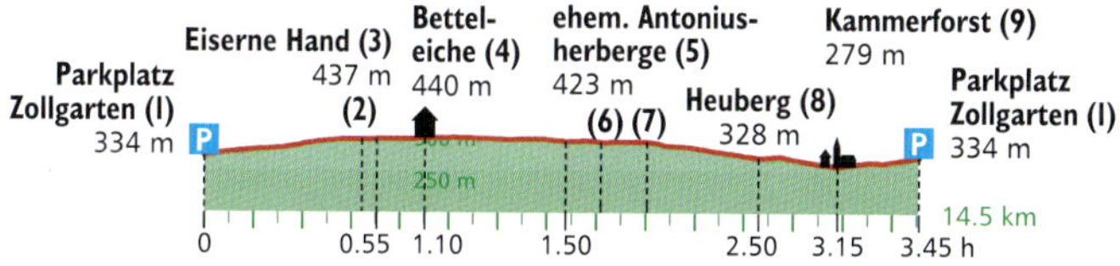

TOP 15

Östliche Kernzone des Nationalparks Hainich

5.00 Std.

Auf Tuchfühlung mit dem Weltnaturerbe Hainich

Buchenwälder, so vertraut ihr Anblick auch scheinen mag, besitzen global gesehen nur ein sehr kleines Verbreitungsgebiet, das im Wesentlichen auf Südost- und Mitteleuropa beschränkt ist. Da der Hainich europaweit eines der größten zusammenhängenden Buchenwaldgebiete auf Kalk ist, ist er aus gutem Grund nicht nur als Nationalpark ausgewiesen, sondern auch als UNESCO-Weltnaturerbefläche deklariert. Auf der Wanderung durchstreift man verschiedene Ausprägungen und Entwicklungsphasen dieses Kalk-Buchenwalds und anderer Waldtypen, wobei die Altbestände im Umfeld des Nationalparkzentrums Thiemsburg, westlich des Craulaer Kreuzes und im Brunstal zu den beeindruckendsten Impressionen der Tour gehören.

Nicht nur im Frühling ist der Kalk-Buchenwald eine Augenweide.

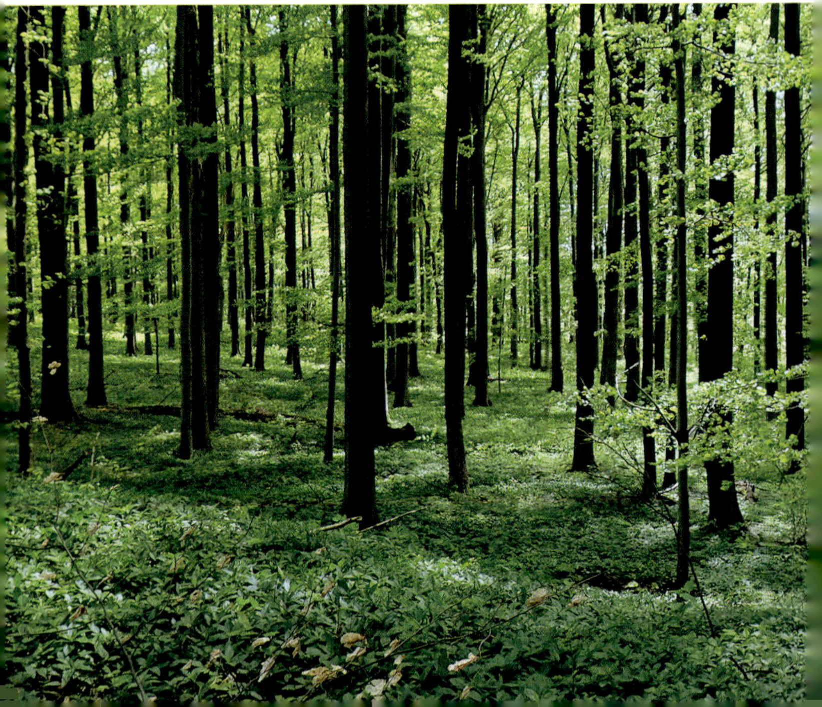

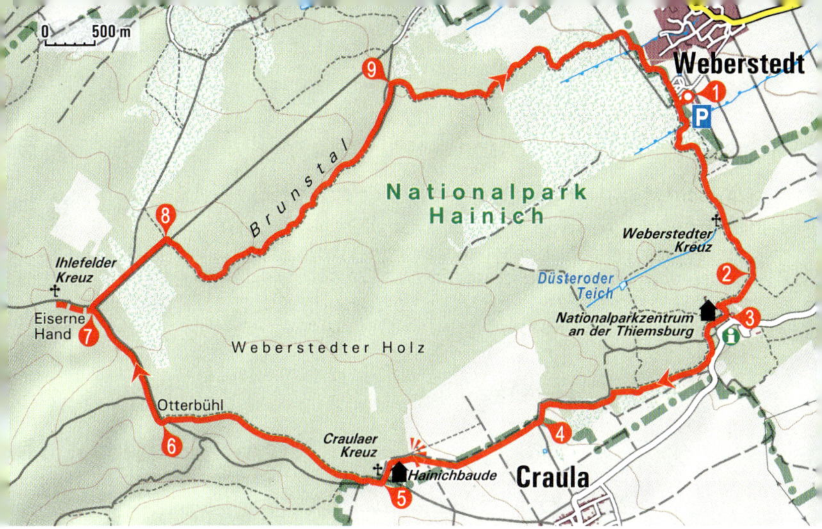

Ausgangspunkt: Wanderparkplatz Weberstedt. Am östlichen Ortsrand von Weberstedt nach Südwesten abbiegen (Wanderparkplatz- und Campingplatzwegweiser) und bis zum Wanderparkplatz fahren. – Bei Anfahrt mit dem Bus: Start am Nationalparkzentrum Thiemsburg.
Höhenunterschied: 350 Hm.
Anforderungen: Waldpfade (abschnittsweise wurzelig), Wiesenwege und Forstwege. Bei Nässe stellenweise schmierig. Da im Nationalpark die Fußwege nicht freigehalten werden, muss man damit rechnen, über auf den Weg gefallene Bäume hinwegzuklettern oder sie zu umgehen.
Einkehr: Gaststätte Thiemsburg am Nationalparkzentrum, Hainichbaude am Craulaer Kreuz.
Kombinationsmöglichkeiten: 1. Mit östlichem Teil von Tour 16: ca. 22,5 km. 2. Mit Tour 17: ca. 30 km. 3. Mit Tour 14: ca. 32 km.
Karte: 54 Südliches Eichsfeld, Hainich, Werratal.

Wir folgen dem Sträßchen vom **Parkplatz (1)** aus 100 m nach Südwesten (Ausschilderung: »Tor zum Hainich«) und biegen links auf den Hainichlandweg (»Roter Punkt«) ab, der uns bis zum Craulaer Kreuz begleiten wird. Wir überqueren einen Steg und durchschreiten geradeaus das »Tor zum Hainich«, von wo es leicht ansteigend durch den Wald nach Südosten geht.

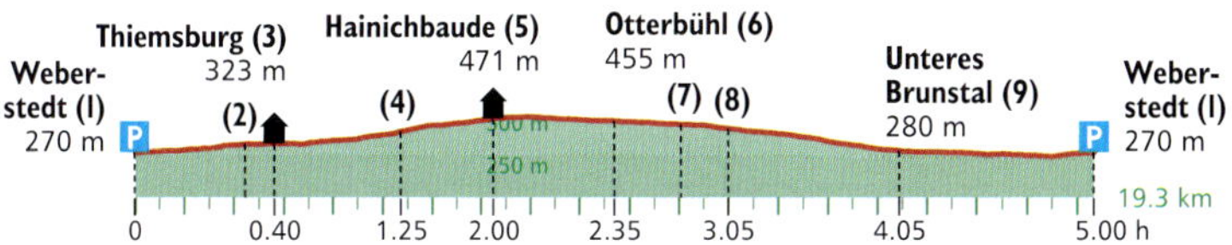

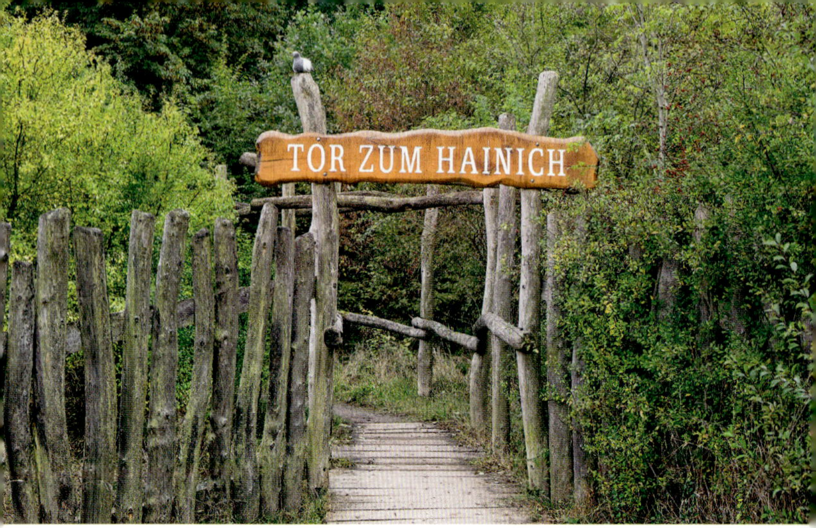

Passenderweise durchschreitet man am Tourbeginn das »Tor zum Hainich«.

Eine Abzweigung am Weberstedter Kreuz lassen wir unbeachtet und nehmen erst bei einer weiteren Verzweigung den rechten Weg **(2)**. Nach ca. 400 m, auf Höhe des **Nationalparkzentrums Thiemsburg**, halten wir uns auf einem Querweg rechts **(3)**, kreuzen nach 100 m einen breiten Forstweg und folgen 20 m dahinter einer Abzweigung nach links (»Craulaer Kreuz«).
Auf einem Pfad geht es durch Buchenwald, wobei wir einen weiteren Forstweg geradeaus queren. Schließlich gelangen wir ins Tälchen des meist trockengefallenen **Steingrabens** und wandern an ihm entlang aufwärts, wobei wir eine Abzweigung nach rechts ignorieren. Wir stoßen auf einen Forstweg, gehen auf ihm links und biegen nach wenigen Metern, nun im Offenland, rechts ab. Nach knapp 800 m trifft der Weg auf eine undeutliche Fahrspur. Dort links. Nach weiteren 150 m orientieren wir uns nach rechts **(4)** zum »Craulaer Kreuz« (Markierung beachten) und marschieren auf einem Grasweg über Wiesen und Weiden; querende Fahrspuren interessieren uns dabei nicht. Wir erreichen den Waldrand und anschließend mit einem Linksbogen einen breiten Feldweg bei der **Hainichbaude**. Auf ihm wenden wir uns nach rechts **(5)**, verlassen ihn aber schon knapp 100 m danach halb rechts, passieren das **Craulaer Kreuz** und bleiben bei einer Verzweigung geradeaus auf dem Waldweg (jetzt mit Rennstieg-Symbol »R«).
Nach 2,5 km mündet er am **Otterbühl** in einen Forstweg, auf dem wir uns nach rechts orientieren **(6)**. Bei einer Gabelung setzen wir den Weg geradeaus fort. Von der Kreuzung beim Rettungspunkt **UH5309 (7)** lockt uns ein

Abstecher geradeaus zur **Eisernen Hand** und zum **Ihlefelder Kreuz** (hin und zurück 1 km).

Anschließend wandern wir von der Kreuzung **(7)** aus nach Nordosten (»Betteleichenweg«). Statt nach 500 m mit dem Hauptweg nach links zu schwenken, bleiben wir geradeaus unserer Richtung treu. Nach weiteren 500 m finden wir die Abzweigung **(8)** des Saugrabenwegs (Symbol »Wildschwein«) rechts, wo ein Waldpfad den Hang hinunterführt. Zunächst auf der linken, später auf der rechten Talseite geht es im **Brunstal** in kleinräumig kupierten Gelände nach Nordosten. Wir kommen auf einen angelegten Grusweg und behalten die Richtung bei. Nach einigen Hundert Metern weist der »Rote Punkt« des Hainichlandweges nach rechts **(9)**.

Erneut geht es auf schmalen Pfaden zunächst durch den Wald und dann an einem Waldrand entlang. Schließlich schlängelt sich der Pfad durch das Buschland und den Pionierwald des ehemaligen Militärgeländes Weberstedt. Einen Feldweg überqueren wir geradeaus und gehen danach in einem Bogen nach rechts. Hinter einem Graben wählen wir die halb linke Wegspur und laufen mit geringer Aufwärtstendenz an einer Pappelreihe entlang. Wir stoßen auf eine gepflasterte Querstraße und erkennen links bereits den **Parkplatz (1)**.

Nördlich von Craula führt ein Wiesenweg durchs Offenland.

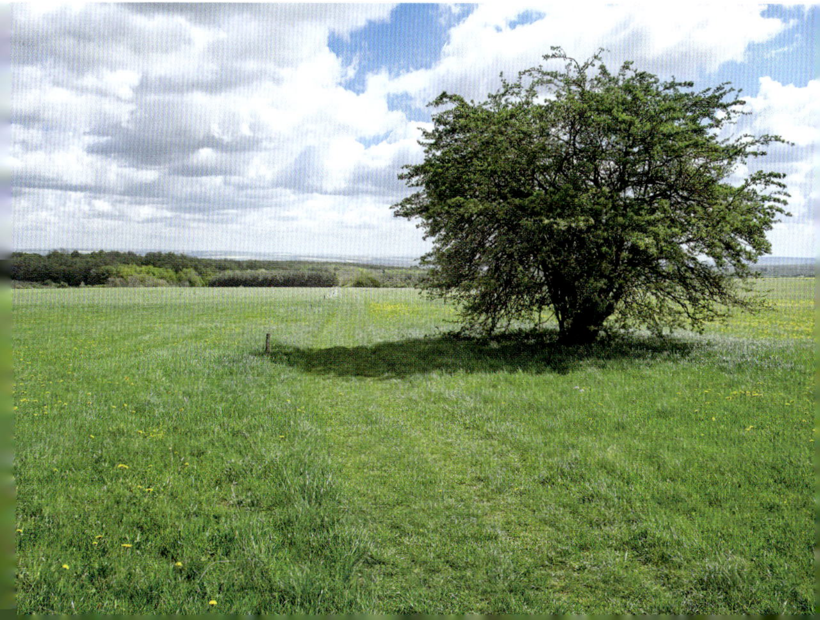

16 Rund um das Nationalparkzentrum an der Thiemsburg

1.45 Std.

Kurze Schnupperrunde in den Wäldern am östlichen Nationalparkrand

Rund um das ehemalige Forsthaus und heutige Nationalparkzentrum Thiemsburg lassen sich im östlichen – klimatisch kontinental geprägten – Teil des Nationalparks auf kleinstem Raum ganz unterschiedliche Waldtypen erkunden. Am Beginn der Wanderung dominieren ältere Buchenwälder, deren Boden im Mai von einem dichten Teppich von Bärlauch bedeckt ist. Östlich des Düsteroder Teichs entdeckt man Eschen- und Erlenbestände, später werden artenreiche Eichen-Hainbuchen-Wälder durchstreift, deren Existenz auf historische Mittelwaldbewirtschaftung zurückzuführen ist. In ihnen sind neben den namensgebenden Eichen und Hainbuchen auch Linden, Eschen, Wildkirschen, Elsbeeren, Ahorne sowie weitere Laubholzarten anzutreffen.

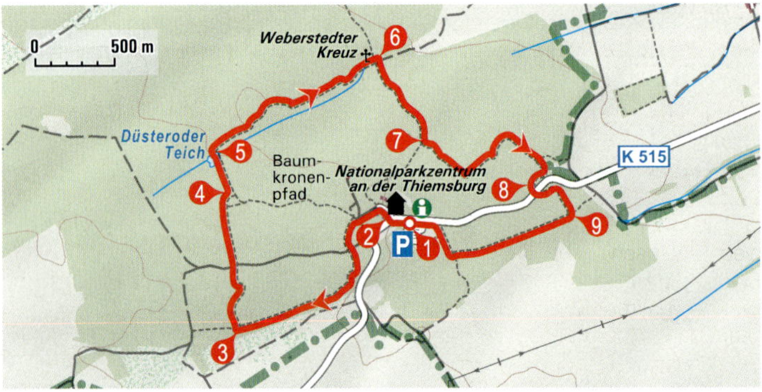

Ausgangspunkt: Gebührenpflichtiger Parkplatz an der Thiemsburg (Baumkronenpfad).
Höhenunterschied: 100 Hm.
Anforderungen: Einfach zu begehende Waldpfade, stellenweise schmierig bei Nässe. Da im Nationalpark die Fußwege nicht freigehalten werden, muss man damit rechnen, über auf den Weg gefallene Bäume hinwegzuklettern oder sie zu umgehen.
Einkehr: Gaststätte Thiemsburg am Ausgangspunkt der Tour.
Kombinationsmöglichkeit: S. Tour 15.
Tipp: Nahe am Nationalparkzentrum befindet sich der Baumkronenpfad, ein spannendes und luftiges Vergnügen zwischen und über den Wipfeln (Eintritt).
Karte: 54 Südliches Eichsfeld, Hainich, Werratal.

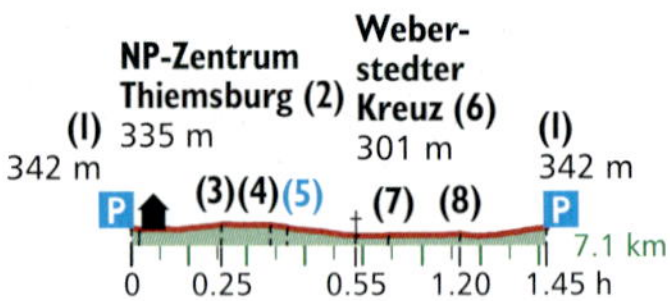

Vom **Parkplatz (1)** aus halten wir uns an die Beschilderung »Baumkronenpfad«, überqueren die Straße und passieren das **Nationalparkzentrum (2)** (dort Tickets für den Baumkronenpfad). Dahinter betreten wir mit einem Bogen nach links den Wald auf einem breiten Weg. Nach 100 m erreichen wir eine Kreuzung (zum Baumkronenpfad geht es in einem Abstecher nach rechts), die wir geradeaus überqueren, um 20 m dahinter links abzubiegen (»Craulaer Kreuz«). Nach Kurzem queren wir einen Forstweg geradeaus. Wir spazieren durch Buchenwald und folgen dem Tälchen des **Steingrabens** aufwärts. Bei einer Abzweigung **(3)** gehen wir rechts aufwärts (Symbol »Eichenblatt«). Einen breiten Weg auf der Kuppe queren wir geradeaus, wandern anschließend etwas bergab und wenden uns auf einem Querweg **(4)** nach links (»Weberstedt über Düsteroder Teich« – ab hier ohne Wegsymbol).
Hinter dem **Düsteroder Teich** knickt der Weg rechts ab **(5)**. Nach gut 1 km treffen wir auf das **Weberstedter Kreuz (6)** und entscheiden uns für den rechten Weg. Er schlängelt sich durch artenreichen Laubmischwald und erreicht eine Gabelung **(7)**. Hier gehen wir geradeaus weiter (»Eichenberg Rundweg«) und orientieren uns nun an einem Eichel-Symbol. Bald schlägt der Pfad einen Bogen zunächst nach links, dann nach rechts und passiert ein paar wassergefüllte **Erdfälle**. Bei einer Verzweigung halten wir uns geradeaus, worauf der Weg mehrere enge Kurven beschreibt. Schließlich kreuzen wir die Straße **(8)** und tauchen dahinter wieder in den Wald ein. Wir kommen auf einen breiteren Querweg und biegen rechts ab **(9)**. Nach ca. 800 m entscheiden wir uns bei einer T-Kreuzung mit einem breit ausgetretenen (!) Fußweg für die rechte Möglichkeit und haben bald den **Parkplatz (1)** links vor uns in Sichtweite.

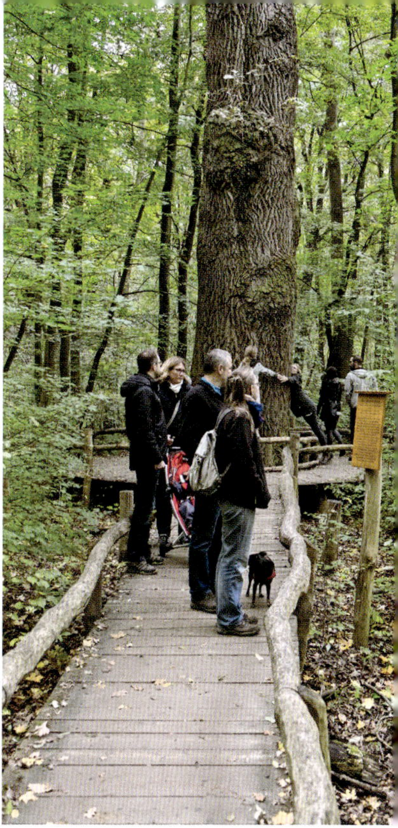

Waldlehrpfad am Nationalparkzentrum.

17 Wacholderhög und Sperbersgrund

3.00 Std.

In den gegensätzlichen Lebensräumen von Lerche und Hohltaube

Der Höhenzug des Hainich ist nicht vollständig von Wald bedeckt. Um Craula existieren blütenreiche Wiesen und Weiden, auf denen Lerchen im Frühjahr für die akustische Hintergrundkulisse sorgen. Zudem wartet der Wacholderhög, eine der wenigen Wacholderheiden des Hainich, mit seltenen und gefährdeten Pflanzen auf. Ganz ohne Wald will jedoch auch diese Wanderung nicht auskommen, daher führt der Weg hinunter zu den Altbeständen im Sperbersgrund, wo der Ruf der Hohltaube, einer typischen Altholzbewohnerin, ertönt. Auf dem Rückweg öffnet sich ein weiter Blick über das zentrale Thüringer Becken.

Ausgangspunkt: Wanderparkplatz am nördlichen Ortsrand von Craula (am Friedhof).
Höhenunterschied: 250 Hm.
Anforderungen: Feldwege, Trampel- und Waldpfade (abschnittsweise etwas wurzelig), eine Treppe. Da im Nationalpark die Fußwege nicht freigehalten werden, muss man mit auf dem Weg liegenden Bäumen rechnen.
Einkehr: Hainichbaude am Craulaer Kreuz.
Varianten: 1. Ohne Abstieg in den Sperbersgrund (d.h. von WP 4 geradewegs zu WP 8): ca. 9 km (einfach – »blau«).
2. Nur Sperbersgrund: Tourbeginn am Wanderparkplatz Craulaer Kreuz (WP 8), von dort direkt zur Turnerbank (WP 4) und ab dort weiter bis WP 8: ca. 5 km (mittel – »rot«).
Kombinationsmöglichkeit: Siehe Tour 18 und 15.
Karte: 54 Südliches Eichsfeld, Hainich, Werratal.

Der Wacholderhög ist die größte Wacholderheide des Nationalparks.

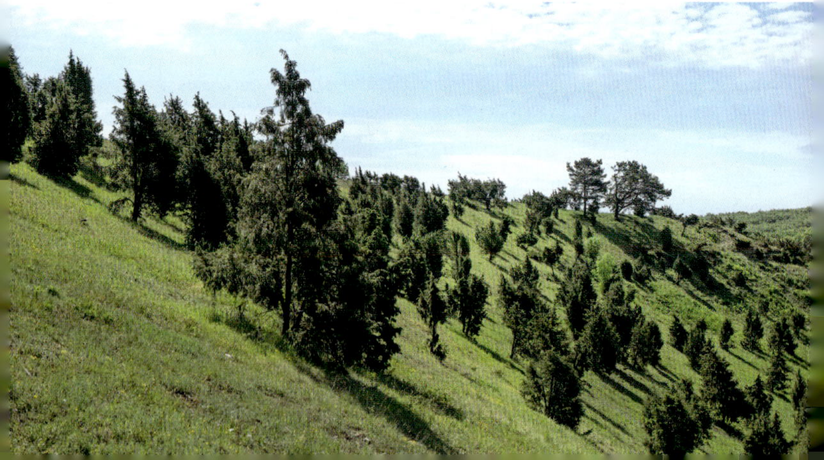

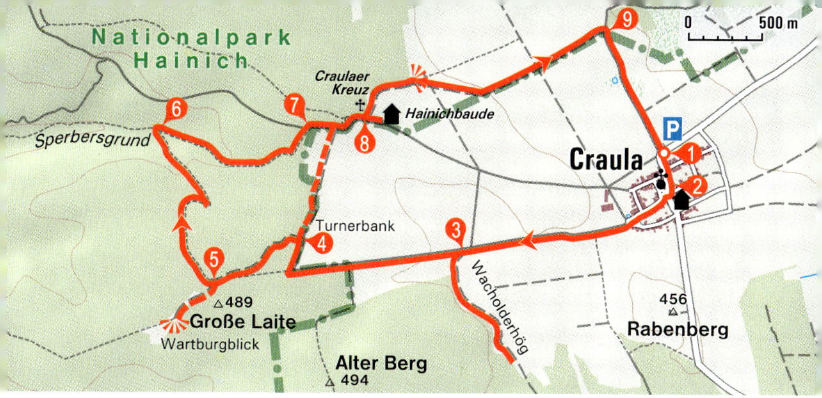

Wir orientieren uns vom **Parkplatz (1)** aus auf der Straße in Richtung Süden, biegen in **Craula (2)** halb rechts ab (»Am Waidstein«) und spazieren aufwärts durch die Schlossgasse, die am Ortsrand in einen breiten Feldweg übergeht. Nach ca. 1,2 km finden wir eine Informationstafel **(3)**, von der aus links ein Abstecher zum **Wacholderhög** führt (hin und zurück ca. 1,5 km). Anschließend setzen wir unsere Route nach Westen fort. Wegweiser nach links interessieren uns nicht, vielmehr orientieren wir uns am Waldrand entlang nach rechts. Nach 250 m, vor der Raststelle **Turnerbank**, biegen wir links auf einen Forstweg ab **(4)** (Sperber-Symbol). An einer Wendeschleife (der hier beginnende Abstecher halb links zum **Wartburgblick** – hin und zurück ca. 800 m – lohnt sich nur für eingefleischte Wartburg-Fans) entdecken wir rechts den Einstieg zu einem schmalen Waldpfad **(5)**, der zunächst mit geringem Gefälle abwärtsführt. Hinter einem Rechtsbogen wird der Weg steiler und überwindet die letzten Meter zum Talgrund mit einer Treppe. Im **Sperbersgrund** erwartet uns ein Querweg. Dort rechts **(6)**. Wir gewinnen auf dem Pfad an Höhe und gelangen auf einen Feldweg, dem wir nach rechts folgen **(7)**, wobei wir nach wenigen Schritten aus dem Wald heraustreten. Mit ein paar Kurven erreichen wir das **Craulaer Kreuz** und verlassen den Feldweg gut 50 m dahinter links auf einem Trampelpfad **(8)** (»Thiemsburg«), der zunächst den Waldrand begleitet, bevor er als Grasweg über blütenreiche Wiesen und Weiden führt. Vor dem unteren Waldrand biegen wir auf eine Fahrspur rechts ab **(9)**, worauf sich nach wenigen Hundert Metern die Runde am **Parkplatz (1)** schließt.

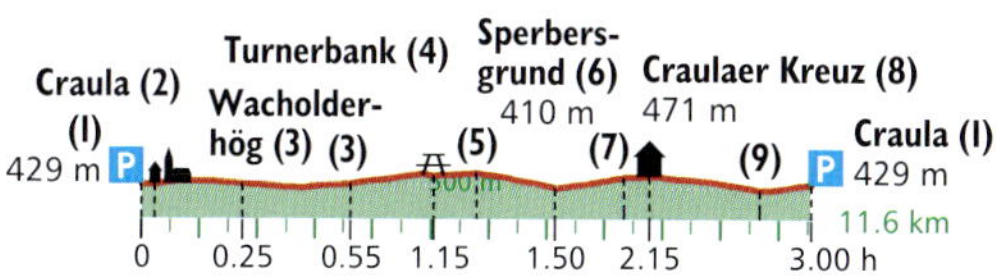

18 Langes Tal und Alter Berg

4.45 Std.

Die unterschiedlichen Gesichter des Nationalpark-Südteils

Diese Wanderung zeigt die zwei verschiedenen Gesichter des südlichen Nationalparks Hainich, nämlich Altwälder und Sukzessionsflächen. Erstere findet man im Langen Tal, das sich früh im Jahr mit Hohlem Lerchensporn und Märzenbecher, später im Frühjahr dann mit dem Blütenflor von Bärlauch und Hoher Schlüsselblume schmückt. Sukzessionsflächen und Pionierwaldstadien hingegen dominieren auf dem ehemaligen Truppenübungsplatz Kindel. Für beide gilt aber gleichermaßen das Motto des Nationalparks Hainich: »Natur Natur sein lassen.«

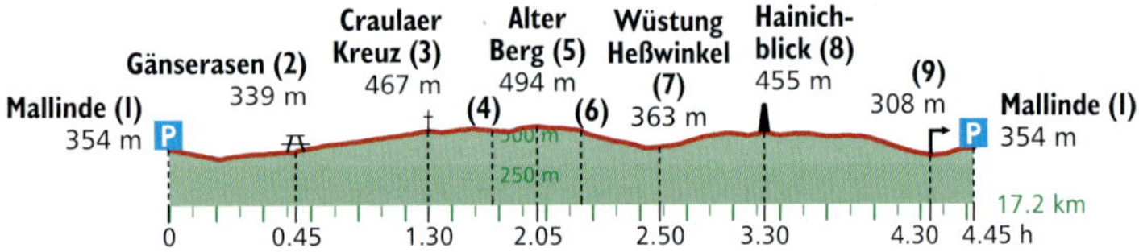

Ausgangspunkt: Parkplatz Mallinde. Südlich von Berka vor dem Hainich in Richtung Parkplatz abbiegen und bis zum Ende der öffentlichen Straße fahren. Bei Anfahrt mit dem Bus: Start in Berka vor dem Hainich (dann ca. 2 km länger).
Höhenunterschied: 480 Hm.
Anforderungen: Forst- und Feldwege, Waldpfade. Nach Niederschlägen abschnittsweise schmierig. Da im Nationalpark die Fußwege nicht freigehalten werden, muss man mit auf dem Weg liegenden Bäumen rechnen. Im Mittelteil ist etwas Orientierungsvermögen erforderlich.
Einkehr: Hainichbaude am Craulaer Kreuz (ca. 300 m abseits des Wegs).
Kombinationsmöglichkeiten: 1. Mit Tour 19 (Kindel und Wildkatzengehege): ca. 20 km.
2. Mit Tour 17 (Wacholderhög und Sperbersgrund): ca. 23 km.
3. Mit beiden zusammen: ca. 26 km.
Karte: 54 Südliches Eichsfeld, Hainich, Werratal.

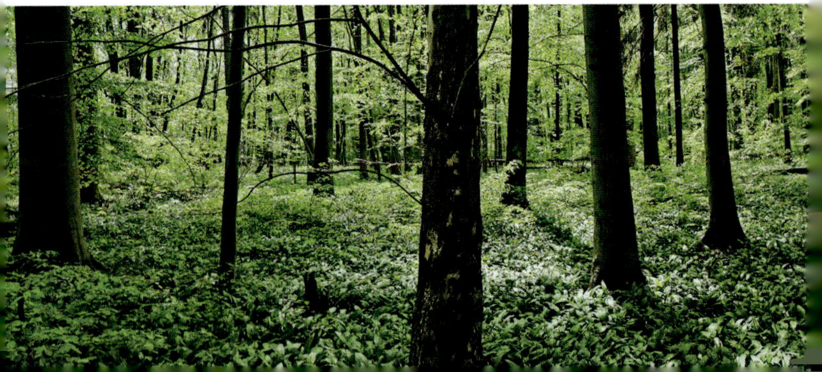

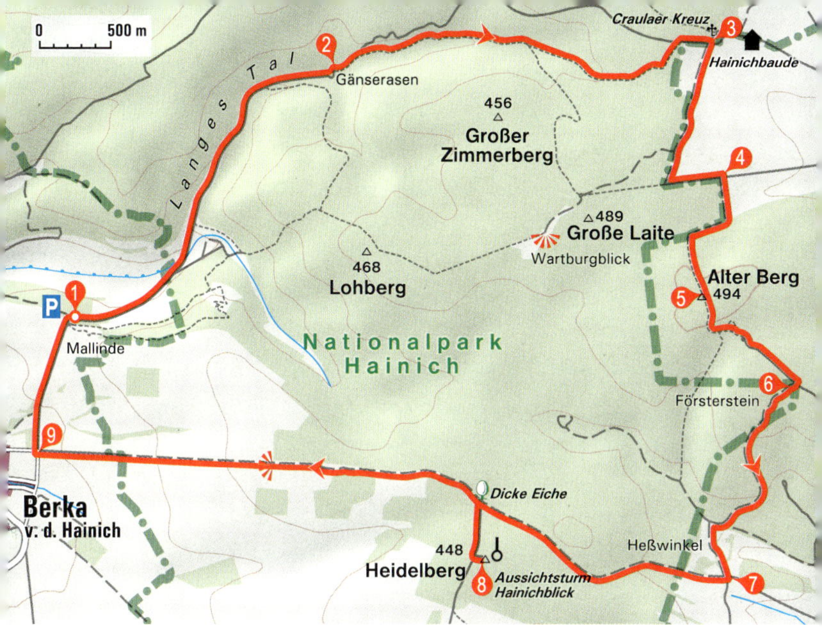

Wir starten vom **Parkplatz (1)** auf dem Asphaltweg in Richtung Osten. Wo er rechts abzweigt, bleiben wir dem Tal auf einem Feldweg geradeaus treu, betreten bald Wald und gelangen zum Rastplatz **Gänserasen (2)**. Dort verlassen wir den Forstweg halb rechts auf einem breiten Weg, der im Talgrund weiterführt; Abzweigungen lassen wir unbeachtet. Mit etwas Aufwärtstendenz streifen wir durch den Wald, bevor wir einen breiten Fahrweg erreichen

Mitte Mai steht der Kalk-Buchenwald im Zeichen des Bärlauchs.

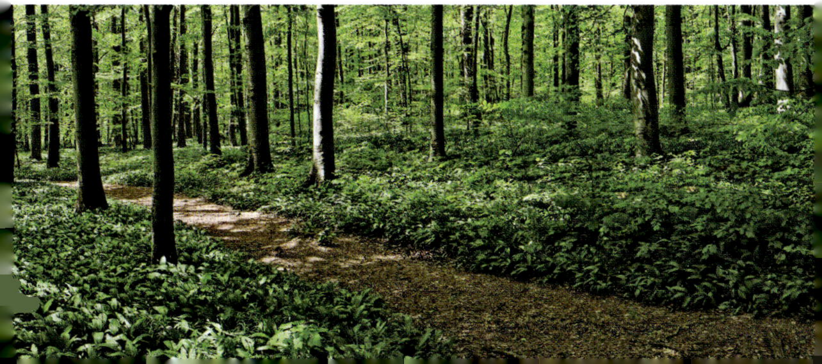

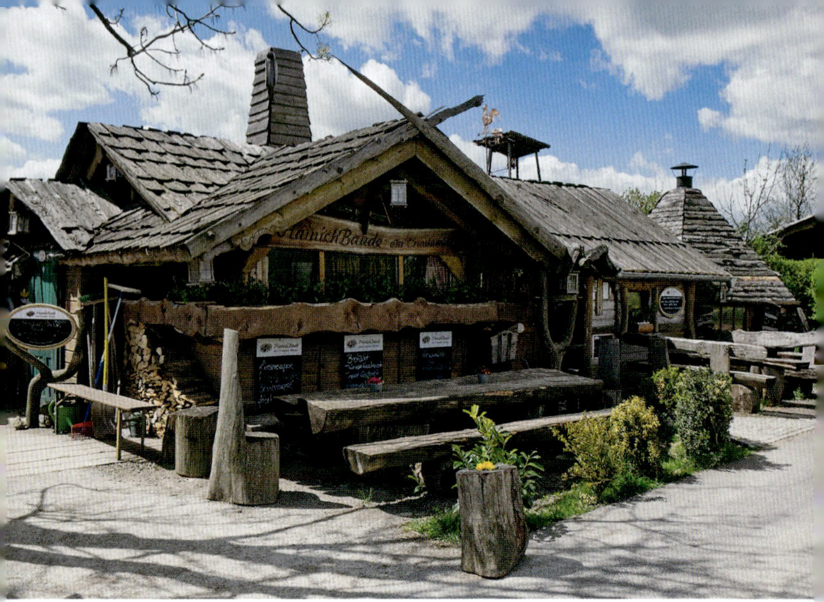

Unweit des Wegs liegt die Hainichbaude, eine beliebte Einkehrmöglichkeit.

und ihm nach rechts folgen. 300 m hinter dem Waldrand nehmen wir einen Feldweg nach rechts **(3)**, der auf den gegenüberliegenden Waldrand zustrebt. Dort links (»Rennstieg«). Nach 300 m halten wir uns beim Wegweiser »Rennstieg« rechts **(4)** und biegen in der Senke erneut rechts ab.
Hinter einer Infotafel schwenkt der Weg nach links und teilt sich, wobei wir uns für den halb linken Pfad entscheiden (»R«). Wir passieren die dicht bewaldete Kuppe des **Alten Bergs (5)**, hinter der der Pfad mit etwas Gefälle in einen breiten Forstweg mündet, auf dem wir unserer bisherigen Richtung treu bleiben. Beim Gedenkstein »**Försterstein**« **(6)** wenden wir uns scharf nach rechts (»Heßwinkel«) und steigen durch Buchenwald ab. Am Waldrand am Hangfuß gehen wir kurz nach rechts, bevor wir auf einem Feldweg nach links schwenken und wieder etwas Höhe gewinnen.
Bei der Kreuzung an der Wüstung **Heßwinkel** marschieren wir nach rechts **(7)** und erreichen nach knapp 2 km die **»Dicke Eiche«**, wo wir einen Abstecher nach links zum Aussichtsturm **Hainichblick (8)** unternehmen können. Anschließend setzen wir am ehemaligen Truppenübungsplatz entlang den Weg nach Westen fort und wandern schließlich durch Wiesen abwärts. 200 m vor dem Ortsrand von **Berka** biegen wir rechts ab **(9)** und lassen uns von dem Sträßchen zurück zum **Parkplatz (1)** leiten.

2.15 Std.

Kindel und Wildkatzengehege

19

Auf dem Weg zum Wald im Süden des Nationalparks

Das Gelände des bis 1991 genutzten Truppenübungsplatzes Kindel wurde früher durch den militärischen Übungsbetrieb und Schafbeweidung offen gehalten, doch werden seit der Einbeziehung der Fläche in den Nationalpark keine Pflegemaßnahmen mehr ergriffen. Ziel ist es, die weitere Entwicklung natürlichen Prozessen zu überlassen (»Prozessschutz«). So werden sich Schlehe, Weißdorn und Wildrose weiter ausbreiten und Bäume – u.a. Salweide, Wildkirsche, Zitterpappel, Esche und Eiche – ansiedeln, um mit einem Pionierwald die natürliche Wiederbewaldung einzuleiten. Je nach Standort geht dies unterschiedlich schnell vor sich, sodass über viele Jahrzehnte hinweg ein Mosaik unterschiedlicher Wald-Sukzessionsstadien entstehen wird. Als Highlight am Rückweg wartet schließlich das Wildkatzengehege.

Der Anmarsch zum Kindel führt entlang von Wiesen und Äckern.

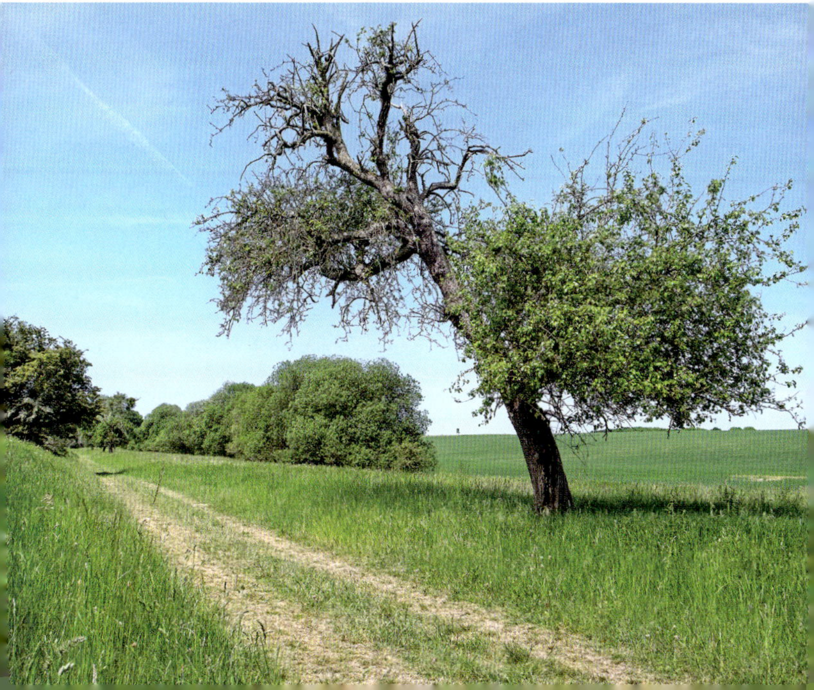

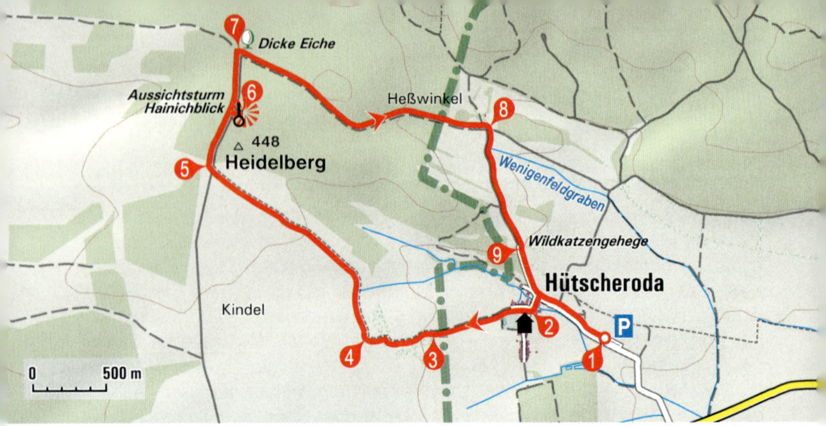

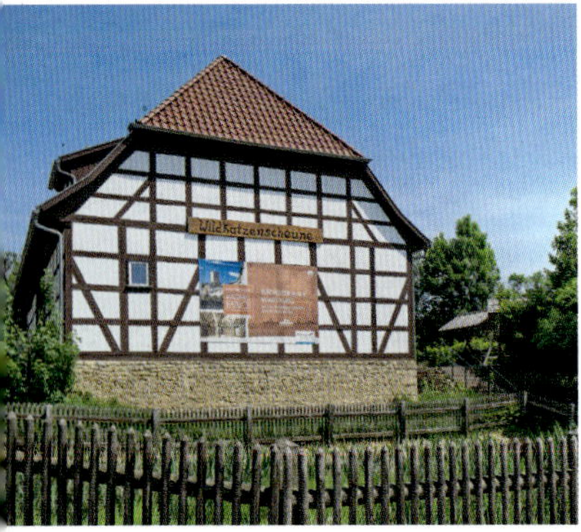

Die Wildkatzenscheune.

Ausgangspunkt: Besucherparkplatz Hütscheroda (500 m vor dem südöstlichen Ortseingang von Hütscheroda).
Höhenunterschied: 220 Hm.
Anforderungen: Einfacher Spaziergang auf Wald- und Forstwegen bzw. breiten, einfach zu begehenden Pfaden.
Einkehr: »Herrenhaus« in Hütscheroda am Ausgangspunkt der Tour.
Kombinationsmöglichkeit: Siehe Tour 18.
Hinweis: Die Wertmarke für den Besuch des Wildkatzengeheges 500 m nördlich von Hütscheroda kann gleich zu Beginn der Wanderung im Besucherzentrum »Wildkatzenscheune« in Hütscheroda erworben werden (geöffnet ab 9.00 Uhr).
Karte: 54 Südliches Eichsfeld, Hainich, Werratal.

Vom **Parkplatz (1)** aus begleiten wir die Straße nach **Hütscheroda** auf einem parallel verlaufenden Fußweg und biegen auf Höhe der Wildkatzenscheune links ab. Wir nehmen die nächste Straße rechts **(2)** (Schlossstraße), die nach Kurzem in einen Feldweg übergeht. Hinter einem Waldstück knickt der Weg links und nach wenigen Schritten rechts ab. Wir orientieren uns am Symbol einer Wildkatze bzw. am Schriftzug »Wildkatzenrunde«. Der Feldweg führt mit geringer Steigung nach Westen. Einer markierten Abzweigung folgen wir nach rechts und nehmen gleich anschließend einen Grasweg links **(3)** und gelangen in ein Gelände, das unterschiedliche Verbuschungsstadien aufweist. Nach einigen Hundert Metern schwenkt der Pfad nach rechts **(4)** und quert bald darauf eine kleine Senke. Erneut geht es ein Stück

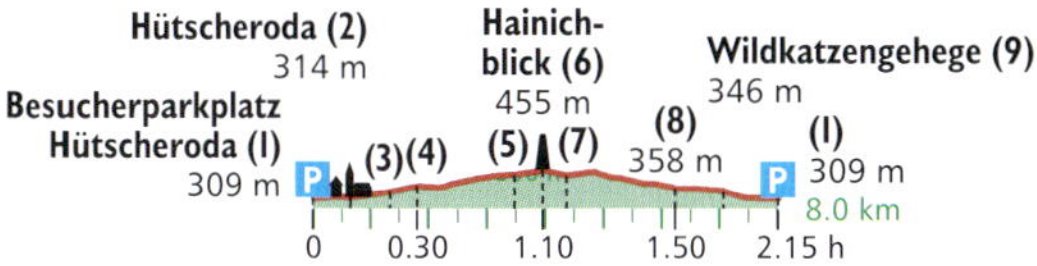

nach Nordwesten, bevor wir am **Heidelberg** auf einen Feldweg treffen und rechts abbiegen **(5)**. Gleich darauf erreichen wir den höchsten Punkt der Tour mit dem Aussichtsturm **Hainichblick (6)**.
Anschließend führt der Weg den Hang hinunter und trifft an der **»Dicken Eiche«** auf einen breiten Forstweg. Dort wandern wir nach rechts **(7)** und gewinnen noch einmal kurz an Höhe, bevor sich der Weg im Jungwald zu senken beginnt. Wir betreten Offenland und entscheiden uns nach 500 m an einem Kreuzungspunkt bei der Wüstung **Heßwinkel (8)** für den rechten Feldweg. Auf ihm gelangen wir zum **Wildkatzengehege (9)**, das wir durch eine Besucherschleuse (für das wir eine Wertmarke aus der Wildkatzenscheune brauchen) betreten können.
Danach spazieren wir auf dem Asphaltweg hinunter nach **Hütscheroda** und erreichen die Hauptstraße, der wir zurück zum **Parkplatz (1)** folgen.

Aussicht vom Hainichblick auf Pionierwald und Inselsberg (hinten links).

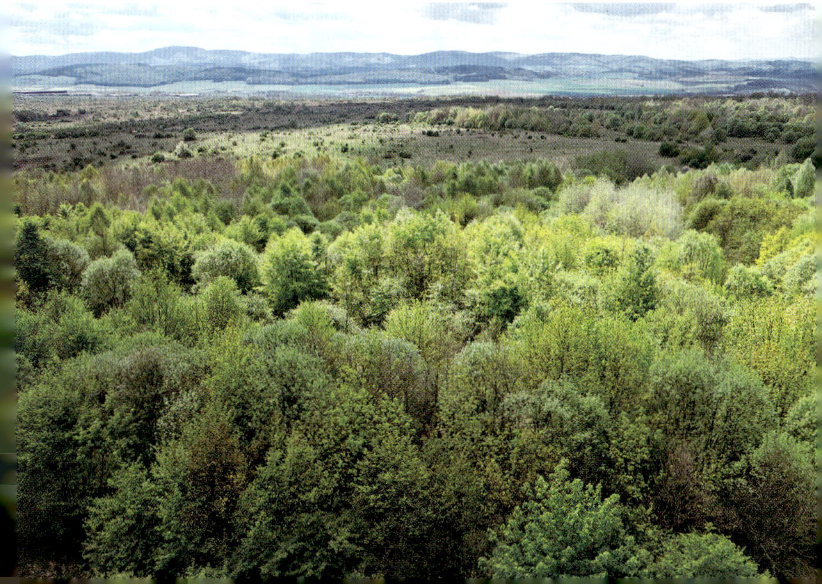

20 Mehrtagestour im Nationalpark Hainich

3 Tage

Ausführliche Runde durch Nationalpark und Weltnaturerbe Hainich

Drei Tage durch Kalk-Buchenwald der höchsten Schutzkategorie wandern: Das geht in Deutschland nur im Nationalpark Hainich! Diese Mehrtagestour erschließt die ganze Vielfalt des Nationalparks und Weltnaturerbes: alte Waldbestände, die sich auf dem Weg zum Urwald befinden, aber auch Pionierwaldstadien, artenreiche Wiesen und Wacholderheiden. Von den Höhen öffnet sich zudem manch schöner Fernblick ins Thüringer Becken, zum Thüringer Wald und ins Eichsfeld.

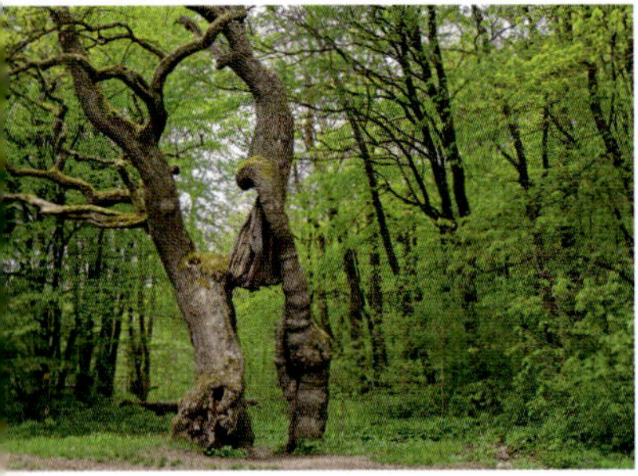

Noch steht sie: die Betteleiche.

Ausgangspunkt: Parkplatz Mallinde 1 km östlich von Berka vor dem Hainich.
Höhenunterschied: 1200 Hm.
Anforderungen: Waldpfade (stellenweise wurzelig und bei Nässe schmierig), daneben Forst- und Feldwege, kurzzeitig Straßen. Da im Nationalpark die Fußwege nicht freigehalten werden, muss man damit rechnen, über auf den Weg gefallene Bäume hinwegzuklettern oder sie zu umgehen.
Einkehr: Etappe 1: Hainichbaude (ca. 300 m abseits des Wegs), Außenbewirtung am Forsthaus Mülverstedt (saisonale Bewirtung an den Sommerwochenenden), Gastwirtschaft Reckenbühl (gegenwärtig ohne Pächter). – Etappe 2: Hotel Schloss Goldacker in Weberstedt (ca. 400 m abseits des Wegs), Gaststätte Thiemsburg. – Etappe 3: Herrenhaus in Hütscheroda.
Übernachtung: Rennstieghotel Rettelbusch und Brauner Hirsch in Kammerforst, Unsere Talstation und Hainich-Herberge in Craula.
Varianten: 1. Zweitagestour zwischen Parkplatz Mallinde und Weberstedt (ohne Nordteil). Tag 1: ca. 18 km, Tag 2: ca. 23,5 km. – 2. Zweitagestour zwischen Kammerforst und Craula (ohne Südteil). Tag 1: ca. 18,5 km, Tag 2: ca. 19 km.
Karte: 54 Südliches Eichsfeld, Hainich, Werratal.

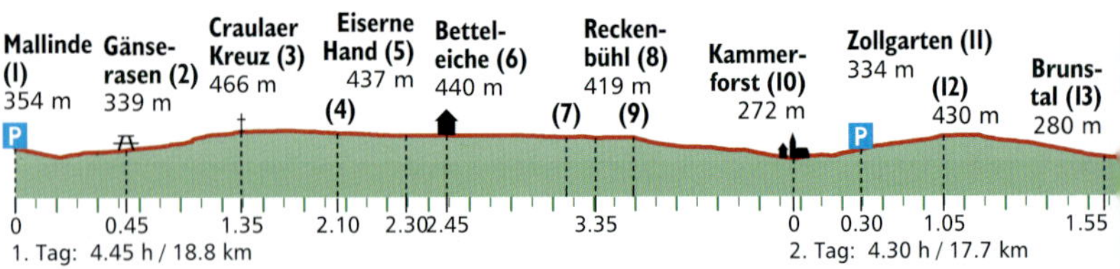

Etappe 1: Parkplatz Mallinde – Kammerforst

Wir starten vom **Parkplatz (1)** auf dem Asphaltweg in Richtung Osten. Wo er rechts abzweigt, halten wir uns auf einem Feldweg weiter geradeaus, betreten bald den Wald und gelangen zum Rastplatz **Gänserasen (2)**. Dort verlassen wir den Forstweg halb rechts auf einem breiten Pfad, der im Talgrund weiterführt (wer die Etappe um 3,5 km abkürzen will, bleibt hingegen weiter auf dem Forstweg, wählt an der Hangoberkante den breiten Fahrweg nach links und erreicht nach Kurzem WP 4 – verpasst dann aber sehr schöne Waldbilder). Abzweigungen lassen wir unbeachtet. Zunächst mit geringer, später stärkerer Aufwärtstendenz geht es durch den Wald, bevor wir einen Fahrweg erreichen und ihm nach rechts folgen.

Bei der Kreuzung nach 200 m biegen wir links ab **(3)** und stoßen nach wenigen Schritten auf einen Querweg. Dort ebenfalls links (»R«). Nach 2,5 km mündet der Waldpfad am **Otterbühl** in einen Forstweg, auf dem wir uns rechts halten **(4)**. Bei einer Gabelung setzen wir den Weg geradeaus fort und bei der nächsten beschilderten Kreuzung beim Rettungspunkt UH5309 wäh-

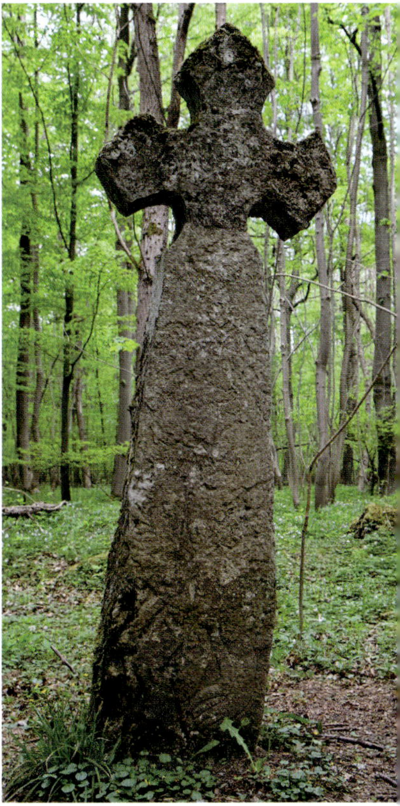

Das Ihlefelder Kreuz.

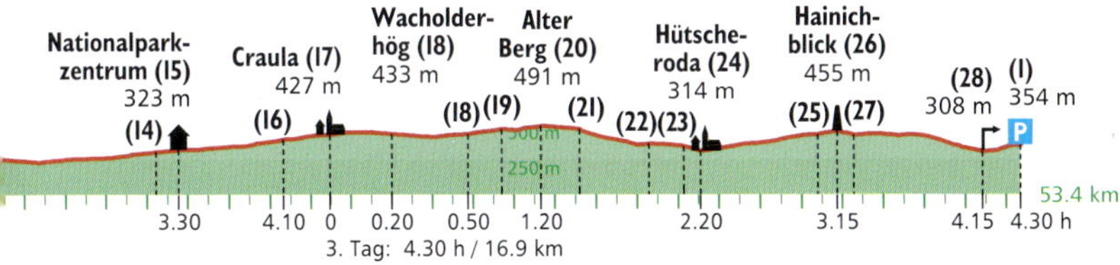

len wir ebenfalls den Weg geradeaus. Wir müssen aufpassen, um nach ca. 300 m die **Eiserne Hand (5)** und nach weiteren 200 m den Stichweg zum **Ihlefelder Kreuz** jeweils rechts des Wegs nicht zu verpassen. Ein weiterer Kilometer geradeaus bringt uns zur **Betteleiche (6)**. Den dort nach links abzweigenden Forstweg beachten wir nicht, sondern nehmen erst nach einigen Metern bei einer Gabelung den linken Weg (»R«), passieren das **Forsthaus Mülverstedt** und bleiben auf einem malerischen Pfad, der bald wieder in den Hauptweg mündet. Dort geradeaus. An einer Schranke verlassen wir den Nationalpark und bleiben dem Weg weiterhin treu. Bei einem breiten

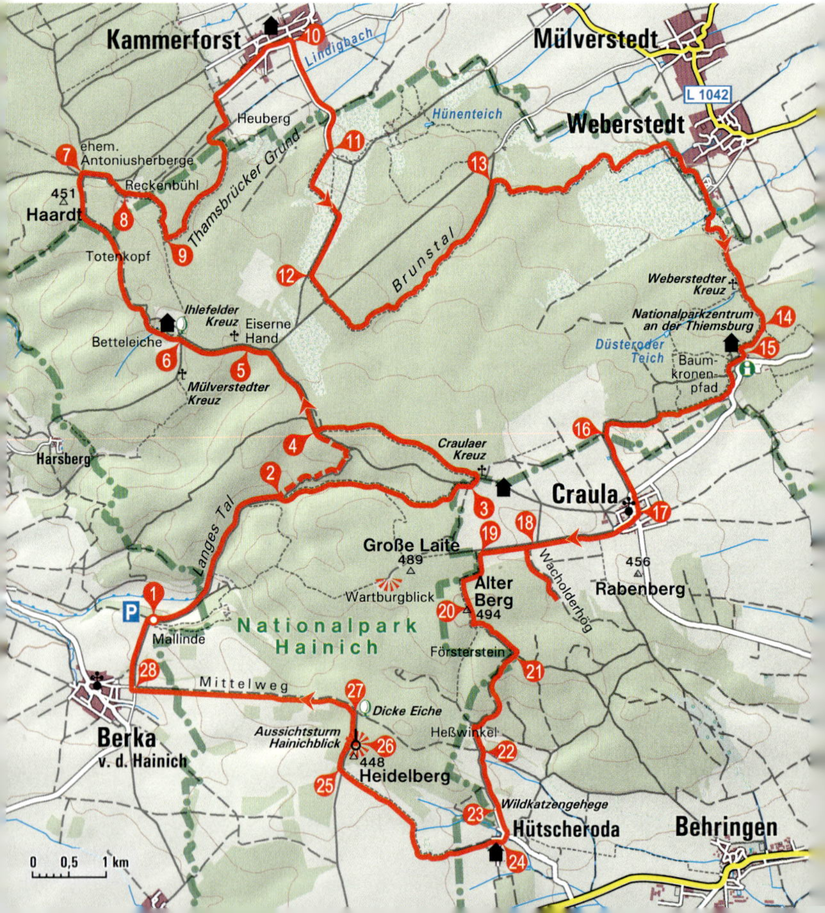

Querweg auf einer kleinen Lichtung, dem Ort der historischen **Antoniusherberge**, orientieren wir uns rechts **(7)**.
Am Ende der Lichtung biegen wir (ohne Wegweiser) rechts ab und gelangen auf einem kleinen Pfad zum **Haus Reckenbühl (8)**, das wir rechts liegen lassen. Wir wandern auf einem Trampelpfad geradeaus über die Wiese abwärts. An deren unterem Ende wählen wir den rechten der beiden Wege in den Wald, wo wir nach wenigen Metern auf ein Hinweisschild »Waagebalkenweg« treffen. Nach etwa 800 m gelangen wir an eine Verzweigung und zweigen mit dem Symbol der Betteleiche links ab **(9)**. Gemächlich steigen wir den Hang hinunter und treffen in der Senke auf einen Waldweg, dem wir halb links folgen. Nach 1,5 km beschreibt dieser einen ausgeprägten Linksbogen und trifft im **Bechstedter Grund** auf einen breiten Forstweg, auf den wir scharf rechts abbiegen. Wir verlassen den Wald und machen den Linksknick des Hauptweges mit. Auf einem kleinen Sträßchen kommen wir rechts nach **Kammerforst (10)**.

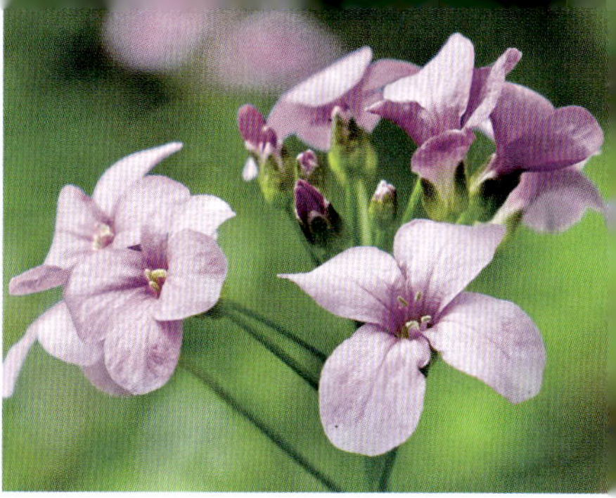

Zwiebeltragende Zahnwurz.

Etappe 2: Kammerforst – Craula

Am südöstlichen Ortsrand von **Kammerforst (10)** orientieren wir rechts in Richtung »Parkplatz Zollgarten«, erreichen nach einem kurzen Anstieg den Parkplatz und biegen rechts auf den **Saugrabenweg (11)** ab (Symbol »Wildschwein«), wobei der Pfad fast unmerklich ansteigt. Bald beschreibt er einen Linksbogen und mündet in einen breiten Feldweg. Dort rechts. Am Waldrand dürfen wir eine Abzweigung nach links in den Wald hinein **(12)** nicht übersehen (Symbol »Wildschwein«). Eine kreuzende Wegspur ignorieren wir und steigen geradeaus auf einem schmalen Waldpfad den Hang hinunter. Zunächst auf der linken, später auf der rechten Talseite geht es im **Brunstal** nach Nordosten. Wir kommen auf einen angelegten Grusweg und behalten die Richtung bei. Nach einigen Hundert Metern weist der »Rote Punkt« des Hainichlandweges nach rechts **(13)**.
Erneut geht es auf schmalen Pfaden zunächst durch den Wald und dann an einem Waldrand entlang. Schließlich schlängelt sich der Pfad durch Buschland und Pionierwald des ehemaligen Militärgeländes Weberstedt. Einen Feldweg überqueren wir geradeaus und gehen vor dem westlichen Ortsrand von **Weberstedt** in einem Bogen nach rechts. Hinter einem Graben wählen wir die halb linke Wegspur und laufen mit geringer Aufwärtstendenz

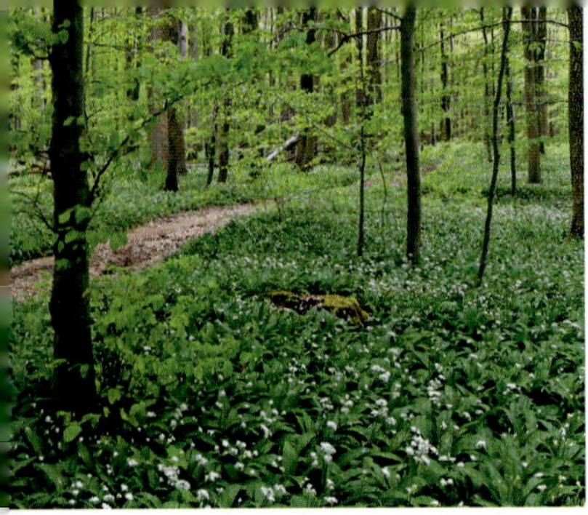

Der Bärlauch steht in den Startlöchern.

an einer Pappelreihe entlang. Hinter einer gepflasterten Straße setzen wir unseren Weg auf den nächsten Kilometern auf dem Hainichlandweg (»Roter Punkt«) fort. Hinter einem Steg durchschreiten wir geradeaus das »Tor zum Hainich«, von wo es leicht ansteigend durch den Wald nach Südosten geht. Die Abzweigung am Weberstedter Kreuz lassen wir unbeachtet und biegen erst bei einer weiteren Verzweigung **(14)** rechts ab (weiterhin »Hainichlandweg«).

Nach 400 m, auf Höhe des **Nationalparkzentrums** an der **Thiemsburg**, halten wir uns auf einem Querweg rechts **(15)**, überqueren nach 100 m einen breiten Forstweg und folgen nach 20 m einer Abzweigung nach links (»Craulaer Kreuz«). Auf dem Pfad geht es durch Buchenwald, wobei wir einen querenden Forstweg unbeachtet lassen. Schließlich gelangen wir ins Tal des **Steingrabens** und wandern dort aufwärts, wobei uns Abzweigungen nach rechts nicht interessieren. Wir erreichen einen Forstweg, gehen auf ihm links und halten uns hinter dem Waldrand rechts. Nach knapp 800 m kommen wir auf einen Feldweg, biegen dort links ab **(16)** und orientieren uns auf ihm anschließend geradeaus in Richtung **Craula (17)**.

Etappe 3: Craula – Parkplatz Mallinde

Wir spazieren auf der Hauptstraße durch **Craula** nach Süden, entscheiden uns halb rechts für die Straße **Am Waidstein (17)** und laufen die anschließende Schlossgasse aufwärts, die am Ortsrand in einen breiten Feldweg übergeht. Nach ca. 1,2 km finden wir eine Informationstafel **(3)**, von der aus wir links einen Abstecher zur bekanntesten der Wacholderheiden, dem **Wacholderhög**, machen können (hin und zurück ca. 1,5 km). Danach setzen wir unsere Route nach Westen fort, folgen nach 800 m dem Wegweiser »Hainichlandweg« bzw. »Rennstieg« (»R«) nach links **(19)** und biegen in der Senke rechts ab. Hinter einer Infotafel schwenkt der Weg nach links und teilt sich, wobei wir uns für den halb linken Pfad entscheiden (»R«). Wir passieren die dicht bewaldete und unspektakuläre Kuppe des **Alten Bergs (20)**, von wo aus der Pfad leicht abwärts in einen breiten Forstweg mündet, auf dem wir unserer Richtung treu bleiben.

Beim Gedenkstein **»Försterstein« (21)** wenden wir uns scharf nach rechts (»Heßwinkel«) und steigen durch Buchenwald ab. Am Waldrand am Hangfuß gehen wir kurz nach rechts, bevor wir auf einem Feldweg nach links schwenken und wieder etwas Höhe gewinnen. An der Wüstung **Heßwinkel** treffen wir auf eine Kreuzung und halten uns geradeaus **(22)**. Auf diesem Feldweg gelangen wir am **Wildkatzengehege (23)** vorbei nach **Hütscheroda**, wo wir vor der Wildkatzenscheune rechts die Dorfstraße entlanggehen **(24)**. Wir nehmen die nächste Straße rechts (Schlossstraße), die nach Kurzem in einen Feldweg übergeht. Hinter einem Waldstück knickt der Weg links und nach wenigen Schritten rechts ab. Wir orientieren uns am Symbol einer Wildkatze bzw. am Schriftzug »Wildkatzenrunde«. Der Feldweg führt mit geringer Steigung nach Westen. Wir folgen einer markierten Abzweigung nach rechts und nehmen gleich anschließend einen Grasweg links und gelangen in ein Gelände, das unterschiedliche Verbuschungsstadien aufweist.

Nach einigen Hundert Metern schwenkt der Pfad nach rechts, quert eine kleine Senke und gewinnt mit einem Linksbogen auf der anderen Seite wieder etwas an Höhe. Erneut geht es ein Stück nach Nordwesten, bevor wir am **Heidelberg** auf einen Feldweg treffen und rechts abbiegen **(25)**. Nach kurzer Zeit erreichen wir den Aussichtsturm **Hainichblick (26)**.

Anschließend senkt sich der Weg und trifft an der »Dicken Eiche« auf den »Mittelweg«. Wir wandern dort nach links **(27)** und setzen den Weg mit geringem Auf und Ab am ehemaligen Truppenübungsplatz entlang, später durch bunte Wiesen abwärts nach Westen fort. 200 m vor dem Ortsrand von **Berka** biegen wir rechts ab **(28)** und kehren auf dem Sträßchen zum **Parkplatz (1)** zurück.

Der »Mittelweg« offeriert bunte Wiesen und eine gute Aussicht.

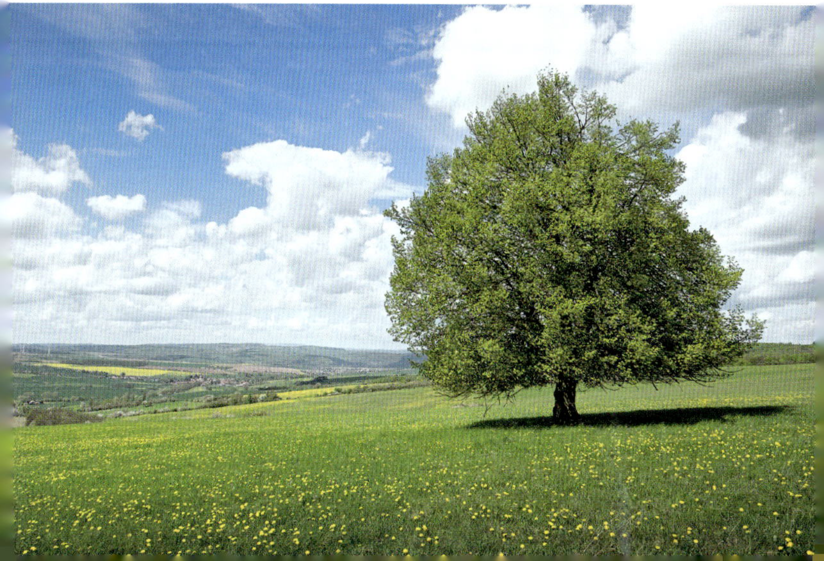

21 An der Unstrut nach Bad Langensalza

5.00 Std.

»Stadt, Land, Fluss« in umgekehrter Reihenfolge

Während sowohl am Beginn der Wanderung als auch östlich von Bad Langensalza weite Niederungen das Bild bestimmen, strömt westlich von Großvargula die dort weitgehend naturnahe Unstrut durch ein Durchbruchstal mit steilen Hängen, auf denen Magerrasen, Obstwiesen und Gehölzbestände einander abwechseln. Am Ende der Tour setzt Bad Langensalza mit seinen vielfältigen Attraktionen einen stilvollen Schlusspunkt.

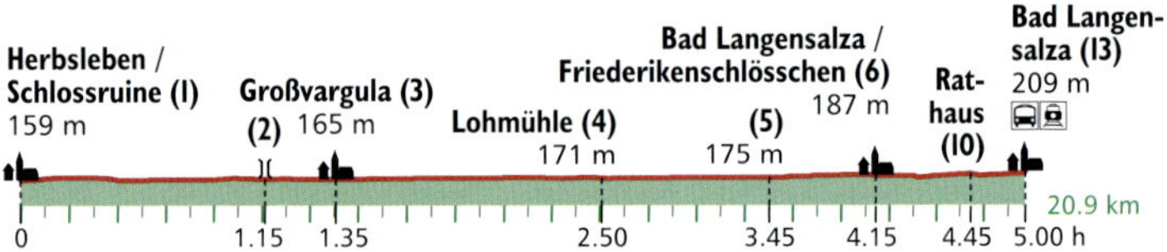

Ausgangspunkt: Herbsleben. Auf der L 1027 von Norden kommend rechts in die »Hauptstraße« einbiegen. Nach 200 m gegenüber der Schlossruine oder in einer der Seitenstraßen parken.
Endpunkt: Vom Bahnhof/Busbahnhof Bad Langensalza gibt es Mo–Fr zwei Rückkehroptionen: 1. Mit dem Bus direkt zurück nach Herbsleben. 2. Mit dem Zug von Bad Langensalza nach Döllstädt, dort umsteigen in den Bus nach Herbsleben. Am Sa ist eine rechtzeitige telefonische Voranmeldung für den Rufbus erforderlich, am So benötigt man ein Taxi.

Höhenunterschied: Aufstieg 200 Hm, Abstieg 150 Hm.
Anforderungen: Einfache Wanderung auf Wiesen- und Feldwegen, in den Dörfern und in Bad Langensalza auf Hartbelag.
Einkehr: Mehrere Möglichkeiten in Herbsleben, »Zur Schänke« in Großvargula, »Zum Unstruttal« in Nägelstedt, zahlreiche in Bad Langensalza.
Variante: Start in Großvargula, Tour dann ca. 14 km lang.
Karte: 61 Westliches Thüringer Becken, Mittleres Unstruttal.

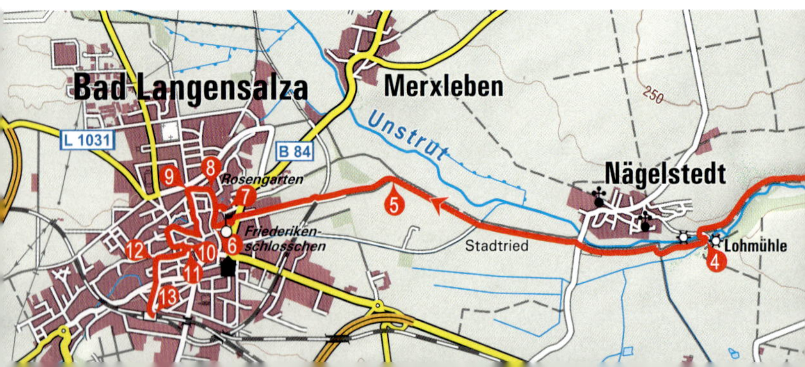

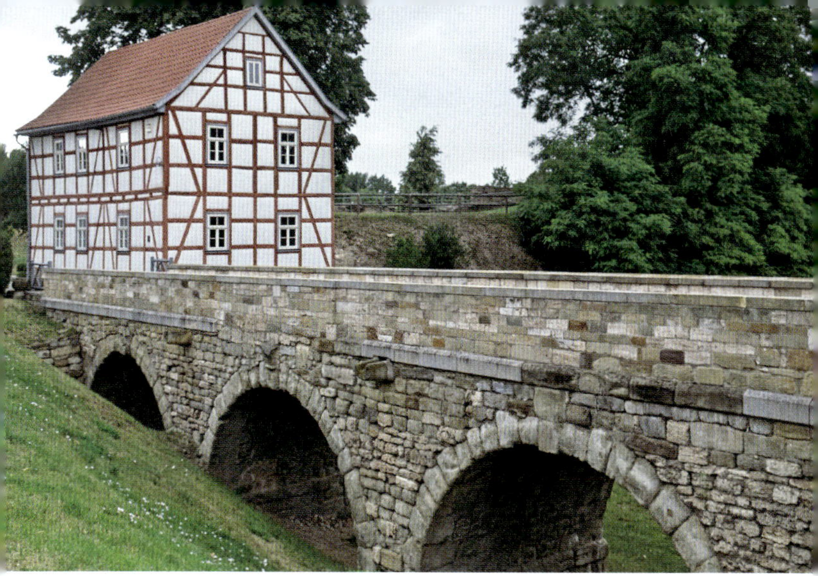

Die Schlossruine in Herbsleben markiert den Ausgangspunkt der Tour.

Nachdem wir am **Ausgangspunkt (1)** der **Schlossruine** einen Besuch abgestattet haben, wandern wir die Hauptstraße nach Westen aufwärts. Nach 600 m nehmen wir die Vargulaer Straße halb (!) rechts, lassen den Ortsrand hinter uns und biegen beim Wegweiser »Sportplatz« rechts ab. Vor dem Sportplatz links und hinter dem Sportfeld rechts. In der Unstrut-Aue wählen wir nach 100 m eine Fahrspur nach links. Auf ihr marschieren wir geradeaus (kurz müssen wir einer Baumreihe rechts ausweichen) und erreichen eine Teerstraße. Dort rechts. Wir folgen dem Teersträßchen, lassen eine Abzwei-

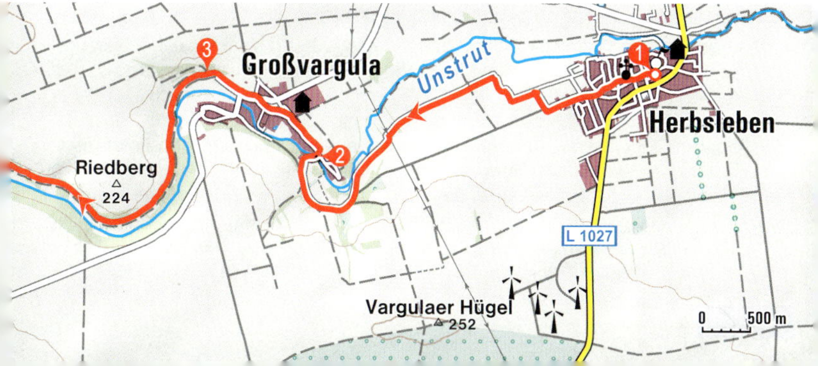

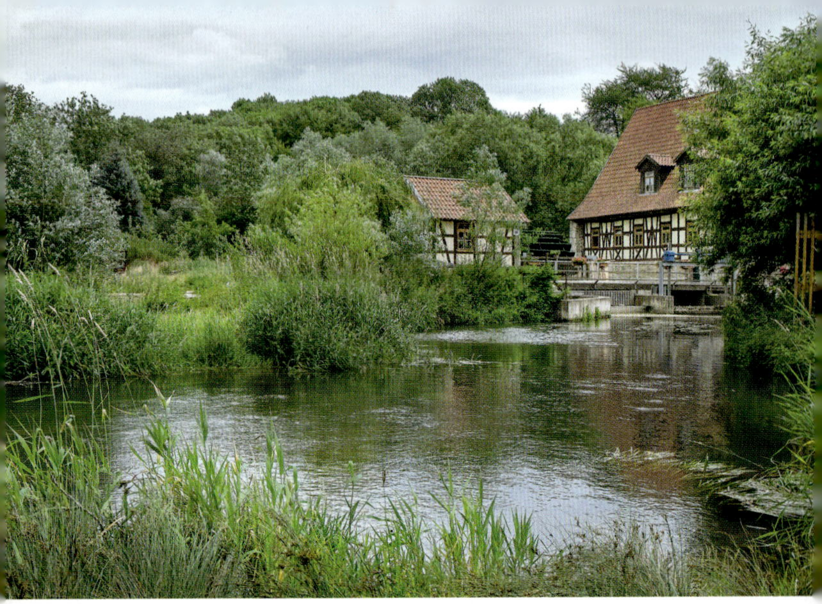

Flusslandschaft und Mühlen-Romantik an der Lohmühle.

gung nach links unbeachtet und gelangen hinter einem Rechtsknick der Straße über die **Brücke (2)** nach Großvargula. In **Großvargula** spazieren wir auf der Unterdorfstraße nach links und biegen in die Mittelstraße halb links ab, die im weiteren Verlauf den Namen wechselt (»Plan«) und sich mit der Straße Markt vereint. Von dieser geht es geradeaus in die Straße Winzer hinein.

Hinter dem Ortsrand halten wir uns bei einer Gabelung links **(3)** und bleiben auf den nächsten 5 km diesem Feldweg treu. Vor dem ersten Haus von **Nägelstedt** zweigt der Weg scharf links ab. Wir überqueren die Brücke zur **Lohmühle** und wählen dahinter den rechten Weg **(4)**. Auf der Zufahrtsstraße rechts. Wo sie in die Hauptstraße mündet, entdecken wir rechts versetzt die Fortsetzung des Wegs. Zunächst auf einem Teerweg und – wo dieser links abknickt – weiter geradeaus auf einer Fahrspur marschieren wir nach Westen. Bei einer Gabelung nach 1 km entscheiden wir uns auf Höhe mehrerer Pumphäuschen für den Feldweg nach links **(5)**.

Wir wandern geradeaus über eine Kreuzung hinweg und wenden uns bei einer T-Kreuzung auf einen Radweg links. Wir erreichen den Ortsrand von **Bad Langensalza** und gelangen auf der Gutbierstraße hinauf zur Tennstedter Straße, biegen dort links und nach 150 m scharf rechts ab. Wo die Natursteinmauer linker Hand endet, betreten wir links durch ein Metalltor den Schlösschenpark und erreichen hinter dem **Friederikenschlösschen** Grünanlagen, auf die wir rechts abbiegen **(6)**. Nach 200 m besteht die Möglichkeit, rechts einen Abstecher zum **Rosengarten (7)** zu machen. Anschließend setzen wir den Weg in der Grünanlage nach Norden fort. Nach weiteren 150 m lockt uns der **Japanische Garten (8)** zu einem Abstecher.

Gleich dahinter schwenkt der Grabenweg an der historischen Stadtmauer entlang nach links. Hinter der Brücke über einen Graben geht es links in die **Neustädter Straße (9)**. Wir folgen ihr (später Jüdengasse) nach Süden und wenden uns in der Innenstadt vor der **Marktkirche** nach rechts. Auf der Marktstraße flanieren wir am **Rathaus** vorbei, gelangen zum Hospitalplatz und halten uns links. Anschließend biegen wir zweimal hintereinander links ab (zunächst Wiebeckplatz, dann Rathausstraße). Südlich des **Rathauses (10)** folgen wir rechts der Neuen Gasse. Auf dem Kornmarkt wählen wir das Sträßchen Entenlaich rechts **(11)**. Anschließend wird halb rechts daraus die Herren- und aus dieser die Salzstraße, die mit einer T-Kreuzung in den Steinweg mündet. Dort biegen wir links ab **(12)**, kreuzen die Hauptstraße und zielen den nun genau vor uns liegenden **Bahnhof (13)** an (Busbahnhof links).

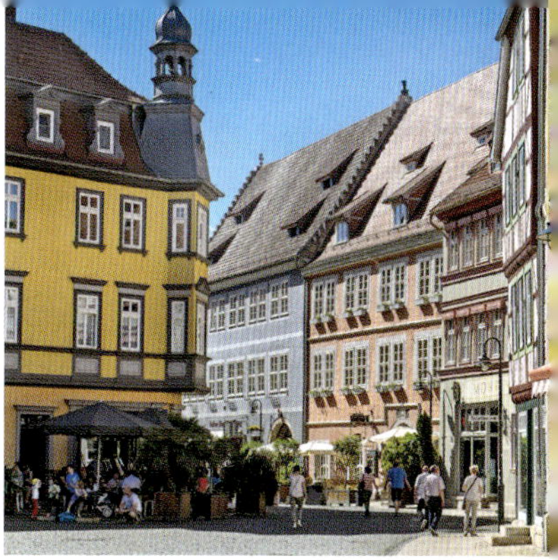

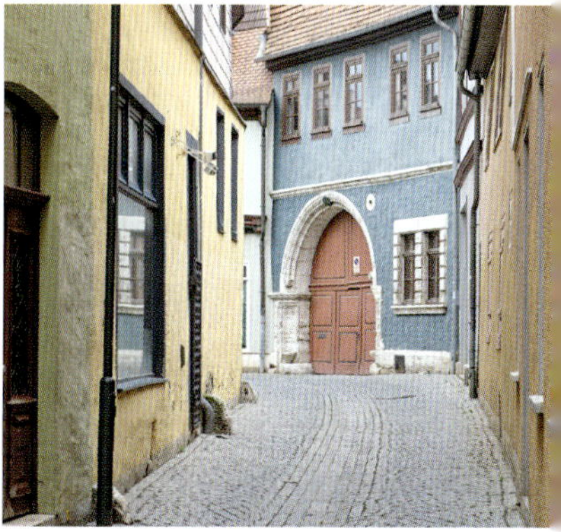

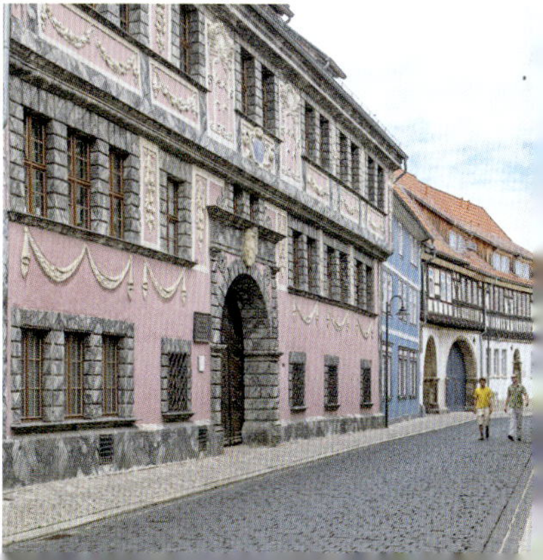

Stadtansichten Bad Langensalzas: Marktplatz, Neue Gasse, Herrenstraße.

22 Unstrut-Gera-Niederung bei Gebesee

2.00 Std.

Spaziergang abseits der üblichen Pfade

Nur sehr wenige Wanderer oder Spaziergänger »verirren« sich in die Unstrut-Gera-Niederung. Der Charme der Landschaft mit der (meist) träge dahinströmenden Unstrut, den kulissenartig hintereinander gestaffelten Baumreihen und den alten Be- und Entwässerungsgräben erschließt sich erst auf den zweiten Blick. Dabei muss man nicht einmal auf Aussicht verzichten, denn inmitten der flachen Landschaft reichen die 15 Meter Höhenunterschied, mit denen sich der kleine Geländerücken der Tretenburg (der Überlieferung nach eine alte Tingstätte) über die Umgebung erhebt, schon aus, um sich einen kilometerweiten Überblick zu verschaffen. Am Himmel ziehen Milane ihre Kreise und aus den Gräben fliegt so manch Graureiher auf, wenn sich Spaziergänger nähern. Kuckuck und Pirol liefern im Frühling und Sommer einen akustischen Hintergrund, im Herbst kann man den einen oder anderen Kranich entdecken, der am Rückhaltebecken Straußfurt eine Rast einlegt, bevor er sich nach Süden aufmacht.

Ausgangspunkt: Parkmöglichkeit an einem Feldweg südlich der Unstrutbrücke an der L 2165, 600 m nordwestlich der Abzweigung von der B 4 im Norden von Gebesee.
Höhenunterschied: 40 Hm.
Anforderungen: Einfacher Spaziergang auf Feldwegen, Fahrspuren und Wiesenwegen. Die Wege sind nicht markiert. Nicht möglich bei Hochwasser oder Einstau des Rückhaltebeckens.
Einkehr: Keine.
Karte: 61 Westliches Thüringer Becken, Mittleres Unstruttal.

Bereits wenige Höhenmeter sorgen an der Tretenburg für gute Ausblicke.

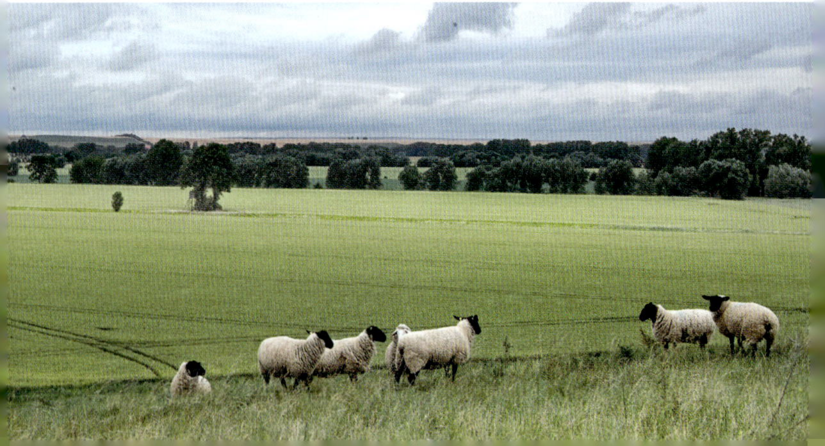

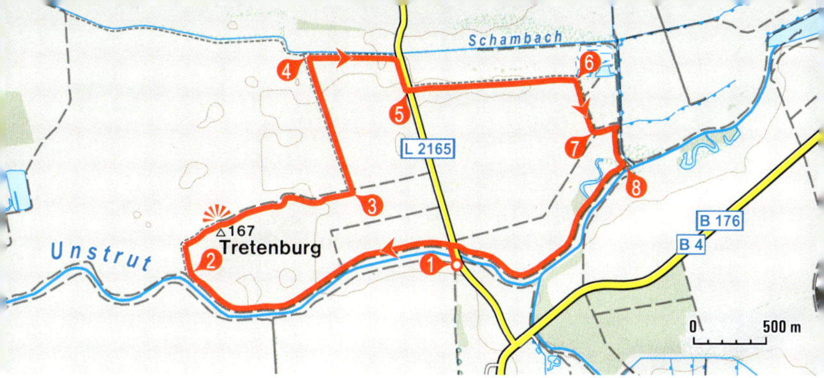

Von der Parkmöglichkeit **(1)** aus überqueren wir die **Unstrutbrücke** nach Norden und biegen unmittelbar dahinter links ab. Anschließend wählen wir die Traktorspur südlich (links) des Deichs und begleiten die Unstrut in weiten Schleifen flussaufwärts. Wo sie nach 1,8 km nach links schwenkt, entdecken wir eine Fahrspur, die sich in nördlicher Richtung vom Fluss entfernt **(2)** und auf den westlichen Hang der **Tretenburg** zusteuert, einen sich ungefähr in Ost-West-Richtung erstreckenden Geländerücken.

Wir nehmen die zweite Möglichkeit rechts, die uns mit einem kleinen Anstieg auf den Geländerücken hinaufbringt. Wir laufen ihn in Längsrichtung entlang und hinunter und wandern anschließend an einem Graben entlang. Dann wechseln wir auf die linke Seite des Grabens, behalten aber die bisherige Richtung bei. Hinter einem rechtwinklig einmündenden weiteren Graben biegen wir links ab **(3)** und marschieren nach Norden. Wo der quer verlaufende **Schambach** ein weiteres Fortkommen nach Norden verhindert, wenden wir uns nach rechts **(4)** und erreichen nach Kurzem die Straße. Dort rechts und nach 250 m, beim nächsten Feldweg, links **(5)**.

Wir begleiten eine Baumreihe in Richtung Osten, lassen eine Abzweigung nach links unbeachtet und gelangen in einem kleinen Gehölz zu einer Kreuzung. Dort rechts **(6)**. 20 m vor einer Brücke über einen Graben entdecken wir links eine Fahrspur **(7)**, die nach 100 m mit einem Rechtsschwenk einen kleinen Damm entert. Wir stoßen geradeaus auf die **Unstrut** und biegen rechts ab **(8)**. Flussaufwärts erreichen wir wieder die L 2165, wenden uns links und sehen südlich der **Brücke** die Parkmöglichkeit rechter Hand **(1)** vor uns.

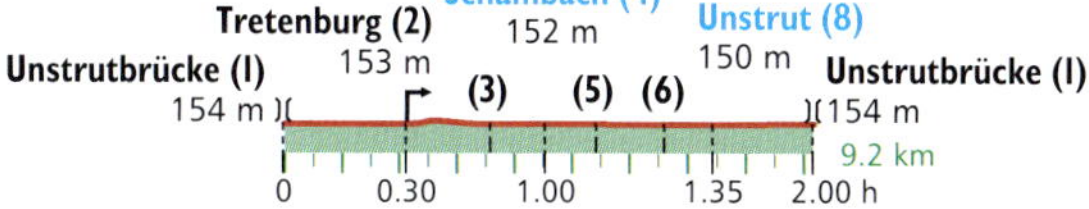

23 Orphalgrund und Grundmühle

2.00 Std.

Eine versteckte Oase vor den Toren Erfurts

Nur wenige Autominuten von Thüringens Landeshauptstadt Erfurt entfernt findet sich diese kleine Oase: Der Weißbach schlängelt sich durch ein Muschelkalktälchen, das abschnittsweise bewaldet ist, aber auch Magerrasen, Gebüsche und Obstwiesen aufweist. Ins Auge stechen auch die mächtigen Kopfweiden, die immer noch in traditioneller Weise gepflegt werden. Am westlichsten Punkt der Wanderung versteckt sich die Grundmühle – ein Relikt früherer Zeiten, in dem immer noch ohne Strom gewohnt und gewirtschaftet wird.

Ausgangspunkt: Tiefthal, Parkmöglichkeit unweit hinter (westlich) der Buswendeschleife, an der Abzweigung nach Friedrichsdorf.
Höhenunterschied: 150 Hm.
Anforderungen: Einfache Wanderung auf Feld- und Waldwegen sowie breiten Pfaden. Nach Niederschlägen abschnittsweise matschig.
Einkehr: Grundmühle, nur Sa und So, Feiertage und Brückentage (Gruppen nach Voranmeldung auch unter der Woche). Mehrere Möglichkeiten in Tiefthal.
Karte: 63 Zentral-Thüringen.

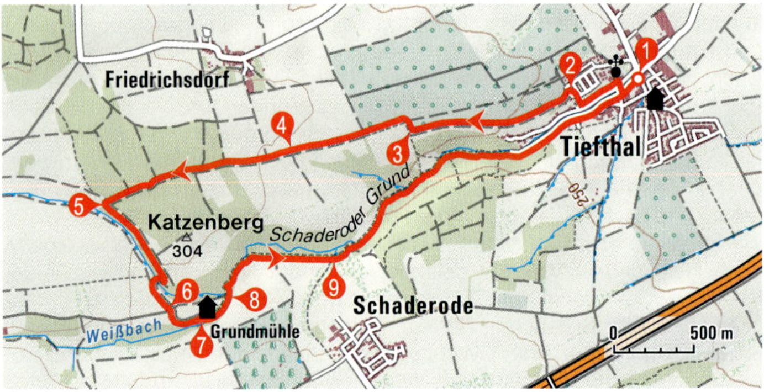

Von der **Parkmöglichkeit (1)** aus wandern wir südlich (bachaufwärts gesehen links) des Weißbachs entlang, nutzen nach gut 100 m einen Steg und setzen den Weg bachaufwärts fort. Hinter der Hausnummer 16 biegen wir rechts ab und erklimmen zwischen Häusern und Gärten einen Hang. Wir erreichen eine Wohnstraße und wählen nach wenigen Metern einen **Feldweg** nach links **(2)**. Ihm folgen wir entlang der Talkante. Wo ein Acker ein weiteres Geradeausgehen unmöglich macht, wenden wir uns nach rechts **(3)**, bevor der Pfad vor einem Zaun links abknickt und sich kurz durch Gebüsche und Hecken hindurchwindet. Bald kommen wir auf einen Feldweg **(4)**, auf dem wir unsere Wanderung in bisheriger Richtung mit etwas Aufwärtstendenz fortsetzen. Auch durch den anschließenden Wald am Katzenberg behalten wir die bisherige Richtung bei.

Am westlichen Waldrand treffen wir auf den Wegweiser **Am Eselsweg (5)**, biegen links in Richtung Grundmühle ab und wandern mit dem Waldrand linker Hand 200 m nach Südosten. Dann orientieren wir uns bei einem Wegweiser mit dem stilisierten »L« (für Lutherweg) halb rechts. Bald kurvt der Weg nach rechts hinunter in eine Senke und führt an deren westlicher Seite zu einem Kreuzungspunkt **(6)**. Wir überqueren die Kreuzung geradeaus und gelangen mit einem Linksbogen hinunter zur **Grundmühle (7)** und passieren sie.

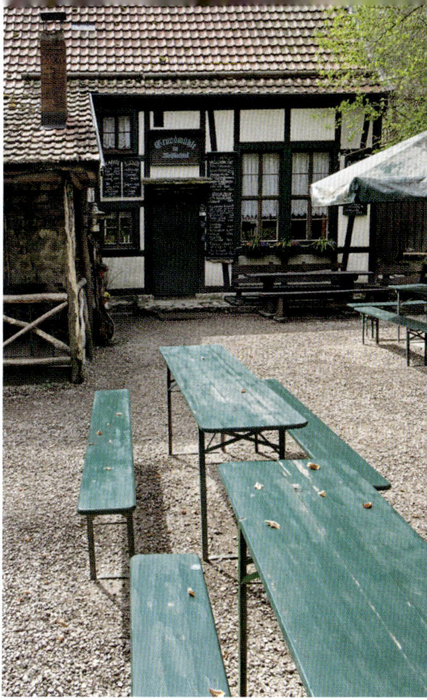

Die urige Grundmühle wartet auf Gäste.

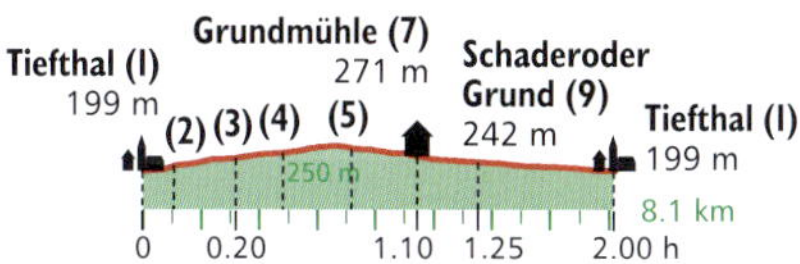

Von links gesellt sich bald der Lutherweg in Form eines breit ausgetretenen Pfades dazu **(8)**. Nach wenigen Hundert Metern verlassen wir den Wald, sind nun im Schaderoder Grund unterwegs und passieren verwilderte Magerrasen und Obstwiesen an den Hängen. An der Beschilderung **»Schaderoder Grund« (9)** (»Rundwanderweg Orphalgrund«) gelangen wir geradeaus vorbei in einen Talabschnitt, in dem die bewaldeten Talhänge nach und nach enger zusammentreten und der Bach (außer bei Hochwasser) – wie es im Muschelkalk typisch ist – im Untergrund versickert. Hier kann es bei Nässe matschig sein. Mehrfach wechselt der Weg mittels kleiner Stege die Bachseite und erreicht den westlichen Ortsrand von **Tiefthal**. Das Sträßchen bringt uns geradeaus zurück zum **Ausgangspunkt (1)**.

TOP **24** # Drei Gleichen

4.00 Std.

Drei Höhenburgen auf einen Streich

Wer bei den drei Höhenburgen nur geringe Ähnlichkeiten erkennen kann, muss nicht an sich zweifeln: Der Name bezeichnet nicht das Erscheinungsbild, sondern ein sagenhaftes Ereignis, nämlich einen Blitz, der in alle drei Burgen gleichzeitig eingeschlagen haben soll. Fans mittelalterlicher Gemäuer können auf dieser Runde zwei Ruinen und eine gut erhaltene Burg erkunden, von denen sich jeweils tolle Ausblicke bieten. Wer sich für Geologie begeistert, findet in Aufschlüssen des mittleren Keuper spannendes Anschauungsmaterial, auf botanisch Interessierte warten u.a. artenreiche Steppenrasen, Feuchtgebiete in alten Torfstichen und Steinsamen-Elsbeeren-Eichen-Wälder.

Ausgangspunkt: Parkplatz nordöstlich des Gasthofs Freudenthal. Von der L 2163 auf Höhe Freudenthal nach Osten abbiegen und nach wenigen Metern links parken (nicht den Parkplatz unmittelbar am Gasthof benutzen!). – Bei Anfahrt mit ÖNV: Start in Mühlberg.
Höhenunterschied: 450 Hm.
Anforderungen: Überwiegend einfache Wanderung auf Feldwegen und Teersträßchen sowie Waldpfaden, die steinig sein können.
Einkehr: Veste Wachsenburg, Mühlburg (Kiosk), mehrere Möglichkeiten in Mühlberg, Gasthof Freudenthal am Ausgangspunkt.
Variante: Start in Mühlberg (8), dann bei Wegpunkt 9 (Öl- und Graupenmühle) nicht links abbiegen, sondern auf dem Sträßchen nach Osten bis Wegpunkt 2 wandern und von dort weiter wie beschrieben (ca. 10,5 km, auch für Kinder geeignet).
Karte: 63 Zentral-Thüringen.

Die Mühlburg ist die kleinste der drei Burgen auf dieser Rundtour.

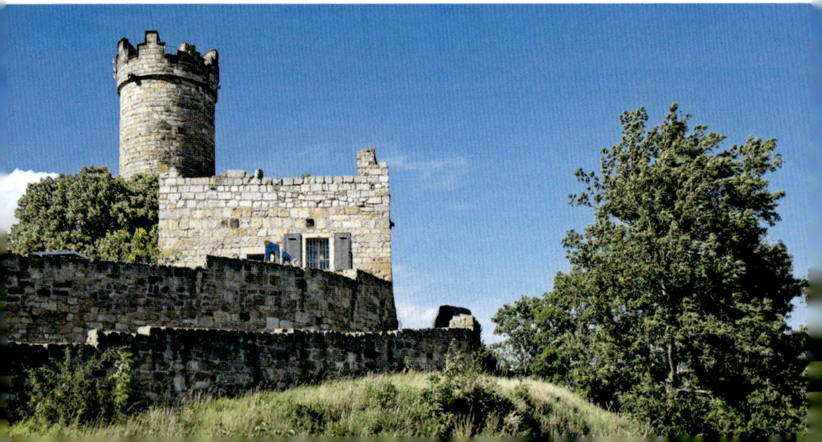

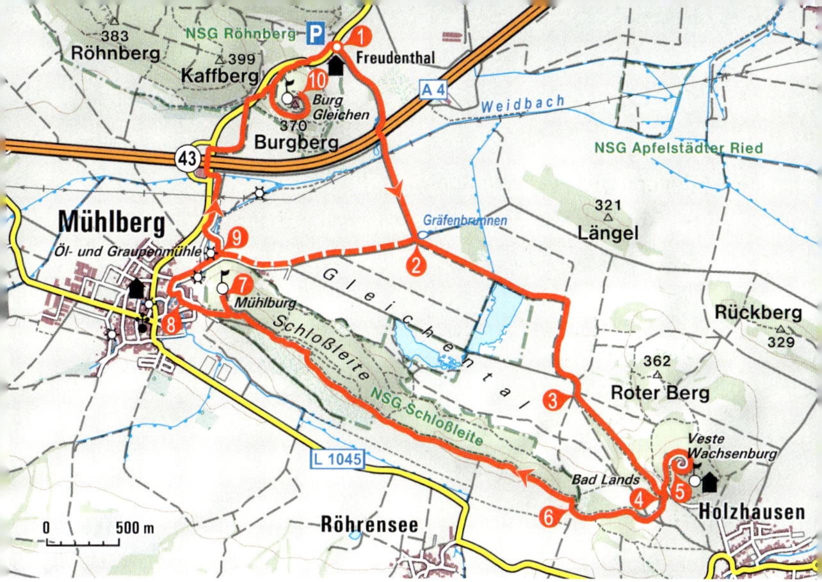

Wir laufen vom **Parkplatz (1)** das Sträßchen hinab, unter der Autobahn hindurch und geradeaus über die anschließende Kreuzung hinweg. Hinter einer weiteren Kreuzung am **Gräfenbrunnen (2)** nehmen wir halb links den Feldweg, der fast direkt auf die Wachsenburg zuführt. Ein Stillgewässer lassen wir rechts liegen und wählen 300 m dahinter einen Querweg nach rechts. Er beschreibt einen Linksbogen, in dem wir eine Abzweigung ignorieren und uns erst bei der zweiten Verzweigung rechts halten. Nach 200 m biegen wir links ab (**3**) und wandern auf einem Geländerücken (!) aufwärts in Richtung Veste Wachsenburg. Eine Abzweigung **(4)** rechts zum Alabasterbruch merken wir uns für später; kurz dahinter erreichen wir ein Teersträßchen, das uns links hinauf zur **Veste Wachsenburg (5)** bringt.

Auf demselben Weg geht es zurück bis zur Abzweigung zum Alabasterbruch **(4)**, der wir nach Süden folgen, um nach wenigen Metern auf einen Pfad halb rechts abwärts einzuschwenken. Wir kreuzen einen Feldweg und wählen anschließend den Asphaltweg geradeaus. In einem schwach ausgepräg-

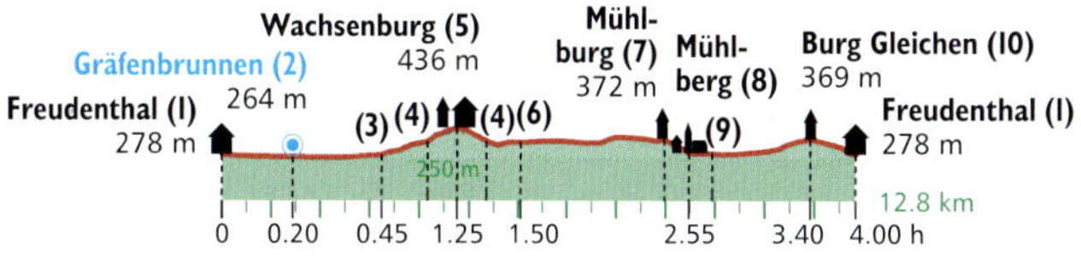

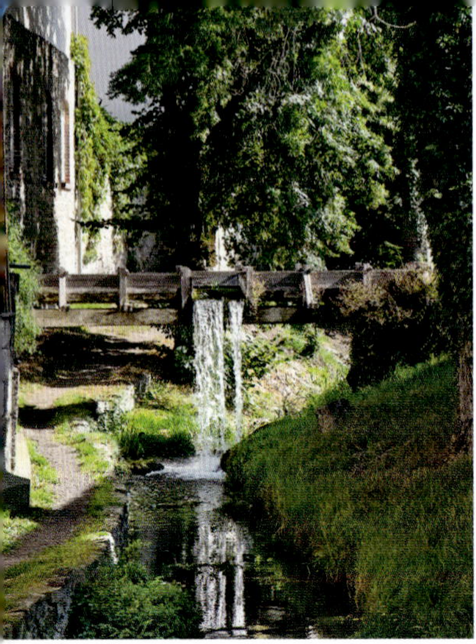

Aquädukt in Mühlberg.

ten Sattel queren wir einen Feldweg geradeaus, orientieren uns gleich dahinter halb rechts zur östlichen **Schloßleite (6)** hin und laufen etwas ansteigend im Wald auf dem Höhenrücken entlang. Die nächsten 2,5 km wandern wir mit etwas Auf und Ab durch Elsbeeren-Eichen-Wälder (Wegsymbol stilisiertes »L«), bevor sich der Pfad zum Fahrweg verbreitert. Bei einer Verzweigung nehmen wir die rechte Möglichkeit und gelangen zur **Mühlburg (7)**.
Anschließend geht es kurz auf dem Herweg zurück, wo wir über eine Treppe nach **Mühlberg** absteigen (eine Verzweigung auf halbem Hang wird ignoriert). Wir erreichen über ein Sträßchen und ein paar Treppenstufen einen großen Platz mit der »Kulturscheune« linker Hand, überqueren ihn geradeaus und treten am unteren Ende durch ein kleines Rundbogentor. Dahinter biegen wir rechts ab **(8)**, ducken uns unter einem **Aquädukt** hindurch und begleiten den Bach abwärts. Wir behalten diese Richtung auch hinter einer kreuzenden Straße bei. Auf Höhe eines Fachwerkgebäudes nehmen wir die Brücke links über den Bach und orientieren uns auf der Straße nach rechts.
Hinter der **Öl- und Graupenmühle** links in die Mühlenstraße **(9)**. 50 m vor der Hauptstraße wenden wir uns nach rechts und wandern geradeaus bis knapp vor die Autobahn. Links geht es zu einer Autobahnunterführung, hinter der wir rechts auf einen Feldweg abbiegen. Nach 100 m wählen wir eine links abzweigende Wegspur, die zwischen Hecken leicht ansteigt. Wir erreichen eine Straße und laufen parallel dazu nach rechts, bevor wir in den Wald eintauchen. Dort stoßen wir auf eine Verzweigung und erklimmen auf dem rechten Steig den Hang. Der Steig trifft auf einen Forstweg, dem wir rechts und dann in einer Spirale hinauf zur **Burg Gleichen (10)** folgen.
Auf demselben Weg geht es zurück, dann aber geradeaus an der Einmündung des Herwegs vorbei und weiter hinab. Bei der nächsten Gabelung entscheiden wir uns für die rechte Möglichkeit, die uns nach Kurzem hinunter zum Hangfuß bringt. Von dort sehen wir das Gasthaus Freudenthal und den **Ausgangspunkt (1)** wieder geradeaus vor uns.

Die Veste Wachsenburg zieht alle Blicke auf sich.

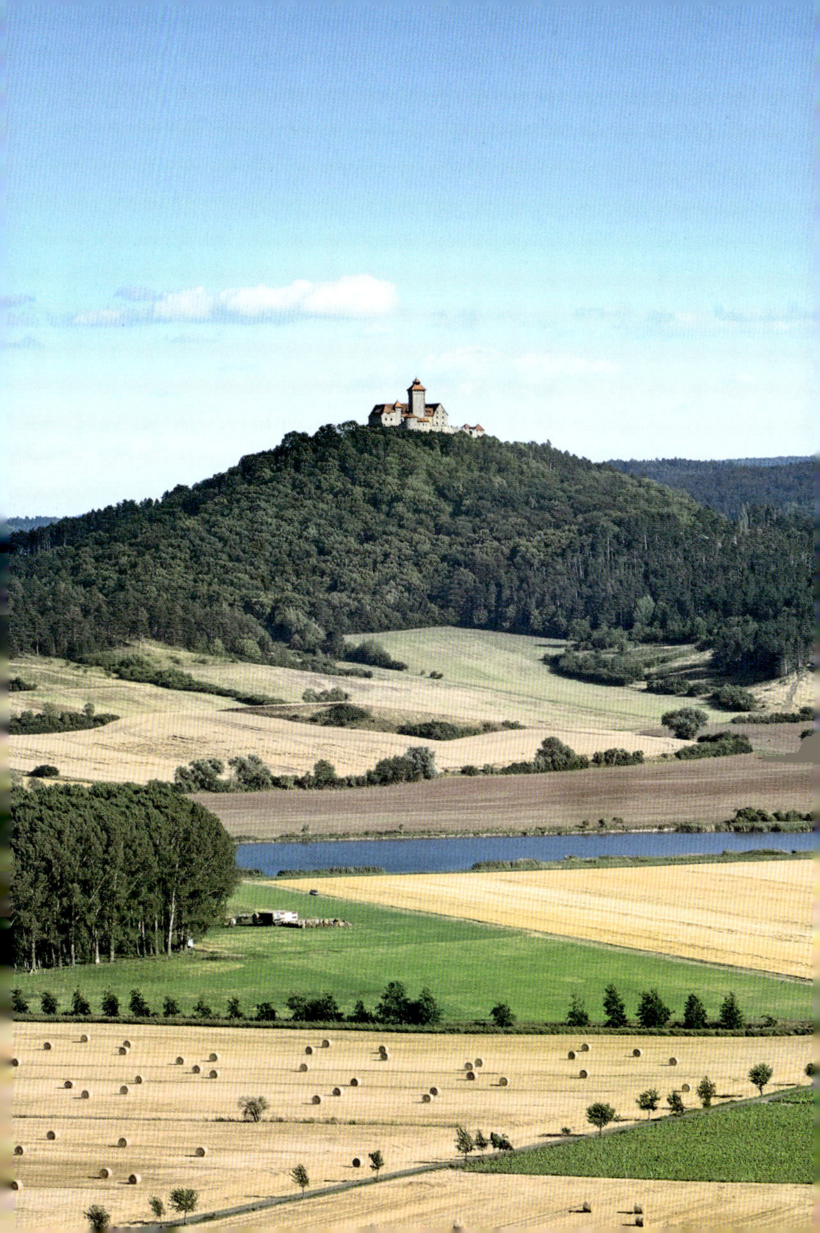

25 **4.15 Std.**

Gisselgrund und Liebensteiner Heckenlandschaft

Reich gegliederte Landschaft im Vorland des Thüringer Waldes

Diese Tour bietet eine ansprechende Kombination von Tal- und Höhenwanderung: Nach einem kurzen Anstieg bewegt man sich in ansprechender Wiesenlandschaft, bevor man in ein Trockental absteigt. Im Gissel- und Müllergrund geht es fast unmerklich aufwärts, bis schließlich oberhalb des Grafengrundes das Crawinkler Plateau erreicht wird, wo man durch eine bildhübsche Hecken- und Weidelandschaft streift.

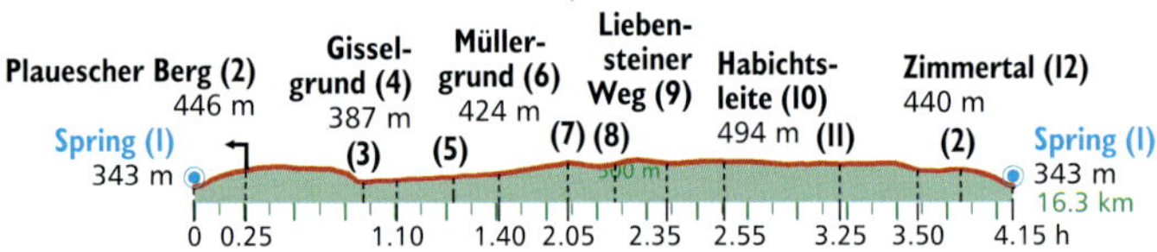

Ausgangspunkt: Parkmöglichkeit am Spring. In Plaue in Richtung Liebenstein abbiegen, nach 500 m rechts in eine gekieste Ausbuchtung fahren und gleich parken (kein Hinweisschild vorhanden). – Bei Anreise mit ÖNV: Start in Plaue (Tour dann 1,5 km länger).

Höhenunterschied: 380 Hm.

Anforderungen: Überwiegend Feldwege und Fahrspuren, die abschnittsweise überwachsen und punktuell matschig sein können.

Einkehr: »Zur Gerichtslaube« in Liebenstein (ca. 400 m abseits des Wegs).

Varianten: 1. Westlicher Tourteil mit Start in Liebenstein: 10,5 km (mittel – »rot«), für Kinder geeignet.
2. Östlicher Tourteil 8,2 km (einfach – »blau«), für Kinder geeignet.

Karte: 63 Zentral-Thüringen.

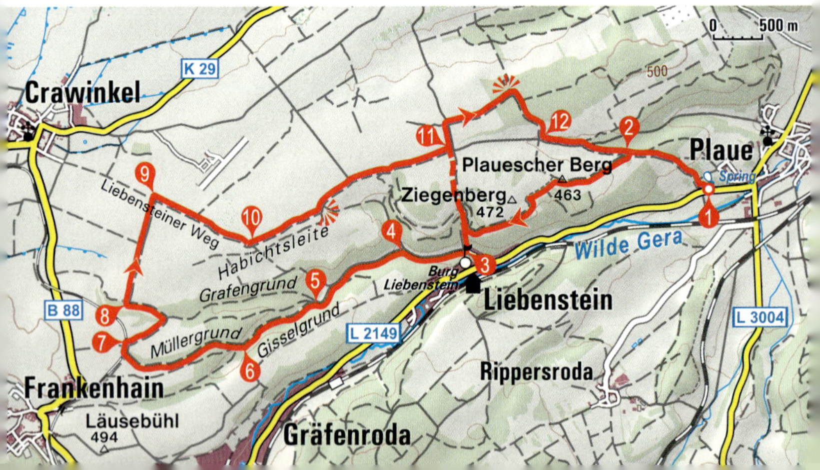

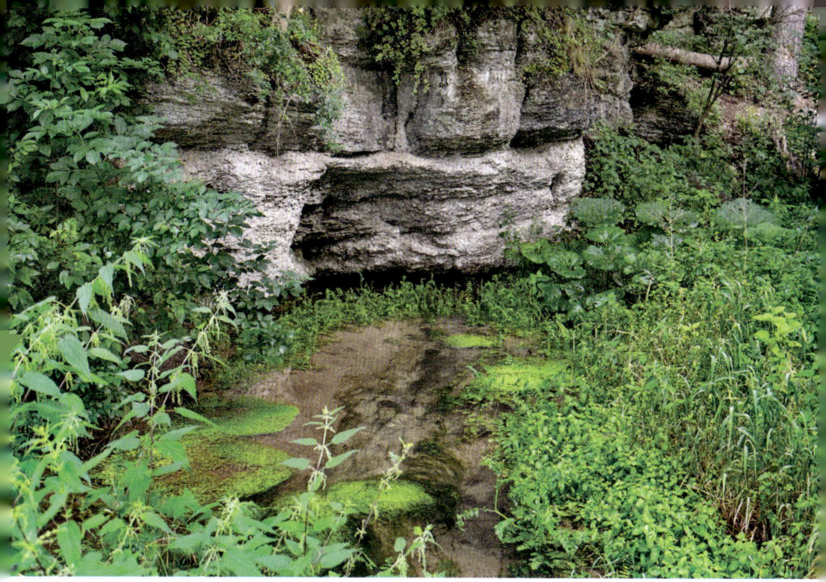

Die Quellschüttung des Plaueschen Spring beträgt etwa 600–800 Liter/Sekunde.

Vom **Spring**, der direkt neben dem Parkplatz **(1)** aus dem Felsen dringt, starten wir auf dem Feldweg aufwärts, wählen nach 100 m die linke Möglichkeit und ersteigen den Hang. Vor dem Waldrand biegen wir links auf einen Feldweg ab, der weiter etwas an Höhe gewinnt. An einem Hochpunkt des **Plaueschen Bergs** weist uns der Wegweiser »Liebenstein« nach links **(2)**. Auf dieser Traktorspur wandern wir mit geringem Höhengewinn weiter aufwärts. In einer schwach ausgeprägten Delle nehmen wir eine links abzweigende Traktorspur (ohne Wegweiser). Zunächst eben, dann mit etwas Abwärtstendenz kurvt der Weg an der Hangkante entlang. In einem Waldstück entscheiden wir uns bei einer Gabelung für den Weg geradeaus, der sich in einer kleinen Serpentine in ein Seitental absenkt. Unten links und weiter hinunter. Mit Blick auf die **Ruine Liebenstein** erreichen wir den Talgrund und gehen rechts **(3)**.

Hinter dem letzten von mehreren Stallgebäuden gelangen wir an eine Verzweigung **(4)**, von der aus wir links (»Frankenhain«) den **Gisselgrund** entlangmarschieren. Eine weitere Kreuzung passieren wir geradeaus. Nach weiteren 250 m gabelt sich der Weg erneut, wobei wir den nach rechts führenden Hauptweg verlassen und uns halb links halten. Nach 20 m biegen wir erneut links ab, um auf einer Fahrspur weiterhin dem Talgrund zu folgen **(5)**, wobei der Weg hier nach Regen recht matschig sein kann. Bei der

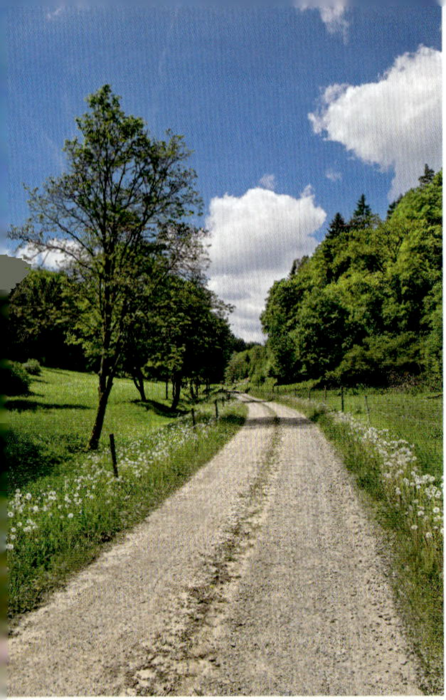

Im Gisselgrund.

nächsten Wegkreuzung angekommen, lockt uns der **Müllergrund** nach rechts **(6)** in sein Trockentälchen hinein (nicht den Hang hinauf laufen).

Zunächst marschieren wir noch durch Wald, bevor sich links Weideflächen öffnen. Hier ist der Weg recht stark überwachsen, der Untergrund aber trocken und gut begehbar. Wo das Kiefernwäldchen rechter Hand endet, schwenkt der Weg nach rechts und erreicht ansteigend eine T-Kreuzung, wo wir uns nach rechts orientieren. Nach nur 50 m verlassen wir auf Höhe einer Bahnquerung den Weg nach rechts auf eine Fahrspur **(7)** (»Grafengrund«), die sich in eine Senke hinunterschlängelt. Unten angekommen, nehmen wir den Waldweg links aufwärts (»Crawinkel«). Auf der Höhe begleiten wir noch kurz den Waldrand nach Westen, bevor wir bei der nächsten Möglichkeit eine Fahrspur rechts aufwärts wählen **(8)**, ebenfalls »Crawinkel«. Auf schnurgerader Linie geht es in annähernd nördlicher Richtung bis zu einer T-Kreuzung. Dort entscheiden wir uns für den breiten Liebensteiner Weg nach rechts **(9)** und passieren nach gut einem Kilometer den Wegweiser an der **Habichtsleite (10)** geradeaus (»Plaue über Zimmergrund«).

Auf den nächsten zwei Kilometern folgen wir dem Hauptweg an der Hangkante entlang, lassen Abzweigungen nach rechts oder links unbeachtet und gewinnen inmitten der uns umgebenden Heckenlandschaft geringfügig an Höhe. Hinter einem Hochpunkt senkt sich der Weg und wir nehmen den nächsten Feldweg links **(11)**: Wir gehen in die entgegengesetzte Richtung des Wegweisers »Liebenstein«, der sich etwas versteckt linker Hand befindet. Danach die nächste Möglichkeit rechts. Bald krümmt sich die Fahrspur nach rechts. Die anschließende Linkskurve machen wir nicht mit, sondern wandern geradeaus den Hang hinunter. Bei der Kreuzung im **Zimmertal** links **(12)** und vor dem Waldrand halb rechts. Wir passieren einen Hochpunkt, den wir schon vom Herweg kennen **(2)**, halten uns zunächst geradeaus, wählen bei nächster Gelegenheit den Weg halb rechts abwärts und erreichen wieder den **Ausgangspunkt (1)**.

Singer Berg und Umgebung

Kurze Runde zu Brautradition und historischen Salinen

Erstes Zwischenziel der Wanderung ist der Singer Berg, ein Muschelkalk-Härtling. Von dort geht es durch Kiefernwald und über Wiesen hinunter ins Dorf Singen, wo ein Abstecher zu einer urigen Brauerei sehr zu empfehlen ist. Früher braute so ziemlich jedes Dorf sein eigenes Bier und verfügte oft auch über ein »Bierhäuschen«, doch konnte sich dies meist nicht in moderne Zeiten hinüberretten. In der Brauerei Schmitt wird die Thüringer Tradition der Kleinbrauereien jedoch auf höchst urige Weise fortgeführt, und zwar schon lange bevor das Schlagwort vom »Craftbeer« die Runde machte. Im weiteren Verlauf führt der Weg durch ein idyllisches Wiesental hinab zur Ilm, wo merkwürdig geformte schwarze Türme ins Auge stechen: die als technisches Denkmal geschützten historischen Fördertürme der Saline Oberilm, mit denen zwischen 1904 und 1997 Sole aus bis zu 600 m Tiefe hochgepumpt wurde.

Von Kiefern gerahmter Ausblick vom Singer Berg.

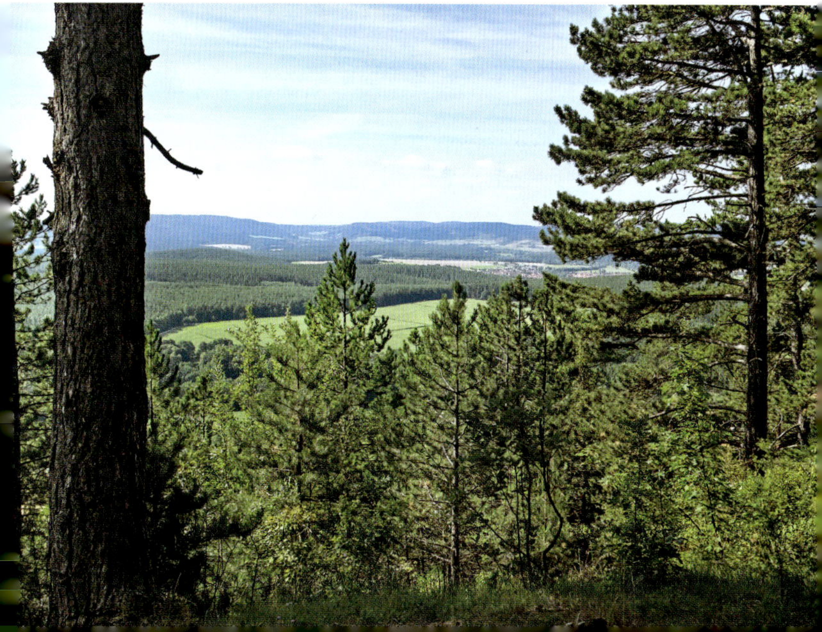

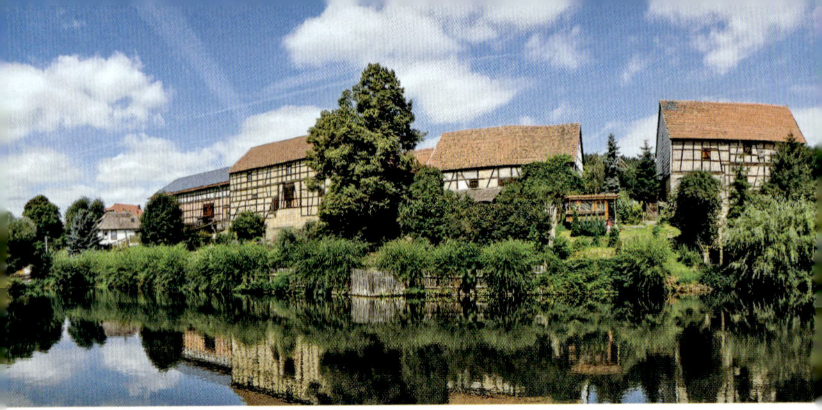

Geht's noch idyllischer? Blick über den Dorfteich auf Singen.

Ausgangspunkt: Parkmöglichkeit am Sportplatz am westlichen Ortsrand von Dörnfeld. Von der B 87 in Richtung Dörnfeld/Singen abbiegen, durch Cottendorf hindurchfahren und nach 200 m, vor der Brücke über die Ilm, rechts zum Sportplatz abzweigen. – Bei Anfahrt mit ÖNV: Start am Bahnhof Singen (Tour dann 2 km länger).
Höhenunterschied: 220 Hm.

Anforderungen: Überwiegend einfache Wanderung auf Feldwegen und Waldpfaden, kurz auf der Straße. Unterhalb des Gipfels auf ca. 100 m Länge schmaler Pfad steil am Hang.
Einkehr: »Singer Berg« in Singen, Museumsbrauerei Schmitt (Mo–Fr nur Getränke, Sa, So auch mit Imbissmöglichkeit).
Karte: 59 Thüringer Schiefergebirge.

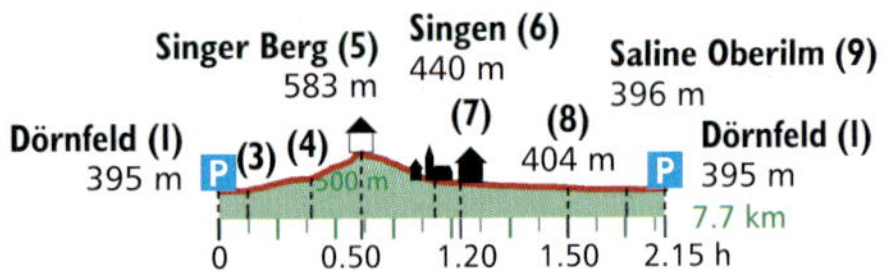

Vom **Parkplatz (1)** aus heißt die erste Station der Tour **Dörnfeld**, wo wir in der Dorfmitte die Lindenstraße **(2)** nach links nehmen. Am nördlichen Ortsrand, von einer Buswendeschleife aus, zweigt rechts ein Feldweg ab **(3)**, der den Unterhang des Singer Bergs hinaufführt. Am Waldrand wählen wir den Grasweg scharf rechts und wandern eben an der Westflanke des Singer Bergs entlang, bis wir im Wald auf einen links aufwärtsführenden Weg **(4)** abbiegen (Symbol »Jakobsmuschel«).
An einer kleinen Verebnung treffen wir auf einen Querweg und folgen ihm nach rechts. Er steigt nun abschnittsweise recht zügig an und umrundet unterhalb des Gipfels eine Felsnase auf einem schmalen Pfad. Dahinter geht es links auf einem Steig in kurzen Serpentinen hinauf auf das Gipfelplateau

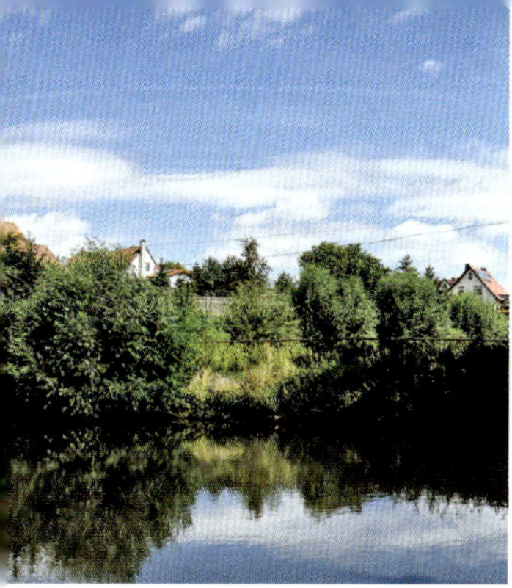

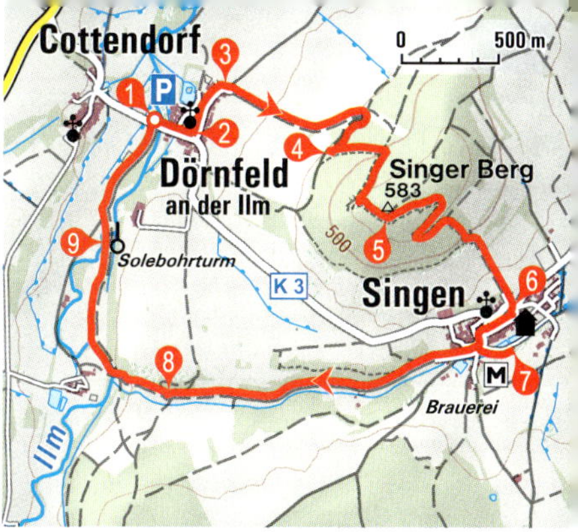

des **Singer Bergs**, wo wir uns an einem ersten Rastplatz halb rechts orientieren. Nach 200 m erreichen wir eine weitere **Rasthütte (5)** und setzen unsere Wanderung mit dem Steilabfall des Geländes rechter Hand nach Osten fort.

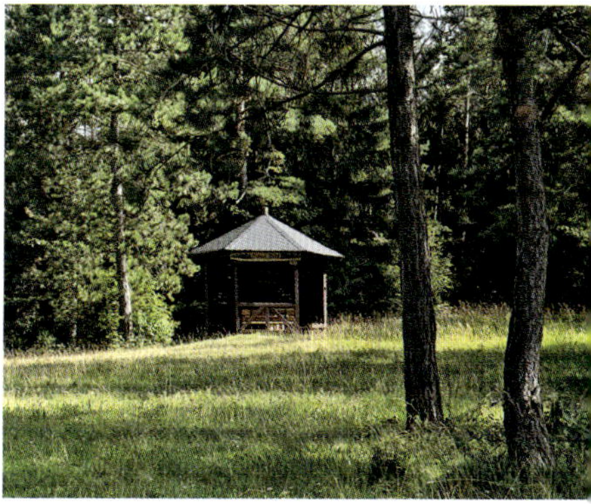

Unterstand auf dem Singer Berg.

Der Abstieg nach **Singen** erfolgt mit angenehmer Neigung über weiträumige Serpentinen, wobei wir uns immer auf dem gut ausgetretenen Steig abwärtshalten. In **Singen** wenden wir uns auf der Dorfstraße nach links, biegen in das nächste Sträßchen (»Zum Anger«) rechts ein **(6)** und schwenken nach ein paar Schritten mit ihm nach rechts. Am Dorfplatz wählen wir die linke Straße und haben nach wenigen Metern die Möglichkeit, links einen Abstecher zur **Museumsbrauerei Schmitt (7)** zu machen.

Zurück am Ausgangspunkt des Abstechers setzen wir den Weg nach Westen fort und entscheiden uns nach wenigen Metern für die rechte Möglichkeit, nämlich für einen Feldweg, der dem Talgrund in Längsrichtung folgt. Die Singer Hütte lassen wir links liegen. Einen Feldweg kreuzen wir geradeaus **(8)** und wandern im Talgrund weiter bis zur Ilm. Ihr folgen wir flussabwärts. Auf dem Feldweg gelangen wir zu einem von mehreren alten Fördertürmen der **Saline Oberilm (9)**. Kurz darauf bringt uns eine Brücke über die Ilm und zu einem Asphaltweg, auf dem wir rechts wieder den **Parkplatz (1)** erreichen.

27 Rottenbachtal und Klosterruine Paulinzella

4.00 Std.

Wälder, Täler und Höhen und ein romanisches Kleinod

Abgelegen im Tal des Rottenbachs lässt sich auf dieser Runde mit der Ruine der Klosterkirche von Paulinzella einer der bedeutendsten romanischen Kulturschätze Thüringens entdecken. Noch im Verfall künden die Überreste der Kirche des im Jahr 1102 gegründeten Benediktinerinnenklosters von der Majestät des Bauwerks. Auch heute kann man dieses bedeutende Kulturdenkmal auf stillen Pfaden erwandern, wobei der Hinweg im Tal entlangführt, der Rückweg hingegen über die Höhen erfolgt, wobei sich Abschnitte im Wald und im Offenland abwechseln.

Ausgangspunkt: Ortsmitte von Rottenbach. Unmittelbar östlich des Bahnübergangs von der B 88 in den Bechstedter Weg abbiegen und seitlich parken.
Höhenunterschied: 450 Hm.
Anforderungen: Feld- und Waldwege, kleine Pfade, abschnittsweise matschig. Etwas Orientierungsvermögen ist erforderlich.
Einkehr: Mehrere Möglichkeiten in Paulinzella und Rottenbach.
Varianten: Zwischen den Bahnhöfen Rottenbach und Paulinzella lassen sich sowohl der südliche (ca. 8 km – »rot«) als auch der nördliche (ca. 6,5 km – »blau«) Tourenteil als Streckenwanderungen konzipieren. Beide sind für Kinder geeignet.
Tipp: Im Sommer finden regelmäßig Konzerte in der Kirchenruine statt (frühzeitig reservieren)!
Karte: 59 Thüringer Schiefergebirge.

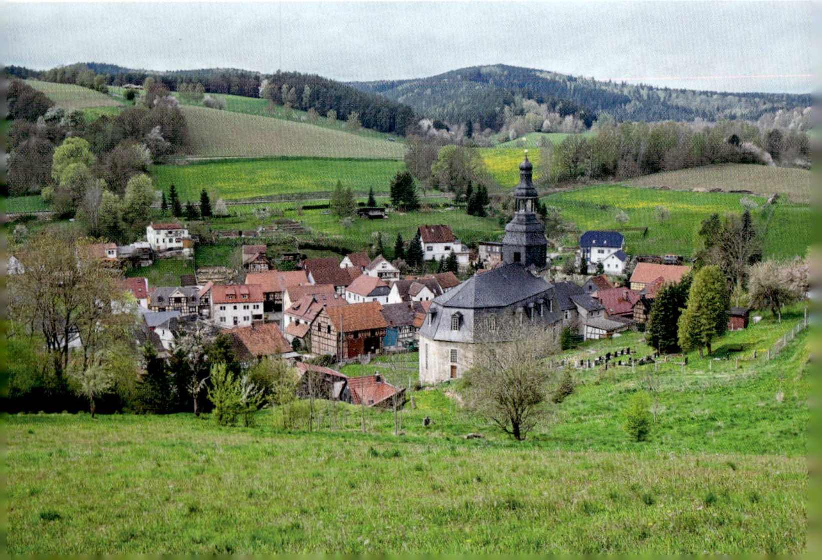

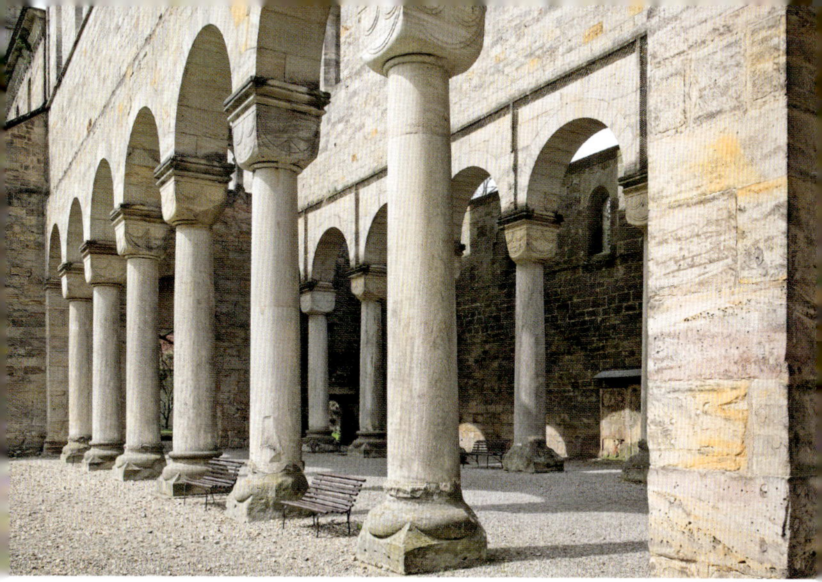

Sie beeindruckt auch als Ruine: die Klosterkirche von Paulinzella.

Von der Parkmöglichkeit in **Rottenbach** aus **(1)** gehen wir auf der B 88 kurz nach Westen (links) und wählen dann rechts die Straße nach Storchsdorf **(2)**. Wenige Meter hinter der Bahnunterführung nehmen wir die Straße An der Leite scharf links, die bald in einen Grasweg übergeht (Markierung bis Paulinzella: »Grünes X«). Mit geringem Auf und Ab wandern wir parallel zur Bahnlinie nach Westen. Eine Bahnunterführung linker Hand ignorieren wir und halten uns weiter geradeaus. Der Weg erklimmt einen Hang und verzweigt sich am Nordrand einer Lichtung. Dort links. Auf einem Feldweg marschieren wir zunächst oberhalb von **Milbitz** entlang, bevor sich der Weg zur Straße hinuntersenkt.

Auf der Hauptstraße wenden wir uns nach rechts und biegen 200 m hinter dem Ortsrand rechts auf einen Feldweg ab **(3)**, der nach wenigen Metern einen Linksbogen beschreibt, an einem Waldrand entlang aufwärtsführt und dann in den Wald eintaucht. Nach etwa 1 km leitet uns das »Grüne X« halb links auf einen schmalen Pfad. Am Hangfuß nehmen wir den Feldweg nach links und gelangen auf ihm nach **Paulinzella**. Vor der **Klosterruine (4)** überqueren wir links einen Steg und lassen uns dann von dem (frei zugänglichen) Bauwerk angemessen beeindrucken.

Milbitz liegt inmitten grüner Wiesen und bewaldeter Hügel.

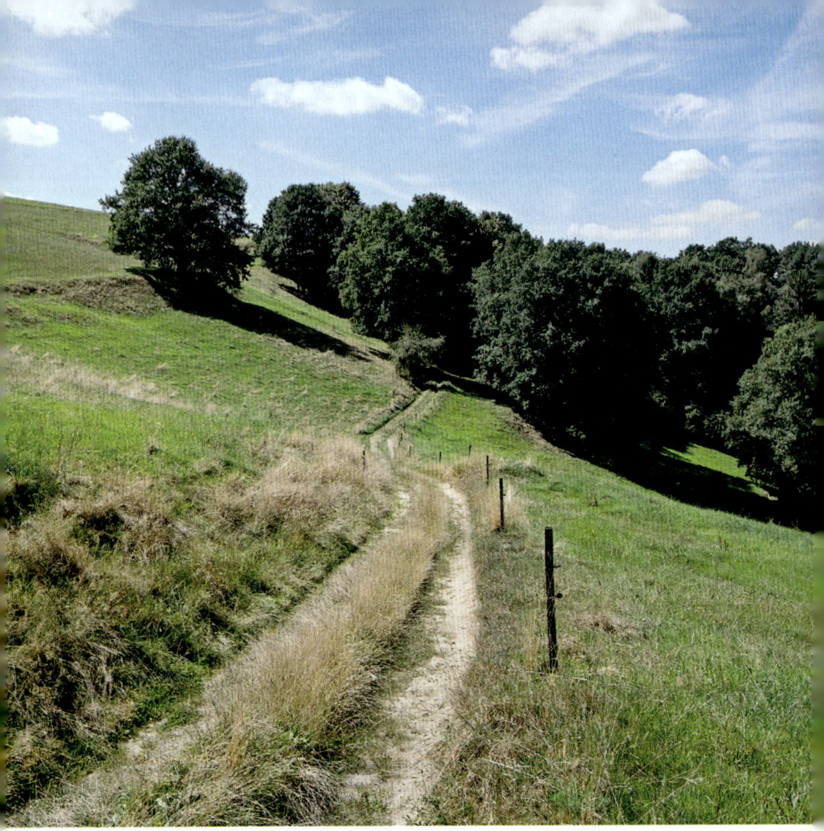

Wiesen und Wälder prägen den Charakter der Wanderung.

Wir verlassen die Anlage in Richtung Westen und wenden uns auf der L 1114 nach links **(5)**. Nach 400 m, hinter den letzten Häusern, biegen wir auf einen Fahrweg rechts ab, der die Bahnlinie unterquert und einen Rechtsbogen beschreibt. Zwischen einigen Schuppen, dem Bahnhof gegenüber, gehen wir links und folgen einer Fahrspur um eine Linkskurve von 180° **(6)** und wandern nun in östlicher Richtung. Bereits nach 100 m nutzen wir die linke Möglichkeit, nämlich eine unbefestigte Fahrspur, die im Wesentlichen parallel zu den Bahngleisen verläuft (hier u.U. recht matschig). Diese Richtung behalten wir auch dort bei, wo die Fahrspur in einen breiteren Forstweg mündet; auf diesem gewinnen wir etwas an Höhe. Hinter einer Rechtskurve wählen wir

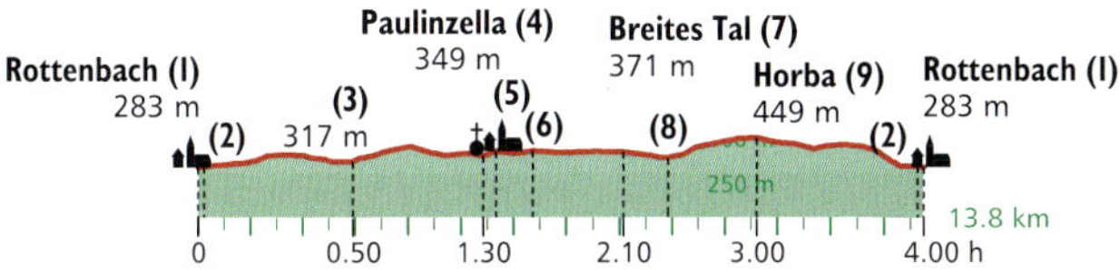

bei einer Kreuzung auf dem Höhenrücken den Forstweg halb rechts den Hang hinunter und gehen im **Breiten Tal (7)** links (»Milbitz«). Auf den zweiten breiten Forstweg **(8)** biegen wir rechts ab (»Horba«). Er schwenkt zunächst nach rechts (nicht geradeaus in das Tälchen hineinlaufen!) und zieht dann in einer Linkskurve den Hang hinauf. Am Oberhang betreten wir Offenland und erreichen hinter einem weiten Linksbogen ein Sträßchen. Dort rechts.

Am Ortseingang von **Horba** entscheiden wir uns für den Feldweg nach links **(9)**, der auf einem Geländerücken nach Osten strebt. Bei einer undeutlichen Verzweigung vor einer Hügelkuppe halten wir uns rechts und wandern anschließend an einer Hangkante und an einem Waldrand (beide jeweils rechts von uns) entlang. Ein Waldstück wird mit etwas Aufwärtstendenz durchquert, bevor der Weg erneut einen Waldrand begleitet. Im Abwärtsgehen gelangen wir zu einer Verzweigung und folgen dem Plattenweg halb rechts hinunter zu einem Wasser-Hochbehälter. Unterhalb davon entdecken wir ein undeutliches und überwachsenes Pfädchen, das an einem Gartenzaun entlang abwärtsführt. Am Hangfuß gelangen wir auf eine Querstraße, biegen rechts ab und wenden uns auf der Hauptstraße von **Rottenbach** nach links. Auf ihr kehren wir wieder zurück zum rechts abzweigenden **Bechstedter Weg (1)**.

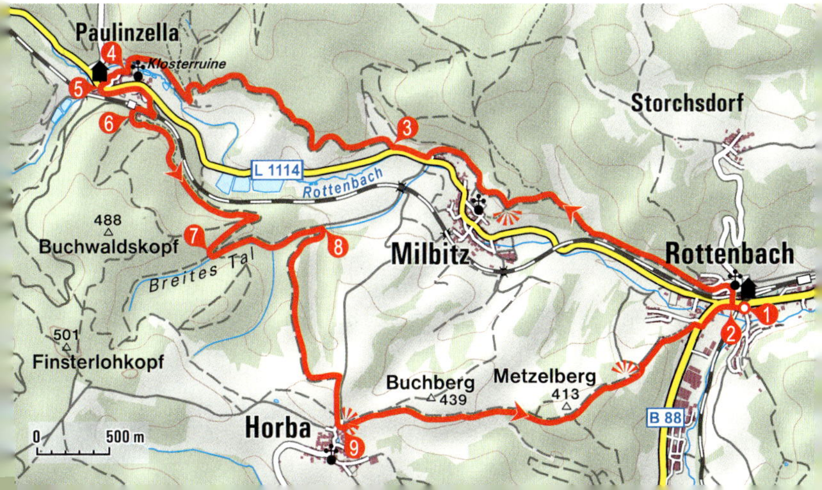

TOP **28**

Gölitzwände und Burg Greifenstein

5.00 Std.

Aussichtsbalkone aus Muschelkalk und mittelalterliche Burg-Atmosphäre

Die Gölitz- und Kesselwände nordwestlich von Bad Blankenburg sind ein einziger langer Aussichtsbalkon mit grandiosen Blicken nach Süden. Botanisch Interessierte freuen sich über Magerrasen, viele Orchideen und das Vorkommen von heimischer Felsenbirne, Zwergmispel sowie weiterer Besonderheiten. Unterhalb der Steilwände verlaufen die Pfade durch idyllische Streuobstbestände und Blumenwiesen zur Burg Greifenstein. Zudem folgt die Wanderung in Teilbereichen den Spuren des Pädagogen und Pestalozzi-Schülers Friedrich Fröbel und seinen Weggefährten, über deren Werk und Wirken zahlreiche Hinweistafeln am Wegrand informieren.

Zeigerheim liegt nahe am Ausgangspunkt der Tour.

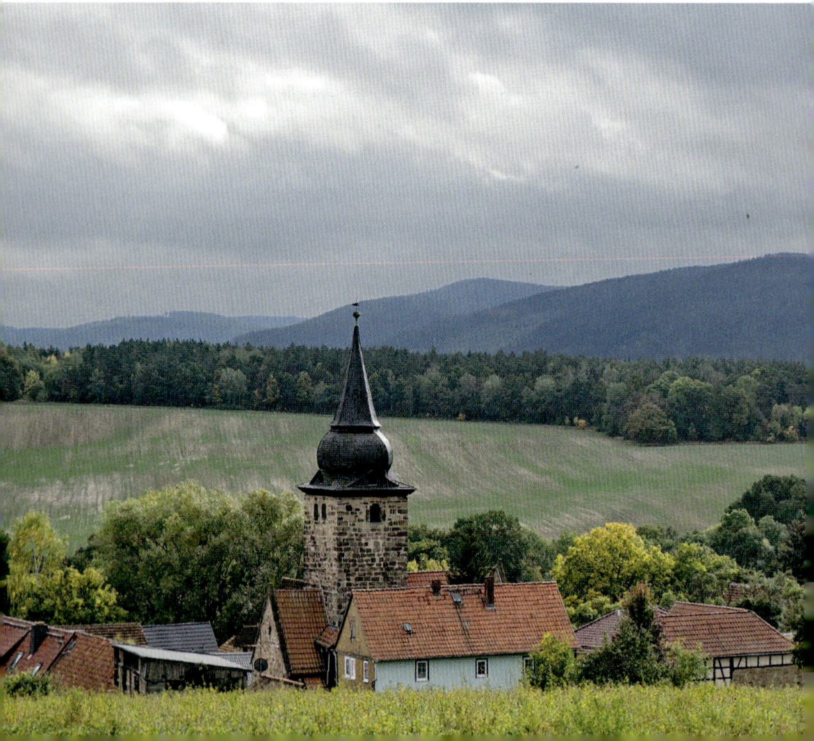

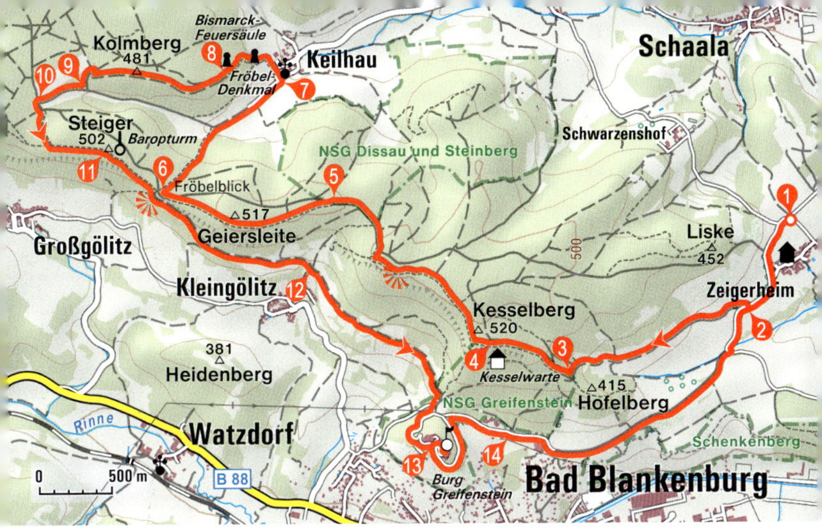

Ausgangspunkt: Parkmöglichkeit nahe Zeigerheim. Von Schwarza auf der K 124 kommend Zeigerheim links liegen lassen und nach 250 m an einer T-Kreuzung auf dem Seitenstreifen parken. – Bei Anfahrt mit ÖNV: Start in Bad Blankenburg (dann 3 km länger).
Höhenunterschied: 650 Hm.
Anforderungen: Wanderung auf Waldpfaden und Forstwegen, auf kurzer Strecke Teersträßchen. Entlang der Hangkante der Gölitz- und Kesselwände ist etwas Trittsicherheit erforderlich.
Einkehr: Burggaststätte Greifenstein (nur mit Ticket zugänglich), »Zur Liske« und »Zum Landsknecht« in Zeigerheim am Ausgangspunkt.
Variante: Ohne nordwestliche Schleife ca. 13,5 km lang.
Karte: 59 Thüringer Schiefergebirge.

Von der Parkmöglichkeit aus **(1)** folgen wir dem Teersträßchen oberhalb um **Zeigerheim** herum und finden 250 m westlich des Orts einen halb rechts abzweigenden, heckengesäumten Feldweg **(2)**. Auf ihm geht es mit sanftem Anstieg nach Westen. Wir halten uns dabei immer geradeaus und lassen Abzweigungen und einige landwirtschaftliche Gebäude jeweils rechts liegen. Mit stärkerer Steigung wandern wir geradeaus an einem Feldgehölz entlang und dann in den Wald hinein. Bei der dortigen Verzweigung links.

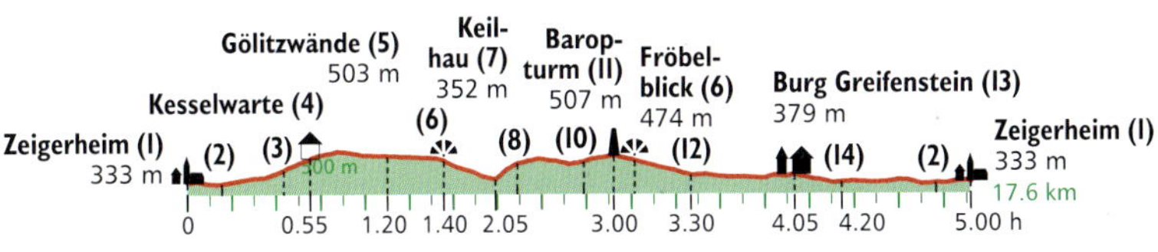

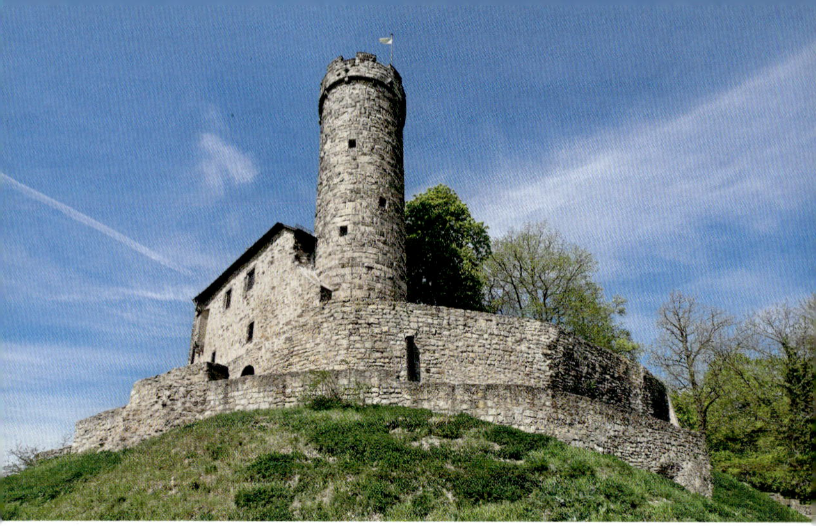

Burg Greifenstein ist ein lohnendes Etappenziel.

Nach 200 m, auf einem Hochpunkt, wählen wir bei einem Wegweiser **(3)** (»Kesselwarte«) den Steig nach rechts und erklimmen mit dem »Roten Punkt« den Hang. Hinter der **Schutzhütte Kesselwarte (4)** geht es – nun mit dem »Roten Balken« – geradeaus an der Hangkante entlang weiter. Nach etwa 700 m schwenkt der Weg nach rechts und erreicht einen breiten Forstweg. Dort links. Wir durchwandern eine kleine Senke (ignorieren dort mehrere Abzweigungen) und lassen uns nach wenigen Hundert Metern vom »Roten Balken« halb links **(5)** zur Oberkante der Gölitzwände leiten. Zunächst mit geringer Aufwärtstendenz, dann mit etwas Gefälle gelangen wir auf diesem spektakulären Aussichtsbalkon zum **Fröbelblick (6)** und nehmen den Forstweg rechts abwärts (»Keilhau«).

Am Hangfuß im Offenland halten wir uns rechts und erreichen **Keilhau**. Beim ersten Haus auf der linken Seite entdecken wir links einen kleinen Pfad **(7)** (»Fröbeldenkmal«), biegen nach gut 150 m erneut links und nach wenigen Metern rechts ab, um über grob gefügte Stufen zum **Fröbel-Denkmal** zu gelangen. Dahinter erklimmt der Steig in kurzen Serpentinen den Sporn des **Kolm**. Auf der Höhe treffen wir auf die **Bismarck-Feuersäule (8)**, hinter der wir die halb linke Wegmöglichkeit wählen. Zunächst eben, dann mit einem kurzen Abstieg gelangen wir zu einem Querweg, gehen links bergab (»Fröbel-Rundweg«) und anschließend auf einem breiten Forstweg rechts **(9)**, d.h. an einer Lichtung entlang aufwärts. Am oberen Rand der Lichtung nehmen wir den Forstweg nach links **(10)** und verlassen ihn bereits nach 50 m auf ei-

ner schmalen Fahrspur geradeaus aufwärts. Wir gelangen an eine Hangkante und folgen dem dort entlangführenden Weg nach links.
Wir kommen zum **Baropturm (11)** und verlieren danach an Höhe, um bald darauf wieder auf den **Fröbelblick (6)** zu stoßen. Von dort steigen wir rechts auf einem Feldweg den Hang hinab (»Blankenburg«). Wo er nach ca. 1,2 km, oberhalb von Kleingölitz, eine scharfe Rechtskurve beschreibt **(12)**, entscheiden wir uns für den linken Weg (»Blankenburg«) und wandern auf einem Wiesenweg mit geringen Höhenunterschieden am Hang entlang. Mit einem Rechtsbogen erreichen wir ein kleines Sträßchen und wählen gegenüber den Asphaltweg halb rechts aufwärts. Vom Parkplatz lotst uns ein Schild »Burg« nach links, wo wir nach ein paar Höhenmetern zur **Burg Greifenstein (13)** kommen.
Nach Besichtigung der Burg folgen wir vom Haupttor dem Asphaltweg hinunter und umrunden den Burgberg auf der östlichen Seite. Auf dem Teersträßchen biegen wir rechts ab und passieren die **Jugendherberge (14)** unterhalb. Anschließend verwandelt sich das Teersträßchen in einen Feldweg, auf dem wir, ohne Abzweigungen nach rechts zu beachten, mit etwas Auf und Ab entlangmarschieren. Schließlich gelangen wir abwärts auf ein Sträßchen, das links – ansteigend und vorbei an Wegpunkt **2** – zurück zum **Ausgangspunkt (1)** kurvt.

Natürliche Aussichtsbalkone in Südlage: die Kesselwände.

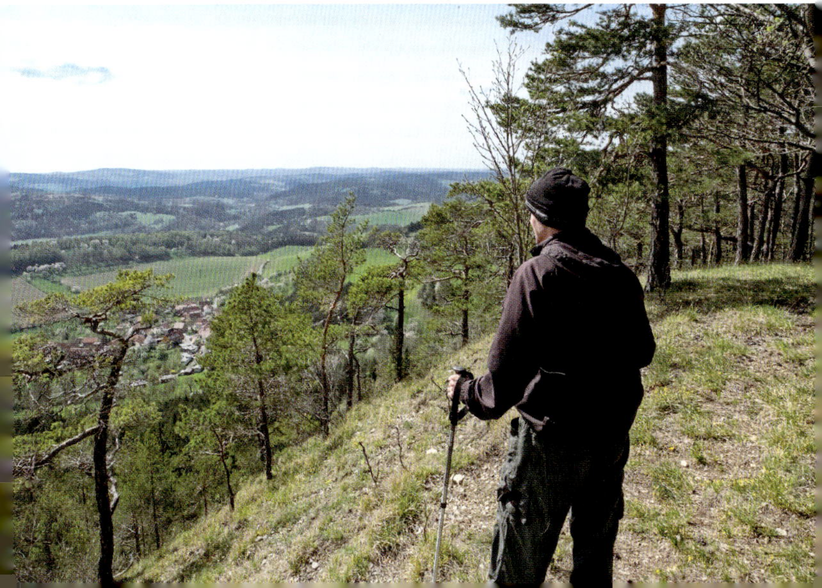

TOP **29**

Leuchtenburg und Dohlenstein

2.15 Std.

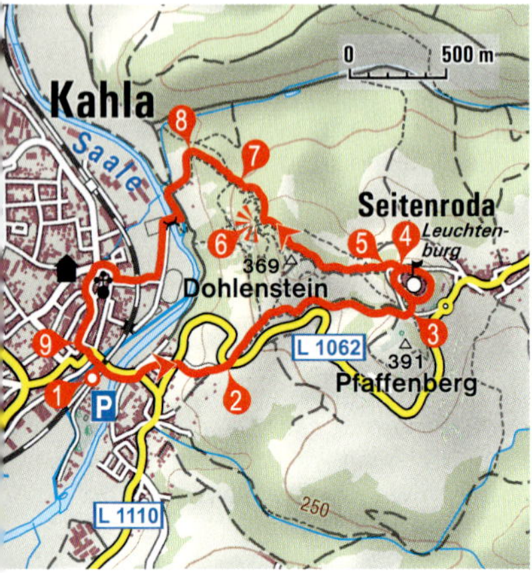

Zur »Königin des Saaletals«

Als typische Höhenburg thront die Leuchtenburg hoch über dem Saaletal und ist auch noch aus größerer Entfernung als charakteristische Landmarke erkennbar. Der Anstieg verläuft über Streuobstwiesen und tangiert kleine Geländeterrassen, die von mittelalterlichem Acker- und Weinbau zeugen. Auf den steilen Hängen sind außerdem blütenbunte Magerrasen und artenreiche Säume zu entdecken. Auf dem Rückweg stehen der Aussichtspunkt Dohlenstein sowie der historische Ortskern von Kahla auf dem Programm.

Ausgangspunkt: Kahla, Parkplatz Gries. Von der B 88 in Richtung Seitenroda abbiegen und unmittelbar (!) hinter den Gleisen und noch vor der Brücke über die Saale rechts auf den Parkplatz fahren.
Höhenunterschied: 380 Hm.
Anforderungen: Wanderung auf schmalen Pfaden, in Kahla auf Straßen.
Einkehr: Café im Eingangsbereich der Leuchtenburg, Burgschänke in der Burg (nur mit Ticket zugänglich), einige Möglichkeiten in Kahla.
Tipp: Thüringer Porzellanhandwerk zwischen Tradition und Moderne lässt sich im Porzellanwerk Kahla erleben (und erwerben). Ganzjährig Sa–So 10–18 Uhr, Führungen durch das Werk jeweils Fr 10.30 Uhr.
Karte: 64 Mittlere Saale, Mittlere Ilm.

Ausgehend von der **Parkplatzeinfahrt (1)** überqueren wir rechts die Saale und nehmen die Straße Am Anger links, die geradeaus in die Tunnelstraße übergeht. Wir durchqueren den namensgebenden Fußgängertunnel an ihrem Ende und wandern anschließend auf einem Pfad aufwärts. Mit einem Linksbogen erreichen wir die **L 1062 (2)**. Gegenüber setzt sich ein Wiesenpfad den Hang hinauf fort, knickt dann rechts ab und nähert sich nach etwas Auf und Ab wieder der Straße an. Dort biegen wir links ab, steigen weiter aufwärts und halten uns bei einer Verzweigung halb rechts. Wir kreuzen einen Asphaltweg, ersteigen eine Treppe **(3)** und folgen links dem Schild »Leuchtenburg« hinauf zur **Leuchtenburg (4)**, die wir außerhalb der Mauern umrunden können.

Wir verlassen sie auf der Hauptzufahrt nach Westen. Nach zwei Kurven wählen wir einen schmalen, abwärtsführenden Pfad **(5)** nach rechts (»Blauer Balken«, »Dohlenstein«). Von einem Sattel aus geht es auf einem Feldweg geradeaus leicht aufwärts. Die Abzweigung nach links beachten wir nicht, sondern betreten halb rechts den Wald und kommen zur **Dohlenstein-Bergsturzkante (6)**.

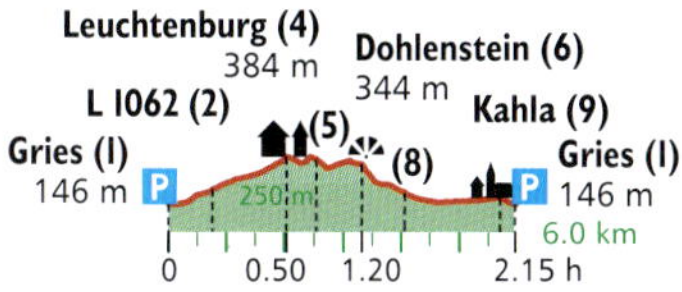

Von dort geht es in Serpentinen den Hang hinab. Sowohl am Unterhang **(7)** (»Kahla«) als auch bei einer Verzweigung nach 100 m wählen wir den linken Weg und biegen auf den querenden Pfad rechts ab (immer noch »Blauer Balken«). Bei einer T-Kreuzung **(8)** links und bei einem breiten Querweg am Saale-Hochufer ebenfalls links. Nach wenigen Metern entscheiden wir uns bei einer Gabelung für den rechten Weg, kreuzen die **Saale** auf einem Steg und halten uns dahinter links. Am Gasthaus Rosengarten wenden wir uns nach rechts, unterqueren die Bahnlinie und gehen im Ort rechts (Heimbürgestraße).

Anschließend wählen wir die Jenaische Straße nach links. Sie geht anschließend in die Rudolf-Breitscheid-Straße über, die uns zum historischen Ortszentrum von **Kahla** mit seinem hübschen Marktplatz bringt. Geradeaus geht es in der Margarethenstraße weiter. Wenige Meter hinter dem Stadtmuseum folgen wir einem Wegweiser **(9)** nach links (»Leuchtenburg«) in ein Gässchen hinein und erreichen über Treppen den Hangfuß. Geradeaus passieren wir die Gleise und biegen direkt dahinter rechts zum **Parkplatz** ab **(1)**.

Die Leuchtenburg trägt nicht umsonst den Beinamen »Königin des Saaletals«.

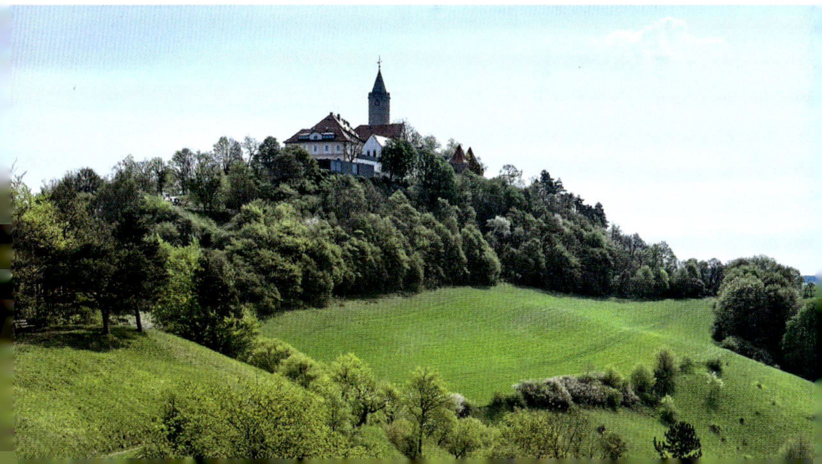

30 Hummelsberg und Schloss Kochberg

4.00 Std.

Unterwegs auf den Spuren von Goethe und Charlotte von Stein

Vom Hexengrund aus steigt der Weg durch Streuobstwiesen zu den umgebenden Muschelkalkhöhen an und erreicht als Zwischenziel den Luisenturm, von dem sich ein weiter Blick nach Süden öffnet. Am Fuß des Hummelsbergs findet sich dann mit Schloss Kochberg ein wahres Kleinod, nämlich ein Wasserschloss und sein Landschaftsgarten in englischem Stil. Als ehemaliger Wohnsitz der Charlotte von Stein kann es sich außerdem rühmen, häufiges Ziel Goethes gewesen zu sein.

Ausgangspunkt: Engerda, Parkplatz an der östlichen Ortseinfahrt.
Höhenunterschied: 480 Hm.
Anforderungen: Überwiegend Forst- und Feldwege, jedoch auch kleine Pfädchen. Ein steiler Abstieg. Zwischen Kleinkochberg und Engerda sind Orientierungsvermögen und etwas Pfadfindergeist erforderlich.

Einkehr: Mehrere Möglichkeiten in Großkochberg.
Variante: Von Wegpunkt 1 bis Luisenturm (6) wie beschrieben, dann auf dem Sträßchen direkt zur Abzweigung nach Schmieden (9) und von dort zurück nach Engerda, Tour dann ca. 10 km (mittel – »rot«).
Karte: 64 Mittlere Saale, Mittlere Ilm.

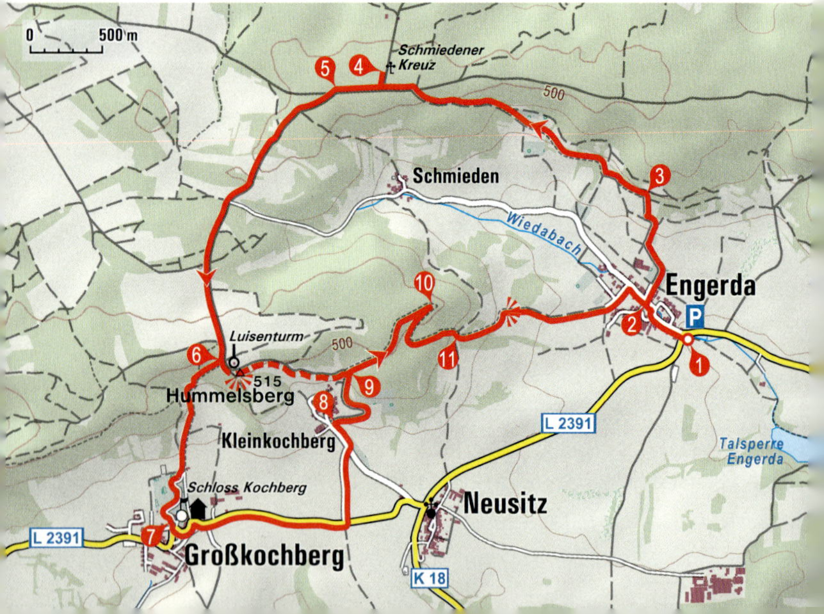

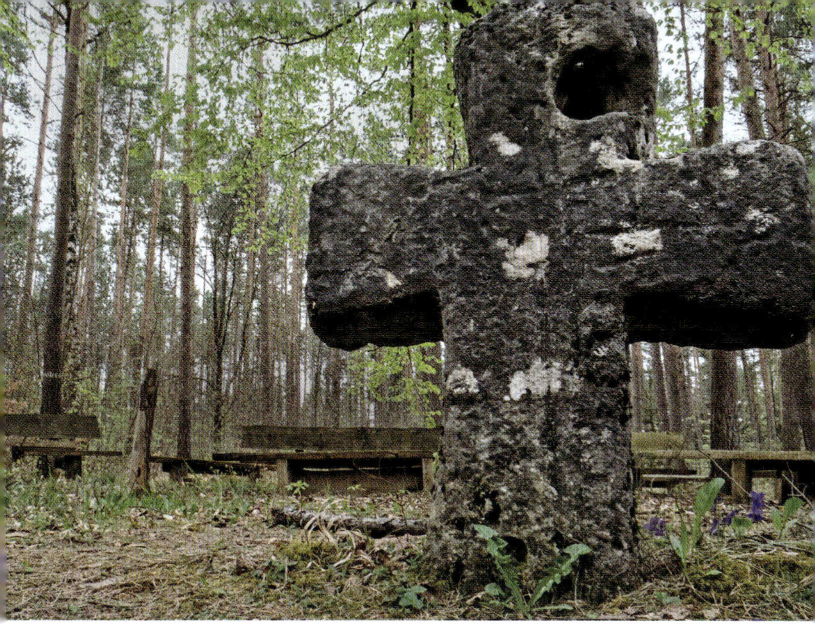

Das Schmiedener Kreuz befindet sich auf einem alten Richtplatz.

Ein paar Schritte westlich des **Parkplatzes (1)** finden wir die Abzweigung der Straße nach Schmieden, die durch Engerda hindurchführt. Hinter der Hausnummer 47 nehmen wir die **Söffingsgasse** nach rechts **(2)**. Eine Kreuzung am Ortsrand queren wir geradeaus. Nun kurvt die Fahrspur den Hang hinauf, wobei wir uns bei Verzweigungen für den Hauptweg bzw. den aufwärtsführenden Weg entscheiden. Kurz vor dem Waldrand treffen wir mit einer T-Kreuzung auf einen höhenparallel verlaufenden, von Bäumen gesäumten Weg **(3)**: Ihm folgen wir nach links. Nach geringem Höhenverlust kreuzen wir einen Feldweg und behalten unsere bisherige Richtung geradeaus bei. Zunächst mit geringer Steigung, im Wald dann kräftiger bergauf gelangen wir auf die Höhe und biegen links auf einen breiten Forstweg ab.

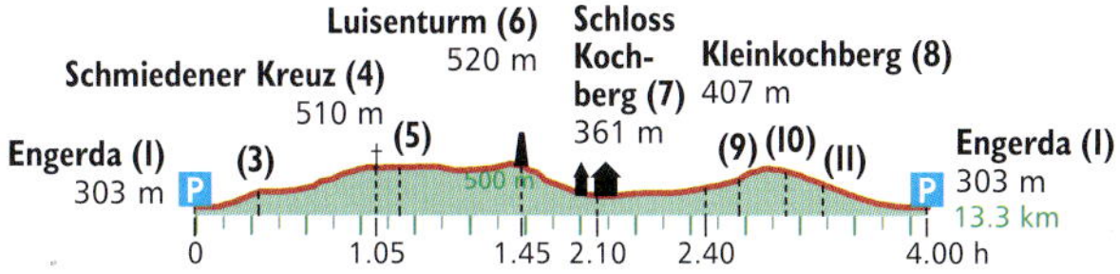

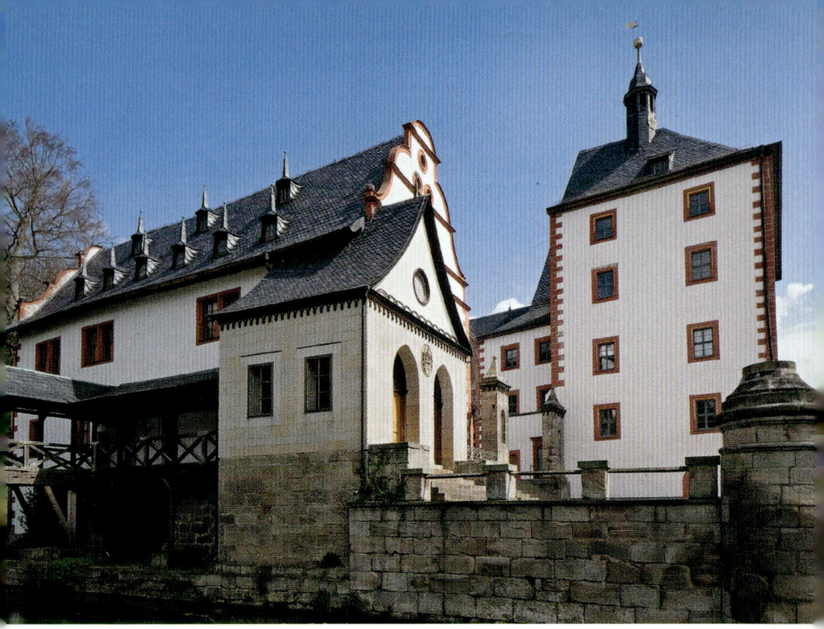

Schloss Kochberg hatte berühmte Bewohner und Besucher.

Nach 200 m haben wir die Möglichkeit, rechts einen Abstecher zum **Schmiedener Kreuz (4)** – vermutlich ein Richtplatz aus der Zeit der Bauernkriege – zu machen.
Anschließend setzen wir vom Ausgangspunkt des Abstechers den Weg nach Westen fort und nehmen bei der nächsten Verzweigung **(5)** einen Forstweg nach links (»Luisenturm«). Abwechselnd über Lichtungen, durch Wald und geradeaus über eine Kreuzung hinweg gelangen wir auf ein Teersträßchen, das uns geradeaus hinauf zum **Luisenturm (6)** auf dem Hummelsberg bringt. Bei Verlassen des eingezäuntes Geländes des Luisenturms wenden wir uns nach links und laufen auf diese Weise genau auf den Beginn eines kleinen Pfades zu (»Blauer Balken«), der steil durch den Wald abwärtsführt. Jenseits des Waldrands am Hangfuß schwenken wir halb links auf einen Grasweg, der bald in eine Fahrspur übergeht.
Am Ortsrand von **Großkochberg** betreten wir durch ein Törchen halb rechts den (öffentlich zugänglichen) **Schlosspark** und können ihn nach Lust und Laune durchstreifen. Am Hangfuß erwartet uns **Schloss Kochberg (7)**. Wenige Schritte durch das Torhaus bringen uns zur Hauptstraße, auf die wir links abbiegen. Auf ihr marschieren wir ca. 1 km nach Osten bis zur Abzwei-

gung nach Kleinkochberg. Dort links. Dem Asphaltweg folgen wir aufwärts bis **Kleinkochberg (8)**. Dort wählen wir – gegenüber der Reithalle – das Sträßchen nach rechts (»Luisenturm«). 300 m hinter einer Spitzkehre verlassen wir es beim Wegweiser »Schmieden« nach rechts **(9)**.
Der Weg steigt zunächst am Rand einer Lichtung, dann im Wald noch kurz geradeaus an und erreicht eine kleine Verebnung, wo er nach links kurvt. Auf der Höhe wenden wir uns nach rechts. Nach gut 300 m und etwas Höhenverlust bedarf es in einer weitläufigen Linkskurve etwas Aufmerksamkeit, um die unauffällige und überwachsene Fahrspur nach rechts nicht zu übersehen **(10)**. Auf ihr gelangen wir hinunter in einen Einschnitt und halten uns dort links. Bei der nächsten Gabelung entscheiden wir uns für die linke Möglichkeit. Wir erreichen mit geringem Höhenverlust den Waldrand, orientieren uns halb rechts und treffen auf eine Kreuzung **(11)**.
Dort nehmen wir den zweiten Fahrweg, links abwärts. Wir durchqueren ein schmales Waldstück und steuern dann mit einer Rechtskurve über freies Feld auf **Engerda** zu. Am Dorfrand wählen wir den linken Weg und gehen danach auf der Hauptstraße rechts. Am östlichen Ortsrand haben wir den **Parkplatz (1)** links vor uns.

Das Tal bei Engerda im Frühlingskleid.

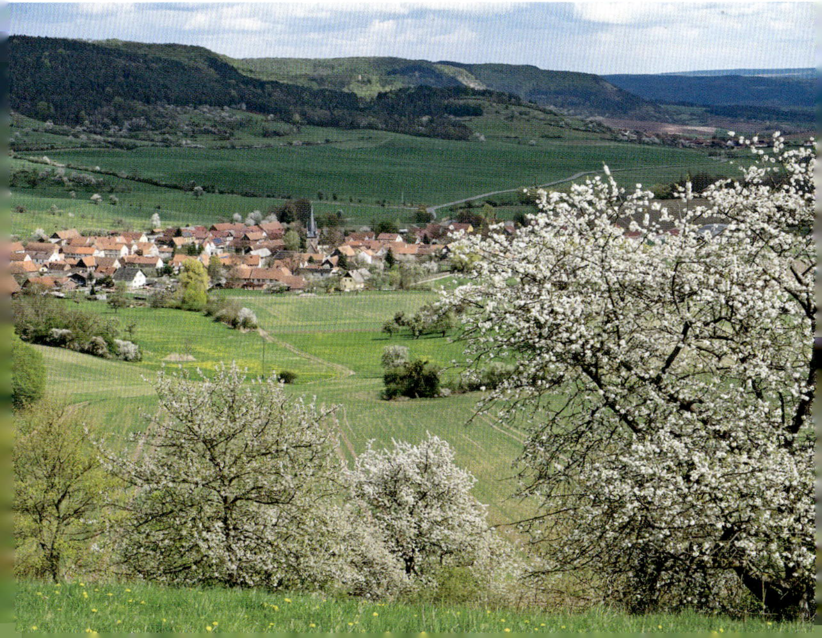

31 Hohenfelden und Riechheimer Berg

2.30 Std.

Ein lohnender Besuch im Thüringer Freilichtmuseum

Die Wanderung führt durch Laub- und Nadelwälder sowie über offene Feldflur zum Dorf Hohenfelden. Dort existieren aktuelle und historische dörfliche Lebenswelten Seite an Seite. Alte Höfe und Häuser zeugen an Ort und Stelle mit maximaler Authentizität von vergangenen Zeiten; außerhalb der Ortslage wird dies ergänzt durch die Baugruppe des Freilichtmuseums am Eichenberg, in der über 30 historische Gebäude zu besichtigen sind.

Ausgangspunkt: Parkplatz 1,2 km südöstlich von Riechheim, nördlich der Straße am Waldrand. – Bei der Anfahrt mit dem Bus: Start in Hohenfelden.
Höhenunterschied: 250 Hm.
Anforderungen: Einfache Wanderung auf Feld- und Forstwegen sowie Waldpfaden.
Einkehr: Gastwirtschaft Alter Pfarrhof in Hohenfelden, Gastwirtschaft Sonnenhof (nur Sa+So), Gastwirtschaft Riechheimer Berg.
Tipp: Das Freilichtmuseum hat Baulichkeiten sowohl im Ort Hohenfelden als auch in Form der »Baugruppe Eichenberg«. Eintrittskarten können im Alten Pfarrhof in Hohenfelden oder am Eichenberg erworben werden und gelten für beide Bereiche.
Karte: 64 Mittlere Saale, Mittlere Ilm.

Das Freilichtmuseum Hohenfelden bewahrt historische Lebenswelten.

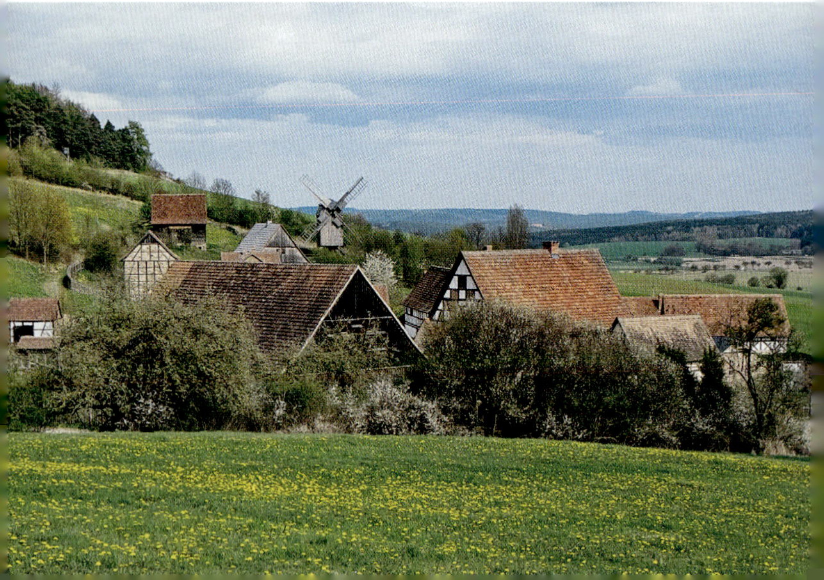

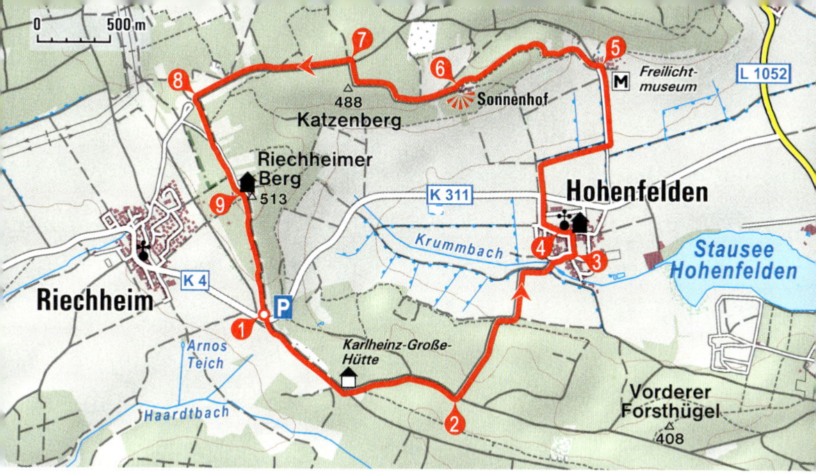

Dem **Parkplatz (1)** gegenüber starten wir auf einem Feldweg in Richtung Kranichfeld. Nach gut 500 m wählen wir bei einer Verzweigung den linken Weg (erneut »Kranichfeld«) der leicht abwärtsführt. Die Einmündung eines Forstweges von links lassen wir unbeachtet, gewinnen geringfügig an Höhe und biegen danach (!) links auf einen Forstweg **(2)** ab (ohne Markierung), der in eine Mulde hinunterführt.

Wir gelangen an den unteren Waldrand, sehen das Dorf **Hohenfelden** halb rechts vor uns und erreichen es auf einem Feldweg. Auf der Teerstraße am Ortsrand halten wir uns rechts und orientieren uns an der nächsten Kreuzung links **(3)**. Vor der Kirche gehen wir ebenfalls links

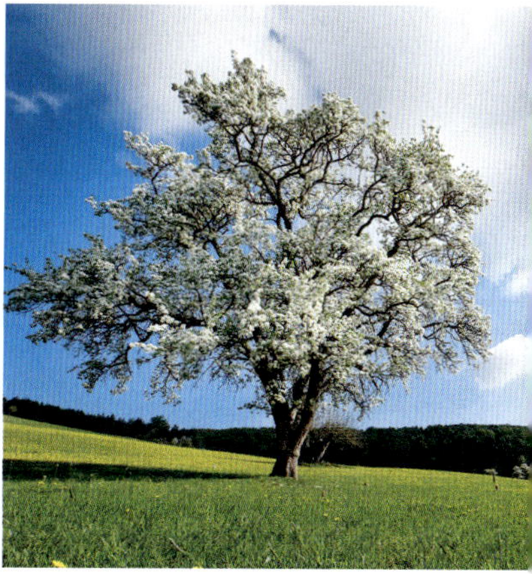

Einfach eine Wucht: blühender Birnbaum bei Hohenfelden.

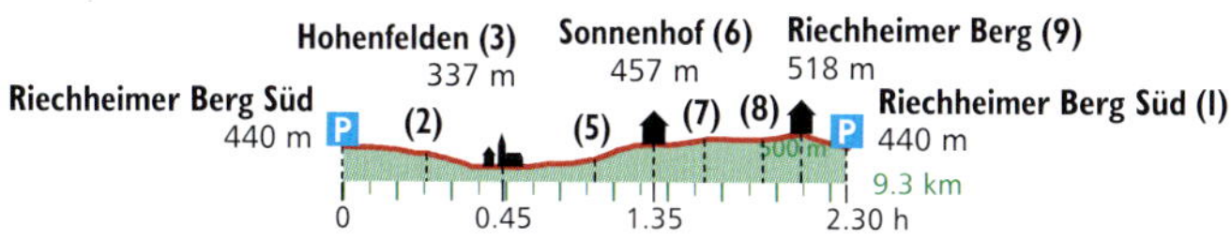

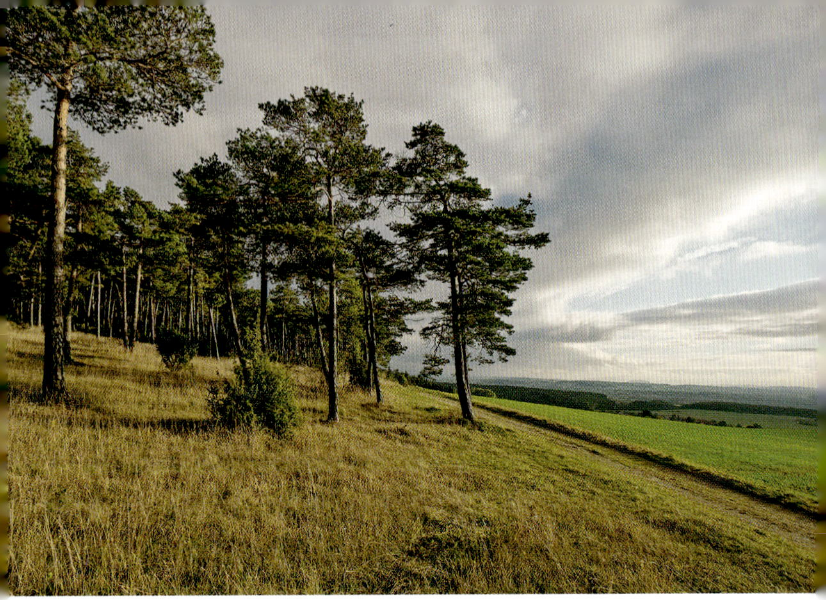

Abendsonne taucht die Kiefern am Riechheimer Berg in warmes Licht.

und kommen unmittelbar am **Alten Pfarrhof (4)** vorbei, der Bestandteil des Museums ist. Hinter einer Rechtskurve stoßen wir auf die Kreisstraße und setzen die Wanderung geradeaus auf einem Feldweg fort. Nach 200 m entscheiden wir uns für eine Fahrspur nach rechts, die an einer Baumhecke entlang nach Osten führt, und biegen am Sträßchen links ab.

Auf Höhe der **Baugruppe Eichenberg** des **Freilichtmuseums (5)** entdecken wir links eine undeutliche Fahrspur, die als Grasweg den Hang hinaufkurvt. Im Wald mutiert sie zu einem gewundenen Pfad, der zunächst noch etwas ansteigt und dann mit einem Linksbogen ein Plateau erreicht. Am **Sonnenhof (6)** geht er in einen Feldweg über, dem wir 1 km nach Westen folgen, bevor er einen Rechtsknick beschreibt. 150 m dahinter stoßen wir auf einen breiten Fahrweg **(7)**, wandern auf ihm nach links (»Riechheimer Berg«) und lassen bald den Wald hinter uns. 100 m vor dem Parkplatz Riechheimer Berg Nord biegen wir links auf eine ansteigende Fahrspur ab **(8)**, die in eine Teerstraße mündet.

Wir passieren die Gastwirtschaft auf dem **Riechheimer Berg (9)** und steigen geradeaus entlang des Höhenrückens auf schmalen Pfaden nach Süden ab. Bei einem frei stehenden Grenzstein können wir uns für einen der zwei Wege entscheiden, die uns beide zurück zum **Parkplatz (1)** bringen.

4.30 Std.

Buchfarter Wald und Ilmtal 32

Im Buchenwald zu zwei historischen Aussichtstürmen

Der Eindruck mag ja täuschen, aber in kaum einem Landstrich scheinen mehr Anhöhen von historischen Bauwerken unterschiedlicher Funktion und Provenienz gekrönt zu sein als im Hügelland zwischen Weimar, Jena und Ilmenau. Dies ist zum großen Teil auf einen regelrechten »Bauboom« im 19. und frühen 20. Jahrhundert zurückzuführen, dem auch zahlreiche Aussichtstürme zu verdanken sind: Es gibt runde und eckige, hohe und niedrige, schlichte und aufwendige. Zwei dieser Türme, Carolinen- und Paulinenturm, sind die Eckpunkte im Osten und Westen dieser Tour, die auf leicht zu begehenden Wegen überwiegend durch Buchenwald führt. Zurück geht es im Tal der Ilm.

Ausgangspunkt: Buchfart. Unmittelbar südlich der historischen Holzbrücke in eine Zufahrt gegenüber der Schenkgasse abbiegen und nach 50 m am Ufer der Ilm parken. – Bei Anfahrt mit ÖNV: Start am Bahnhof Hetschburg.
Höhenunterschied: 400 Hm.
Anforderungen: Einfache Wanderung überwiegend auf Forstwegen (die streckenweise feucht und matschig sein können), abschnittsweise auf Waldpfaden und Asphaltwegen. Nicht möglich bei Hochwasser der Ilm.
Einkehr: Waldgaststätte Müllershausen (400 m abseits des Wegs, südlich des Carolinenturms), »Zum Lindenbaum« in Hetschburg.
Varianten: Die Wanderung kann durch den zwischen WP 1 und WP 7 verlaufenden Goetheweg in eine östliche und eine westliche Runde aufgeteilt werden; westliche Runde ca. 10 km, östliche Runde ca. 12 km (beide auch für Kinder geeignet).
Hinweis: Eine Rundumsicht ist nur bei Aufstieg auf die Türme möglich. Öffnungszeiten bei der Touristinfo in Bad Berka erfragen.
Karte: 64 Mittlere Saale, Mittlere Ilm.

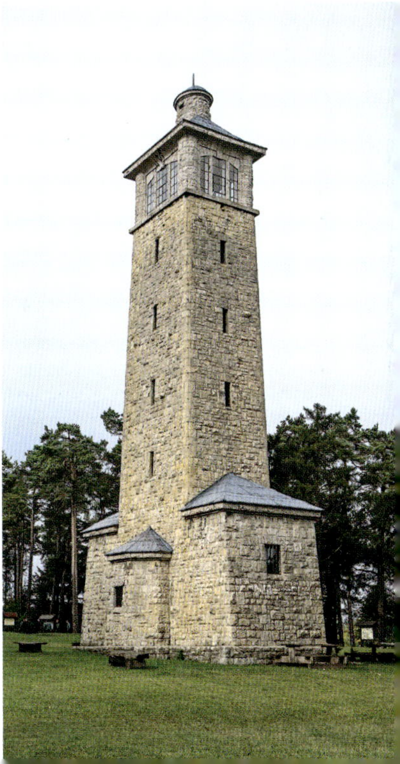

Der Carolinenturm.

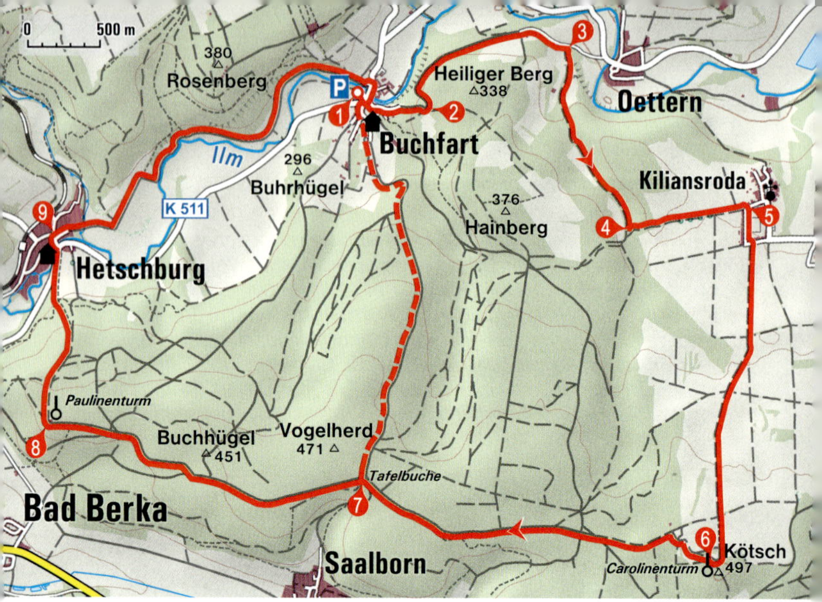

Wir verlassen den **Parkplatz (1)**, überqueren die Hauptstraße geradeaus und wandern gegenüber in die Schenkgasse hinein. Nach 50 m wählen wir bei einer Gabelung den Asphaltweg halb links, dem wir ansteigend folgen. 200 m hinter dem Ortsrand biegen wir links auf einen Fahrweg **(2)** ab. Ihm bleiben wir treu, auch dort, wo er hinter einem Campingplatz zur Straße mutiert und an Höhe verliert. Wir entscheiden uns dann für einen Feldweg **(3)** nach rechts in ein Seitental hinein (Markierung »Thüringer DreiTürmeWeg«). An der Abzweigung zur Otternburg geht es geradeaus vorbei. Beim nächsten Querweg nach ca. 1 km verlassen wir den DreiTürmeWeg, nehmen den Forstweg nach links **(4)**, ersteigen den Hang und erreichen geradeaus **Kiliansroda**, wo wir zwischen den ersten Häusern rechts abbiegen **(5)**.
Am oberen Ende der Straße geht es kurz nach links, bevor wir nach wenigen Metern einem Feldweg rechts ansteigend über Feldflur folgen. Wir bleiben ihm bei einem Knick halb rechts treu und entscheiden uns bei der nächsten Gabelung für die halb linke Möglichkeit. Am Oberhang kreuzen wir einen Feldweg geradeaus und kommen am gegenüberliegenden Waldrand zum **Carolinenturm (6)**. Wir verlassen den Turm in Richtung Nordwesten. Bei der nächsten Verzweigung nach 100 m halten wir uns halb links (auf eine Antennenanlage zu), queren einen Weg und treffen im Wald auf einen breiten Pfad. Dort links (DreiTürmeWeg). Nach einem kurzen Abstieg stoßen wir auf einen Kreuzungspunkt, den wir geradeaus hinter uns bringen, dabei orien-

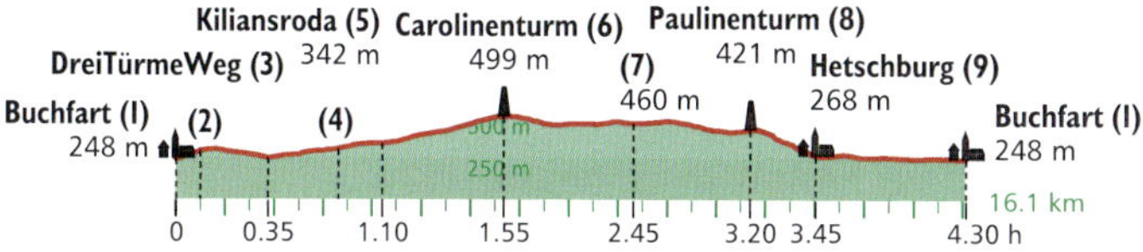

tieren wir uns weiterhin am Symbol des DreiTürmeWegs. Auf dem Forstweg gelangen wir zur Kreuzung **Tafelbuche (7)**. Wir setzen den Weg in bisheriger Richtung fort, wobei wir die linke bzw. breitere der beiden Möglichkeiten geradeaus wählen. Zunächst eben, dann mit geringem Höhenverlust geht es weiter nach Westen. Bei einer beschilderten Gabelung biegen wir rechts zum Paulinenturm ab. Nach 500 m nehmen wir den halb linken Weg, der genau auf den Turm zuführt.

Am **Paulinenturm (8)** wenden wir uns nach rechts (»Hetschburg«) und lassen uns vom »Gelben Balken« den Hang hinablotsen, wobei auf halber Höhe ein kleiner Linksknick nicht übersehen werden darf. Weiter unten wird ein Querweg geradeaus gekreuzt. Wir verlassen den Wald (nicht übersehen: die »Lange Bank« rechts) und erreichen abwärts **Hetschburg**. Über die Brücke gelangen wir auf die andere Seite der Ilm und folgen der ersten Straße nach rechts **(9)**. Auf diesem Fahrradweg, der nach 500 m eine scharfe Rechts-links-Kombination beschreibt, gelangen wir zurück nach **Buchfart**, halten uns auf der Hauptstraße rechts und erkennen hinter der historischen Holzbrücke rechts den **Parkplatz (1)**, den Beginn unserer Tour.

Weiden und Mühle an der Ilm werden von der Abendsonne angestrahlt.

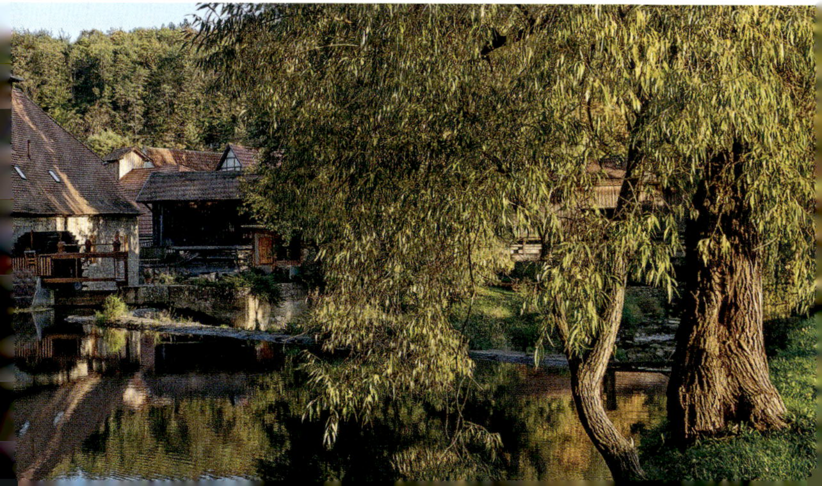

TOP **33**

Weimar und Park an der Ilm

1.30 Std.

Spaziergang zum Herz der deutschen Klassik

Weimar ist der Nabel der Welt für alle Fans deutscher Klassik und trägt das Label »Weltkulturerbe« nicht umsonst. Neben Schiller, Wieland, Herder und vielen anderen Namen steht natürlich Goethe ganz oben auf der Liste der Persönlichkeiten, die man mit Weimar assoziiert; sein Gartenhaus und sein späteres Wohnhaus am Frauenplan gehören ebenso zum Programm dieses Spaziergangs wie der im englischen Stil angelegte Park an der Ilm, für dessen Umgestaltung Goethe zeitweise mitverantwortlich war. Weitere Highlights sind das Nationaltheater, das Grüne Schloss mit der berühmten Anna-Amalia-Bibliothek, das Neue Schloss und das Cranachhaus am Markt. Architektonisch Interessierte können in Weimar aber auch noch mittelalterliche Ensembles und Jugendstil-Quartiere entdecken und zudem dem Wirken der Bauhaus-Mitglieder nachspüren.

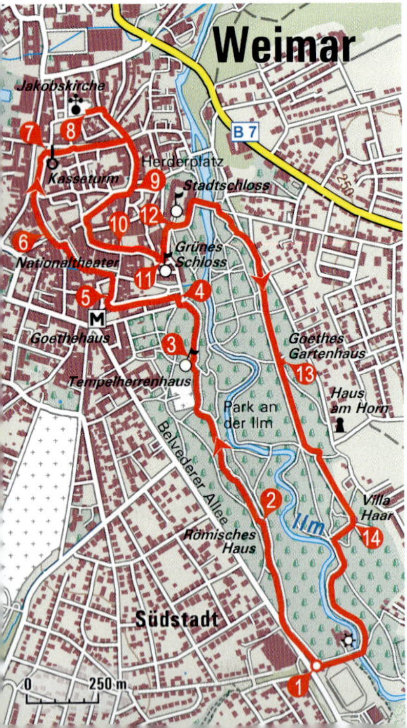

Ausgangspunkt: Belvederer Allee, auf Höhe der Straße An der Falkenburg auf dem Seitenstreifen parken.
Höhenunterschied: 80 Hm.
Anforderungen: Einfacher Spaziergang auf Gruswegen im Park bzw. Hartbelag in der Stadt.
Einkehr: Zahlreich in Weimar, Café in der Villa Haar (stilvoll, aber nur sonntags geöffnet).
Karte: 64 Mittlere Saale, Mittlere Ilm.

Wir biegen gegenüber der Straße An der Falkenburg von der **Belvederer Allee** nach Osten **(1)** und nach 30 m auf einen Grusweg links ab. Er nimmt einen Weg von links auf und gabelt sich dann: Wir wählen die rechte Möglichkeit. Bald entdecken wir das **Römische Haus (2)** am Hang über uns, ersteigen die Treppen und biegen oben rechts ab. Unser Weg mündet bald in einen Querweg, auf dem es nach rechts geht. Verzweigungen nach links ignorierend verlieren wir etwas an Höhe. Wir halten uns am Hang-

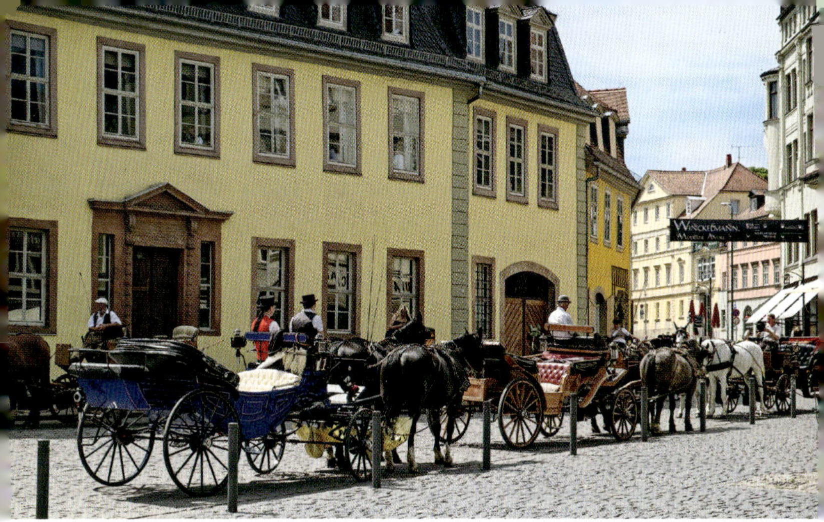

Wo das Herz der Klassik schlägt: Goethes Haus am Frauenplan.

fuß geradeaus und folgen in einem Linksbogen dem wieder etwas ansteigenden Weg, der bald auf einen breiten Hauptweg trifft. Dort rechts. Auf ihm gelangen wir zu einer künstlichen Ruine (rechts) bzw. dem sogenannten **Tempelherrenhaus** (links) und setzen den Weg leicht rechts versetzt fort **(3)**. Er bringt uns zum Altstadtrand, wo wir den Park verlassen und uns nach rechts orientieren. Bereits nach wenigen Metern finden wir unmittelbar hinter dem Haus der Frau von Stein links die schmale Seifengasse **(4)**. Sie entlässt uns, mit dem **Goethehaus** linker Hand, auf den **Frauenplan (5)**.
Dort biegen wir rechts und nach 100 m links in die Schillerstraße ab. An deren Ende treffen wir auf das Wittumspalais, das wir links umgehen, um direkt auf das **Nationaltheater** und auf das Denkmal von Goethe und Schiller zuzulaufen **(6)**. Wir setzen die Tour geradeaus in der Wielandstraße fort. Eine Querstraße passieren wir geradeaus, peilen den runden **Kasseturm** an und wenden uns dahinter nach rechts **(7)**. Wo – nach 250 m – die Jabobstraße quert, können wir links einen Abstecher zur **Jakobskirche (8)** machen. Anschließend spazieren wir in der Jakobstraße nach Süden; sie bringt uns zum **Herderplatz**. Dort rechts. Am westlichen Rand des Platzes **(9)** wählen wir die Rittergasse halb links und bei der nächsten Kreuzung die Windischenstraße nach links. Dann

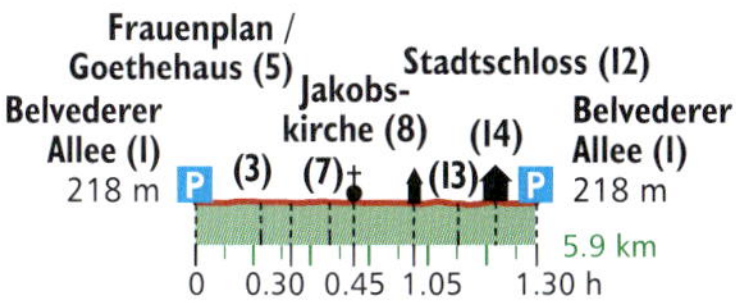

halten wir uns geradeaus und gelangen auf den **Marktplatz (10)**. Wir behalten die Richtung bei und passieren anschließend das Reiterstandbild von Carl August auf dem Platz der Demokratie, dessen Ostseite vom **Grünen Schloss** begrenzt wird **(11)**, das die Anna-Amalia-Bibliothek beherbergt. Auf der Querstraße davor links. Nun peilen wir das **Stadtschloss** an **(12)**, weichen vor ihm nach rechts aus und betreten rechts die Sternbrücke. Auf der anderen Ilmseite nutzen wir – direkt von der Brücke aus – den Treppenabgang links. Vom Fuß der Treppe orientieren wir uns links und begleiten einen kleinen Bachlauf bis zu seiner Quelle. Dahinter nehmen wir den halb linken Weg. Er mündet in die östliche Parkmagistrale, den Corona-Schröter-Weg, dem wir nach rechts folgen. Wir flanieren an **Goethes Gartenhaus** vorbei **(13)**, wählen nach 300 m links den Weg hangaufwärts (»Haus am Horn«) und entdecken nach 50 m einen Erdweg nach rechts. Er bringt uns zur **Villa Haar (14)**. Direkt vor deren Portal gehen wir rechts und erreichen über eine Treppenflucht den Hangfuß. Dort auf dem breiten Querweg links. Bei der nächsten Verzweigung entscheiden wir uns für den rechten Weg. Auch nach 400 m biegen wir rechts ab und gelangen über die Hängebrücke wieder auf die westliche Seite der Ilm und geradeaus zurück zum **Ausgangspunkt (1)**.

Der Park an der Ilm wurde im Stil englischer Landschaftsparks gestaltet.

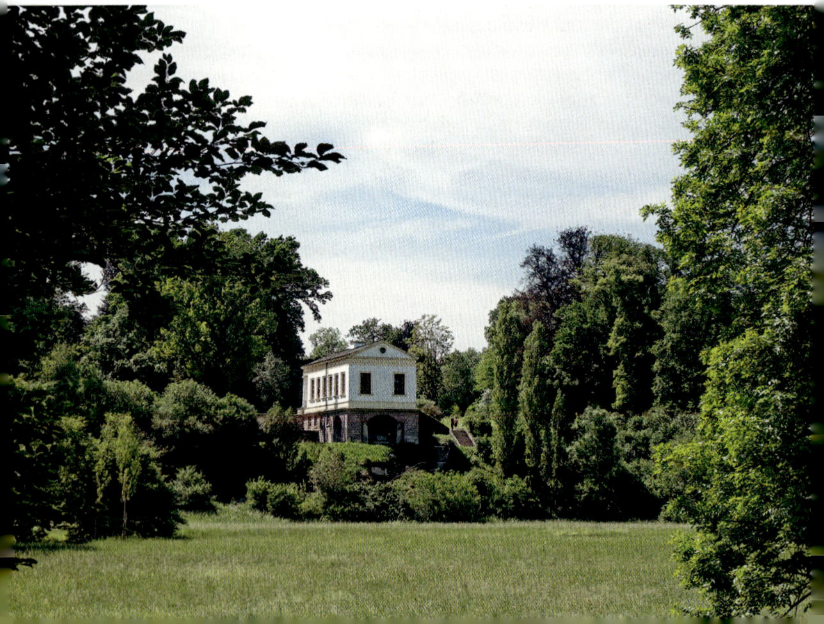

2.45 Std.

Saalehänge bei Jena 34

Auf geschichtsträchtigen Wegen zu einem von Jenas Aussichtsbalkonen

Durch das Rautal geht es hinauf zum Windknollen, einem der Schlachtfelder der Doppelschlacht von Jena und Auerstädt von 1806, auf dem die napoleonischen Truppen die preußische Armee besiegten. Der Napoleonstein markiert die zwar nicht historisch gesicherte, aber nicht unwahrscheinliche Stelle, von dem aus Napoleon das Vorrücken seiner Armee beobachtete. Das Gelände, in DDR-Zeiten als Militärübungsplatz genutzt, ist heute als Naturschutzgebiet ausgewiesen. Anschließend steuert die Tour den Landgrafen an, eine von Jenas bekanntesten Aussichtskanzeln, und führt von dort auf schmalen Pfaden durch Eichen- und Buchenwälder.

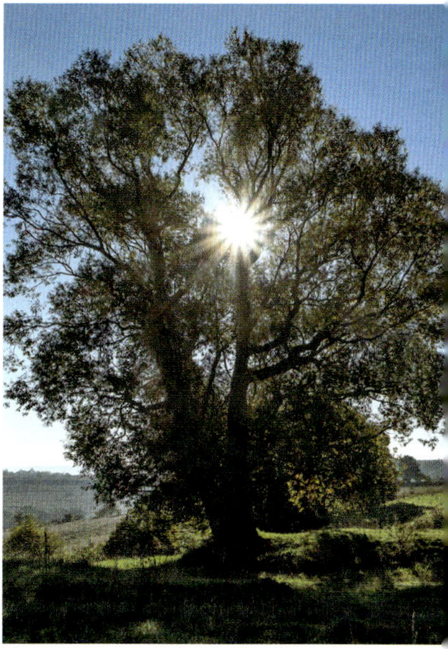

Lichtzauber am Windknollen.

Ausgangspunkt: In Jena-Löbstedt in Richtung Closewitz abbiegen. Nach 0,5 km nicht der rechts abknickenden Hauptstraße folgen, sondern geradeaus in die Straße Rautal. Nach ca. 1 km (100 m hinter dem Ortsschild) am Seitenstreifen parken. – Bei Anfahrt mit ÖNV nach Jena-Löbstedt ca. 1,5 km länger.
Höhenunterschied: 300 Hm.
Anforderungen: Schmale Pfade, Feld- und Forstwege, punktuell nass und schmierig. Aufgrund der vielen kreuzenden Wege recht unübersichtlich.
Einkehr: Gasthaus Landgrafen.
Karte: 64 Mittlere Saale, Mittlere Ilm.

Vom Seitenstreifen im **Rautal (1)** beginnen wir die Runde mit dem Wegweiser »Abzweig Burschenplatz« nach Nordosten in den Wald hinein und nehmen nach 200 m bei einer Verzweigung den Pfad halb rechts abwärts. Hinter dem in einer kleinen Klamm verlaufenden Steinbach gelangen wir an eine T-Kreuzung **(2)**, wo wir uns nach links wenden (die Markierung »SaaleHorizontale« bzw. »SH« begleitet uns nun bis fast bis zum Napoleonstein), um bei der anschließenden Verzweigung auf dem breiteren der beiden Wege halb rechts aufwärtszusteigen. Nach 100 m bleiben wir geradeaus auf dem

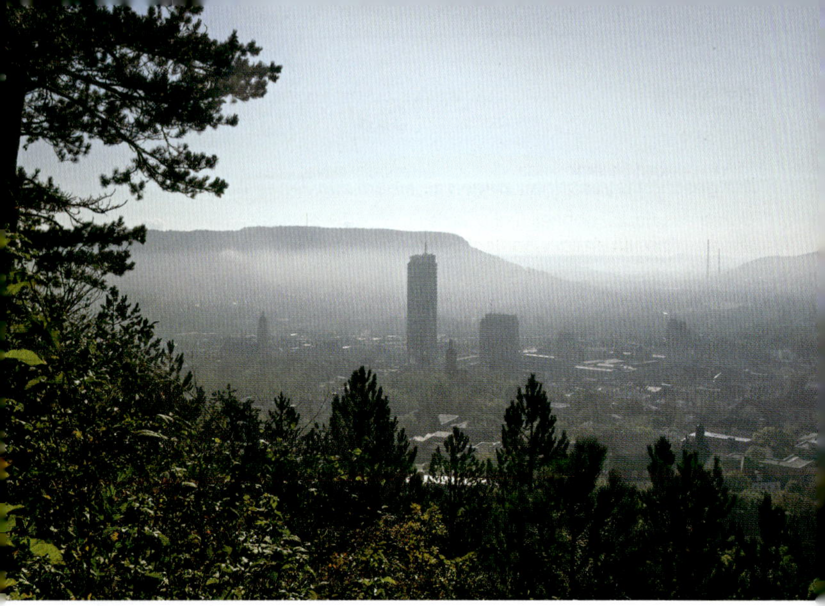

Jena mit Jentower, vom Landgrafen aus gesehen.

Hauptweg, der weiter den Hang erklimmt. Hinter einer S-Kurve überqueren wir einen Kreuzungsbereich geradeaus und setzen den Anstieg fort.
Am Oberhang zeigt ein Wegweiser (»SH« und »Napoleonstein«) nach links **(3)**, wo wir kurz an Höhe verlieren, bevor wir einen Querweg nach rechts nutzen und hinter einer Lichtung den Ortsrand von **Closewitz** erreichen. Auf der Straße gehen wir ein paar Schritte nach rechts, bevor wir – wiederum mit »SH« – links auf einen Zufahrtsweg **(4)** und nach wenigen Schritten abermals links in den Wald abbiegen. Dort lotst uns »SH« zunächst nach rechts, dann bei einer Verzweigung nach links. Hinter einem Steg machen wir eine kurze Links-rechts-Kombination und betreten mit dem Ziel »Napoleonstein« den Nordrand des **Windknollen (5)** und die historische Örtlichkeit der **Schlacht bei Jena** 1806.

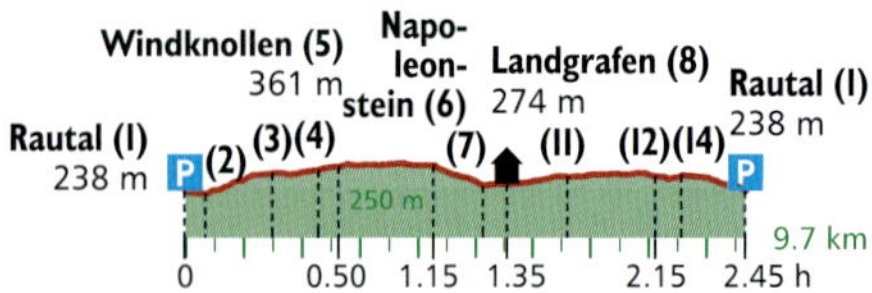

Wir vertrauen uns einem Grasweg an, der uns mit etwas Aufwärtstendenz in Generalrichtung Süden durch das Gelände lotst, wobei wir (unmarkierte) Gras- und Trampelpfade von rechts oder links nicht beachten. Unser Pfad mündet in einen markierten Querweg (»Napoleonstein«, »SH«), dem wir nach rechts folgen; dann halten wir geradeaus auf den Gedenkstein zu, während uns »SH« nach links verlässt. Am **Napoleonstein (6)** drehen wir um und biegen nach wenigen Schritten rechts und nach 30 m halb links abwärts ab.

Am Waldrand erwartet uns eine Kreuzung: Wir nehmen den Fahrweg (!) mit geringem Gefälle geradeaus. Wo er in ein Teersträßchen mündet, finden wir 20 m unterhalb einen schmalen Pfad nach links **(7)**, auf dem wir den Aussichtsturm und dahinter den **Landgrafen** erreichen **(8)**. Sowohl vor der Gaststätte als auch auf einem Asphaltweg wählen wir die linke Möglichkeit (jeweils »Rautal«).

Bei einem Kreuzungspunkt **(9)** gegenüber einer Parkplatzzufahrt heiß es aufpassen: Wir entscheiden uns für den zweiten Pfad von rechts (»SaaleHorizontale«, »SH«). Er führt leicht aufwärts, bevor er abflacht, unmarkierte Wege geradeaus überquerend. Der Abzweigung »SH« nach links folgen wir nicht, gehen stattdessen weiter geradeaus und wählen erst die nächste Möglichkeit links aufwärts **(10)** (»Grüner Balken«). Oberhalb des Waldrandes nehmen wir einen Feldweg nach rechts. Wir halten uns nahe an der Hangkante, biegen erst bei einer Gabelung von Feldwegen (!) mit dem »Grünen Balken« links ab **(11)** und betreten wieder Wald. Wo die Fahrspur rechts abknickt, geht es geradeaus – nun mit dem »Roten Balken« – auf einem schmalen Pfad weiter. Bei den weiteren Verzweigungen orientieren wir uns am »Roten Balken«, der uns zu verschiedenen Aussichtspunkten und Trockenhängen führt.

Bei einer T-Kreuzung **(12)** (wo auch der »Grüne Balken« wieder auftaucht) geht es nach rechts und im Linksbogen abwärts. Dahinter aufpassen: Wir biegen mit dem »Roten Balken« links auf den aufwärtsführenden Pfad ab **(13)** und wählen auf der Höhe bei einer T-Kreuzung den schmalen, rechten Pfad **(14)**. Der »Rote Balken« bringt uns nun zunächst eben, dann mit Gefälle zurück zum **Ausgangspunkt (1)**.

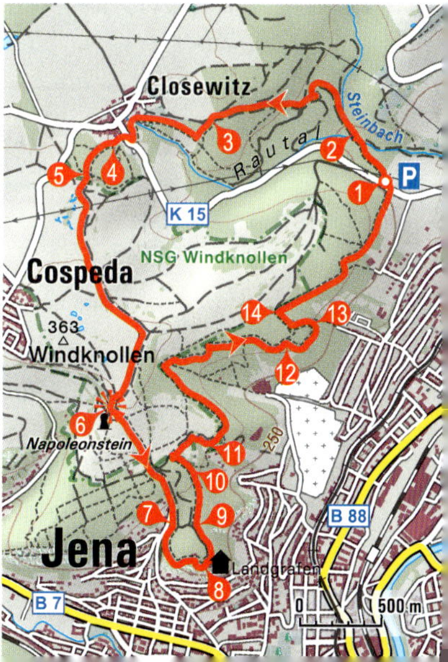

35 Bad Sulza und Sonnendorf

1.45 Std.

Spaziergang zu den westlichsten Weinbergen der Saale-Unstrut-Weinregion

Bad Sulza blickt auf zwei Traditionen zurück, die auf den ersten Blick so gar nicht zusammenzupassen scheinen: Salzgewinnung und Weinanbau, eine Kombination, die allein in Gedanken die Geschmacksnerven in Aufruhr versetzt. In der Landschaft harmonieren die beiden aber nicht nur unaufgeregt miteinander, sondern begründen auch die neuerliche Blüte dieses Kurorts, der sich auch als »Toskana Thüringens« bezeichnet (merke: Nichts geht über einen griffigen Werbeslogan!). Bei diesem Spaziergang spannt sich der Bogen vom Gradierwerk Louise am Beginn und am Ende der Wanderung zu den Weinbergen und -gütern auf den Höhen, die den südwestlichsten Zipfel der Weinregion Saale-Unstrut markieren.

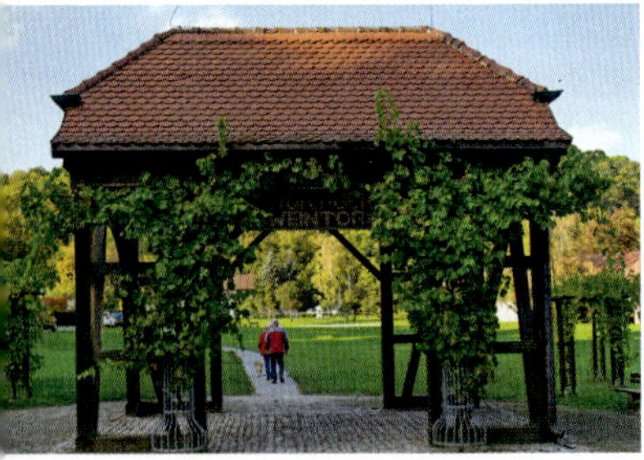

Ausgangspunkt: Parkplatz an der Ilm. Von der Ortsmitte von Bad Sulza in Richtung Naumburg fahren. Unmittelbar vor der Brücke über die Ilm (Albert-Lindner-Straße) links auf den Parkplatz abbiegen.
Höhenunterschied: 150 Hm.
Anforderungen: Einfacher Spaziergang auf Feldwegen, breiten Waldpfaden und kleinen Teerstraßen.
Einkehr: Restaurant und Café Sonnenburg.
Karte: 62 Östliches Thüringer Becken, Unteres Unstruttal.

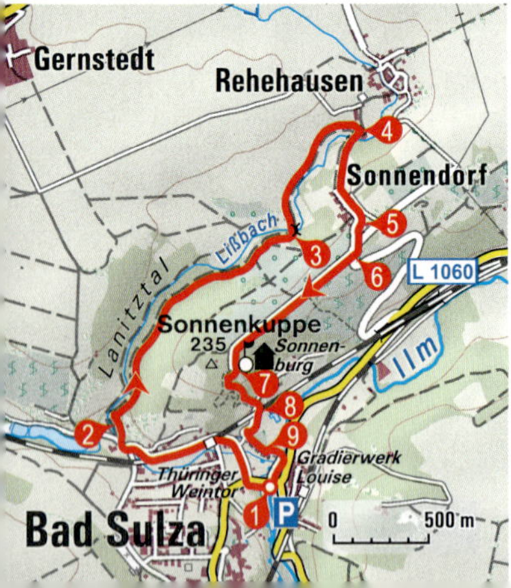

Mit dem Parkplatz im Rücken wenden wir uns an der Einfahrt **(1)** nach rechts und biegen nach 50 m rechts auf einen Fußweg ab. Durch das **Weintor** (siehe Foto links oben) laufen wir am Gradierwerk vorbei und weiter geradeaus. Abzweigungen nach rechts oder links lassen wir unbeachtet, vielmehr folgen wir der Straße über die Bahngleise, wo sie in das Sträßchen Unter den Sonnenbergen übergeht und links abknickt. Kurz nachdem von links die Gernstedter Straße einmündet, wählen wir vor einem kleinen Bach rechts

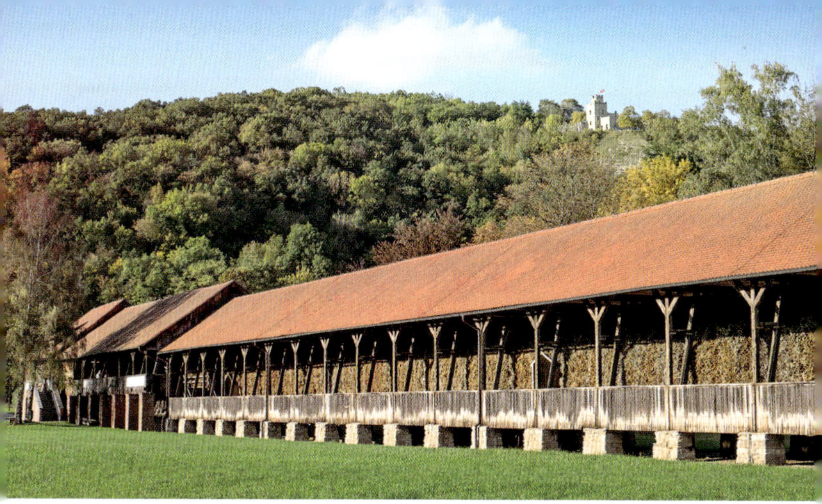

Zwei Tourhighlights im Blick: Gradierwerk Louise und Sonnenburg.

den Feldweg ins **Lanitztal (2)**. Ihm bleiben wir entlang des bewaldeten Tals treu, ohne uns von Pfaden aufwärts ablenken zu lassen.

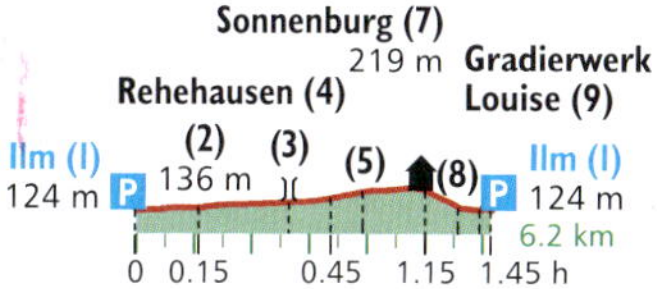

Hinter den Quellfassungen des Wasserwerks wird aus dem Feldweg eine Fahrspur, die den Bach nach Nordosten begleitet. Eine Zeitlang wandern wir unterhalb einer Obstwiese entlang, bevor wir an einem Waldrand den **Lißbach** auf einer Brücke nach links überqueren **(3)**. Anschließend geht es auf der nordwestlichen Talseite weiter bis 20 m vor dem Ortsschild von Rehehausen. Hier biegen wir scharf rechts ab **(4)**, kreuzen das Tal unterhalb der Kläranlage und steigen hinter einem Steg geradeaus den Hang hinauf nach **Sonnendorf (5)**.

Wir laufen durch den Ort hindurch und wenden uns auf dem Teersträßchen auf der Höhe rechts **(6)**. Auf dem Höhenrücken gelangen wir – an den südwestlichsten Weinanbauflächen der Weinregion Saale-Unstrut (linker Hand) vorbei – in einen Wald und zu einem Parkplatz, hinter dem wir die linke Wegoption nehmen. Auf ihr kommen wir zur **Sonnenburg (7)**. Rechts davor finden wir den Einstieg zu einem Waldpfad, der uns mit angenehmem Gefälle in Serpentinen durch Eichenwald hinunter ins Tal bringt. Auf dem Asphaltweg am Hangfuß rechts **(8)**. Auf Höhe des **Gradierwerks Louise** biegen wir links ab, gehen vor dem Gebäude entlang **(9)** und erreichen so einen Steg, von dem aus wir den **Parkplatz (1)** rechts vor uns sehen können.

36 Via Regia und Buttstädter Camposanto

3.45 Std.

Weite Fluren, Obstbaumalleen und ein Renaissance-Kleinod

Wer das Gegenteil eines Waldspaziergangs sucht, wird bei dieser Tour fündig: Über die weiten Fluren und entlang der riesigen Felder des östlichen Thüringer Beckens geht es nach Buttstädt, einem Marktstädtchen mit langer Tradition. Die Weite der Ackerlandschaft wird durch charakteristische Obstbaumalleen gegliedert, die ihren Charme vor allem zur Blütezeit im Frühling und zur Reifezeit im Oktober (wo man genügend Zeit zum Probieren des Fallobstes einplanen sollte) entfalten. Auch historisch Bedeutsames ist zu vermelden: Zunächst folgt der Tourverlauf nämlich einer historischen Via Regia, einer ehemals privilegierten Handelswegeverbindung (hier derjenigen zwischen Mainz über Leipzig nach Breslau). Unbestreitbarer Höhepunkt dieser Tour und ein ausgewiesenes Schmuckstück ist der Camposanto von Buttstädt, ein Friedhof im Renaissancestil mit Arkaden und Grabmalen aus dem 16. bis 19. Jh. Er ist einer von nur noch drei derartigen Friedhöfen in Deutschland.

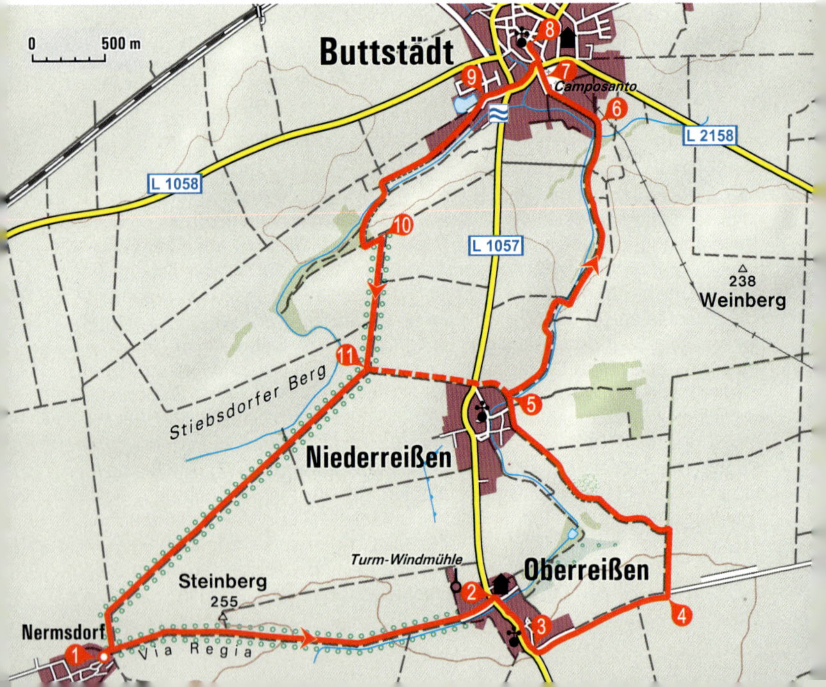

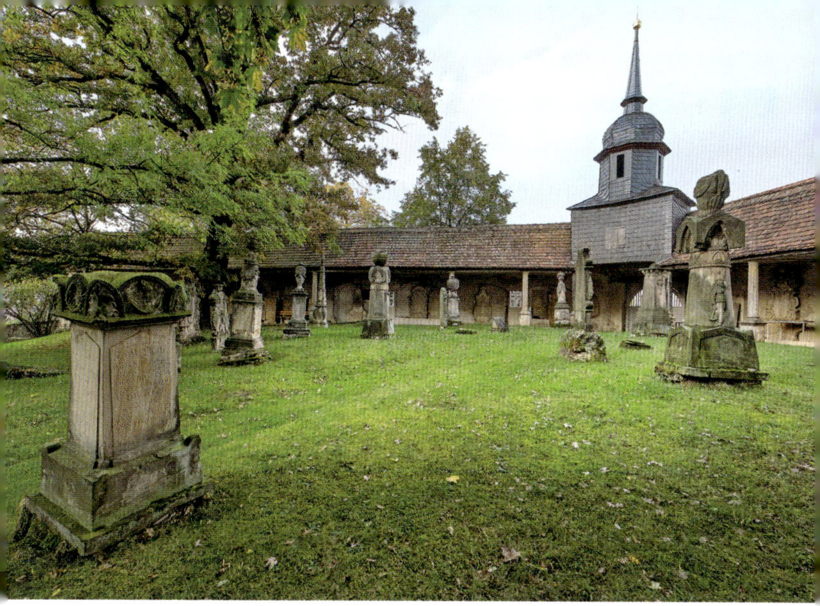

Arkaden und Grabmale aus der Renaissance kennzeichnen den Camposanto.

Ausgangspunkt: Nermsdorf. Auf der mehrfach abknickenden Hauptstraße bis zum östlichen Ortsrand von Nermsdorf fahren und seitlich auf dem Grünstreifen parken. – Bei Anfahrt mit ÖNV: Start in Oberreißen.
Höhenunterschied: 150 Hm.
Anforderungen: Einfache Wanderung ohne größere Höhenunterschiede überwiegend auf Feldwegen und Fahrspuren (die bei Nässe streckenweise matschig sein können), untergeordnet auf Straßen. Es sind keine Wegweiser und Markierungen vorhanden.
Einkehr: »Zur schönen Aussicht« in Oberreißen, mehrere Möglichkeiten in Buttstädt (200 m abseits des Wegs).
Variante: Wer eine kürzere Runde bevorzugt, parkt am östlichen Ortsrand von Niederreißen (5) und kehrt von WP 11 direkt zu diesem Ausgangsort zurück. Tour dann ca. 7,5 km lang (auch für Kinder geeignet).
Hinweis: Der Camposanto ist abgeschlossen. Den Schlüssel kann man bei Familie Reiche ausleihen (telefonisch vorher anmelden unter +49 36373 90196).
Karte: 62 Östliches Thüringer Becken, Unteres Unstruttal.

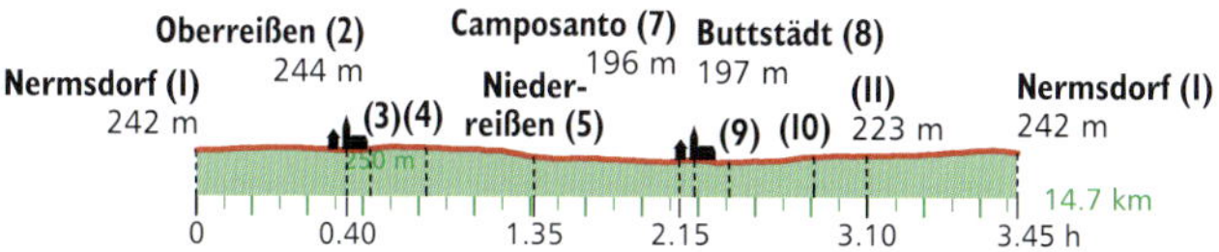

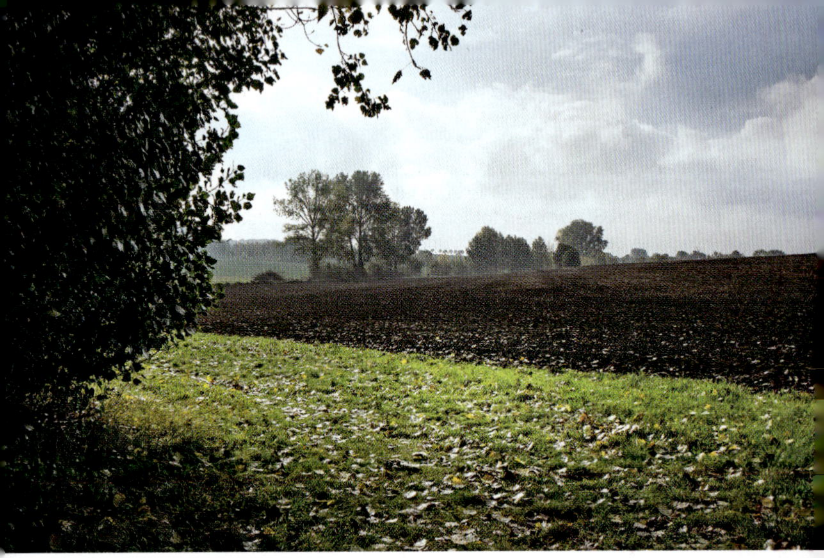

Wer entlang weiter Felder wandern will, wird bei dieser Tour fündig.

Vom östlichen Ortsrand von **Nermsdorf (1)** starten wir auf dem mittleren der drei abgehenden Feldwege, und zwar an einem Ortsschild vorbei, das das Zwischenziel Oberreißen in 3 km Entfernung ankündigt. Wir marschieren unter alten Obstbäumen auf der historischen **Via Regia** entlang, gehen in der Ortsmitte von **Oberreißen** auf der Hauptstraße rechts **(2)** und nehmen hinter dem Ortsrand die Straße nach links in Richtung **Willerstedt (3)**. Nach etwa 1 km, an einer Baumhecke, biegen wir links auf einen Feldweg ab **(4)**. Nach wenigen Hundert Metern wählen wir den ersten Feldweg nach links. Er führt auf ein Wäldchen zu und rechts an ihm entlang. Wir durchqueren einen Gehölzstreifen, wandern oberhalb an einem Tälchen entlang und erreichen abwärts **Niederreißen**. Am östlichen Ortsrand halten wir uns halb rechts und entdecken am tiefsten Punkt, hinter einem Graben, eine Fahrspur nach rechts **(5)**.

Wir laufen am Graben entlang, ignorieren eine erste Überfahrt und wechseln kurz hinter seinem Rechtsknick mittels einer zweiten Überfahrt auf die andere Grabenseite, wo wir nach 30 m eine Fahrspur nach links entdecken, die den Graben mit etwas Abstand parallel nach Nordosten begleitet. Der stellenweise überwachsene Weg mutiert zum Feldweg, auf dem wir – querende Feldwege ignorierend – jeweils die Richtung beibehalten. Hinter den ersten Grundstücken einer Kleingartenanlage (bzw. 100 m vor einer Hochspannungsleitung) biegen wir links ab **(6)**.

Am Ortsrand von Buttstädt wählen wir die Straße Am Alten Friedhof nach rechts. Nach wenigen Schritten entdecken wir den **Camposanto** linker Hand **(7)**. Dahinter kommen wir zur Kreuzung mit der Niederreißener Straße und können geradeaus einen Abstecher zum **Marktplatz** von **Buttstädt (8)** machen, bevor wir zur Kreuzung zurückkehren und der Niederreißener Straße abwärts nach Südwesten folgen. Jenseits der Hauptstraße laufen wir geradeaus in die Scheltgasse hinein und nehmen am **Schwimmbad** den Feldweg halb links **(9)**.

An einem Kreuzungspunkt nach knapp 1 km wenden wir uns nach links und folgen hinter dem Graben einer Kurve nach rechts. Bei der nächsten Gabelung wählen wir die Fahrspur halb links aufwärts. An der Hangoberkante biegen wir links und nach knapp 200 m scharf rechts ab **(10)**. Nach 1 km, an einer Verzweigung **(11)**, schwenkt der Weg etwas nach rechts und führt dann als grasbewachsene Fahrspur schnurgerade und dabei fast unmerklich ansteigend unter einer Apfelbaum-Allee nach Südwesten. Auf der Höhe beschreibt der Weg eine Linkskurve und leitet uns hinab nach **Nermsdorf (1)**.

Im Frühling prächtig, im Herbst verführerisch: Apfelbaum-Allee.

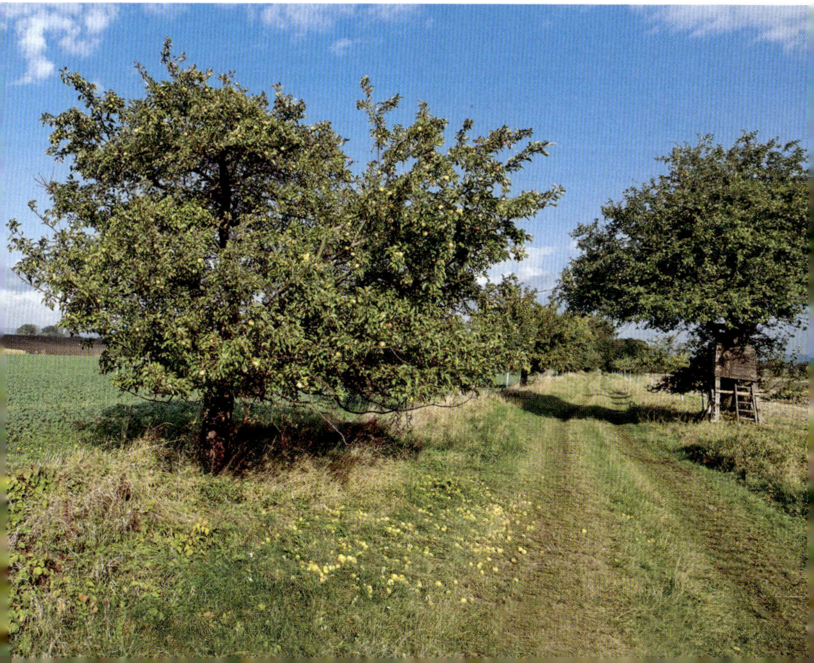

37 Hohe Schrecke

4.30 Std.

Wald mit Alters-, Wiesen- und Ackerfluren mit Aussichtsbonus

Bei der Hohen Schrecke handelt es sich um eine Buntsandsteinscholle, deren Höhen fast durchgehend von dichtem Wald bedeckt sind, wobei Buchenwälder bodensaurer Standorte die größten Flächenanteile einnehmen. Auf der Höhe sorgt der ehemalige Schießübungsplatz der Sowjetarmee für ein Kontrastprogramm, denn er steuert Tümpel, Seggenriede und Sumpfwald bei. Ein Großteil der Hohen Schrecke ist Bestandteil eines Naturschutzgroßprojekts: Die Waldbestände dürfen hier älter werden, als dies im »normalen« Wirtschaftswald der Fall wäre, um gefährdete Alt- und Totholzbewohner – seien es Pilze, Fledermäuse, Vögel oder Insekten – und Arten mit hohen Ansprüchen an unzerschnittene Waldflächen – wie die Wildkatze – zu fördern. Der Rückweg führt durch Acker- und Wiesenfluren und besticht mit einer weiten Aussicht bis hin zum Mittelberg, dem Fundort der »Sonnenscheibe von Nebra«.

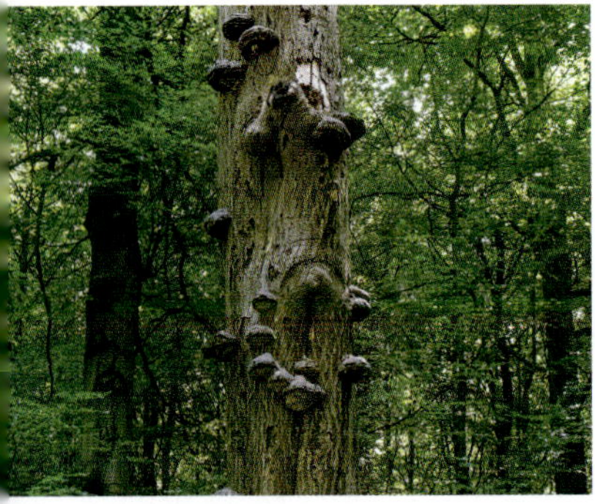

Ausgangspunkt: Garnbach, Wanderparkplatz in der Dorfmitte links. – Bei Anfahrt mit dem Bus: Start in Wiehe (Tour dann ca. 3 km länger).
Höhenunterschied: 400 Hm.
Anforderungen: Einfache Wanderung auf Forstwegen und Fahrspuren.
Einkehr: Gaststätte Wolfstal in Langenroda (500 m abseits des Wegs).
Tipp: Für große und kleine Modelleisenbahnfreunde entfaltet das Modellbahnzentrum Wiehe mit Ausstellungsflächen in fünf Hallenbereichen eine unwiderstehliche Anziehungskraft.
Karte: 62 Östliches Thüringer Becken, Unteres Unstruttal.

Vom **Parkplatz (1)** aus laufen wir weiter in Fahrtrichtung durch das Dorf. Bei einer Verzweigung biegen wir links ab und wandern das **Leintal** entlang, wobei wir nach wenigen Hundert Metern am Freiluftatelier eines Holzbildhauers (»Der Hexenmacher«) vorbeikommen. Bei einer Verzweigung nach 1,5 km bleiben wir halb links auf dem Hauptweg, der gemächlich weiter ansteigt. Am Oberhang schließt sich eine kurze Strecke auf Betonplatten an, bevor der Forstweg einen Linksknick beschreibt, den wir nicht mitmachen; stattdessen nehmen wir einen schmalen Pfad geradeaus **(2)**.
Auf ihm queren wir die ehemalige **Schießbahn**, die heute von Birken, Weiden und Zitterpappeln bestanden und von Sumpfflächen durchzogen ist

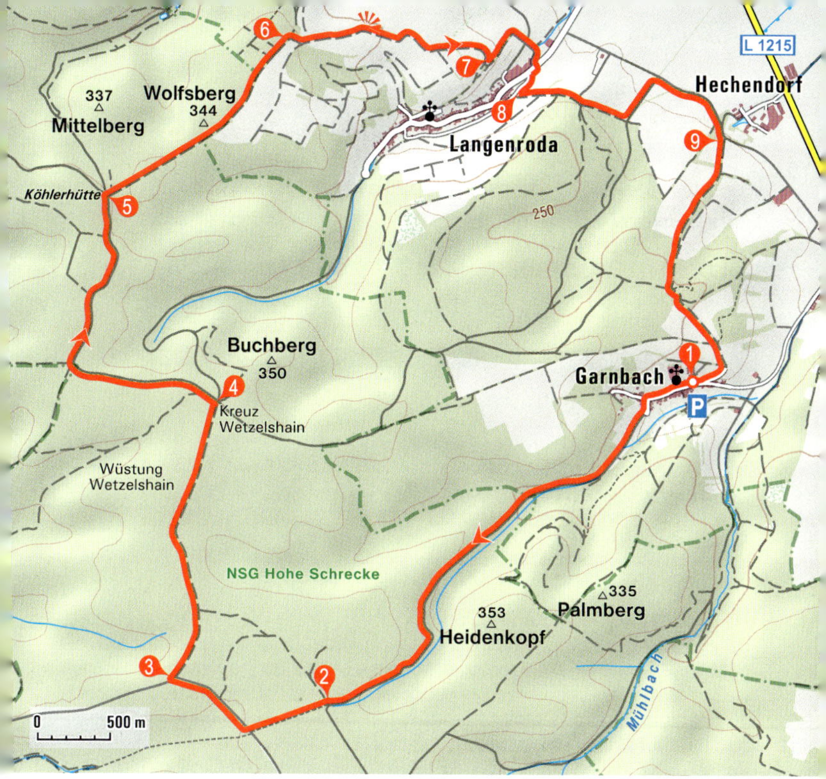

(Weg nicht verlassen!). Wir gelangen auf einen breiten Forstweg und biegen rechts ab. Auch bei der nächsten Verzweigung **(3)** gehen wir rechts (»Köhlerhütte«). Mit geringem Auf und Ab bringt uns der Hauptweg (untergeordnete Wirtschaftswege ignorieren wir) zum **Kreuz Wetzelshain (4)**. Dort links. Bei der gleich anschließenden Gabelung wählen wir die rechte Möglichkeit. Nach 1 km beschreibt der Hauptweg eine scharfe Rechtskurve: Hier lassen wir alle Wege nach links unbeachtet. Nach 1,2 km erreichen wir den Kreu-

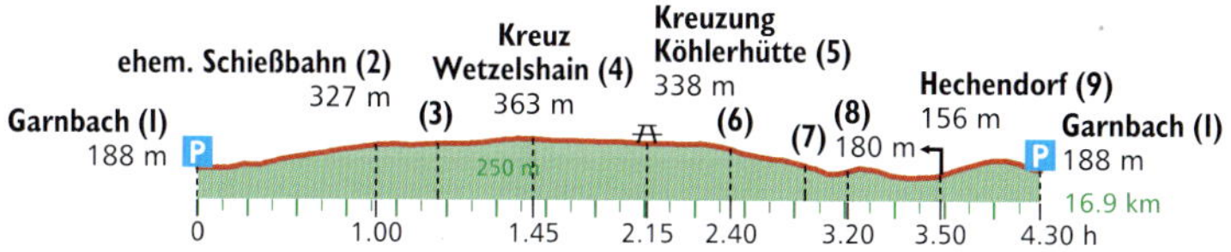

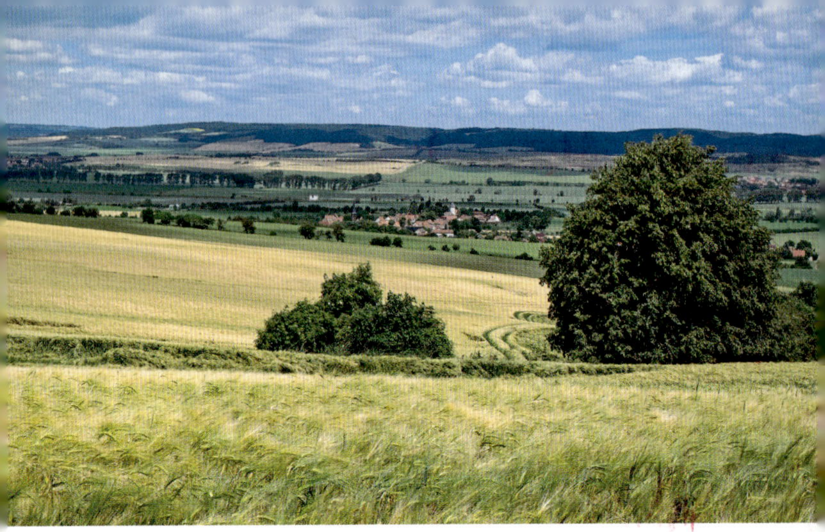

Acker- und Wiesenfluren unterhalb der Hohen Schrecke.

zungspunkt **Köhlerhütte (5)**. Dort biegen wir – ohne Wegweiser – rechts ab. Die Kreuzung gleich dahinter queren wir geradeaus und marschieren etwas aufwärts, wobei uns ein gelegentliches »Gelbes X« begleitet. Schließlich weicht der Wald rechts zurück und wir wandern am Waldrand abwärts. 100 m hinter einem Rastplatz nehmen wir den Feldweg nach rechts **(6)**, folgen ihm aber nicht um die anschließende Linkskurve, sondern finden geradeaus den Einstieg zu einem kleinen Hohlweg, den wir hinabwandern. Eine Abzweigung am Mittelhang interessiert uns nicht. Wo der Weg kräftig nach rechts schwenkt, zweigt eine Fahrspur links ab **(7)**.
Sie bringt uns mit einer Rechtskurve, dann einen Teerweg querend, hinunter ins Tal. Auf der Straße halten wir uns rechts. Dann nehmen wir sowohl den nächsten Teerweg als auch den nächsten Feldweg links **(8)** und ersteigen den Hang. Wieder im Wald setzen wir unseren Weg geradeaus fort, queren dann mit dem »Grünen Kreuz« einen Forstweg und verlieren an Höhe. Beim nächsten Feldweg links und auf der Teerstraße rechts.
Wir passieren **Hechendorf** oberhalb und entscheiden uns nach einer Einmündung von links für einen beschilderten kleinen Hohlweg (»Parkplatz Garnbach«) rechts aufwärts **(9)**. Ihm bleiben wir – mit dem »Gelben Punkt« – treu bis hinauf an den Waldrand, wo wir geradeaus den Wald betreten. Auf einer kleinen Verebnung entdecken wir einen Wegweiser nach links (»Garnbach«) und kreuzen nach einem Rechtsknick einen Querweg geradeaus. Nun geht es durch Offenland geradeaus hinab nach **Garnbach (1)**.

4.00 Std.

Zwischen Beichlingen und Segelberg

38 TOP

Entdeckungen am nördlichen Rand des zentralen Thüringer Beckens

Große und kleine Attraktionen interpunktieren diese abwechslungsreiche Runde durch das leicht bewegte Offenland am Nordrand des zentralen Thüringer Beckens: In Beichlingen befindet sich ein veritables Schloss, und mit einem Abstecher zum Weißen Berg kann man – mitten im Grünen – auch die Grabstätte seines vormaligen Besitzers besuchen. Zwei Windmühlen unterschiedlichen Typs liegen ebenfalls am Weg und die mit wenigen Schritten überquerten Spatenberge (bei denen es sich wohl um die kleinsten Berge Thüringens handeln dürfte) tun sich mit ihrer Steppenrasenvegetation hervor. Auch Ausblicke kommen nicht zu kurz, sei es von dem auf halber Höhe verlaufenden Weg nach Beichlingen, von der Höhe oberhalb Altenbeichlingens oder vom Segelberg.

Ausgangspunkt: Hemleben. Von Westen kommend auf der Hauptstraße durch das Örtchen hindurchfahren. Wo die Hauptstraße am östlichen Ortsrand scharf links abknickt, auf einem Betonweg geradeaus halten und auf dem Seitenstreifen parken. – Bei Anfahrt mit ÖNV: Start in Schillingstedt.

Höhenunterschied: 260 Hm.

Anforderungen: Einfache Wanderung auf Feldwegen und Fahrspuren, abschnittsweise etwas überwachsen. In den Ortschaften auf Hartbelag.

Einkehr: Schlossrestaurant Beichlingen (nur Sa+So mittags geöffnet), »Weißes Roß« in Schillingstedt (ca. 500 m abseits).

Variante: Eine kürzere Tour ergibt sich bei Verzicht auf den Abstecher zum Grafengrabmal und Rückkehr von WP 8 direkt nach Hemleben: ca. 12 km.

Karte: 62 Östliches Thüringer Becken, Unteres Unstruttal.

Klatschmohn wirkt als Blickfang in einem Feld bei Hemleben.

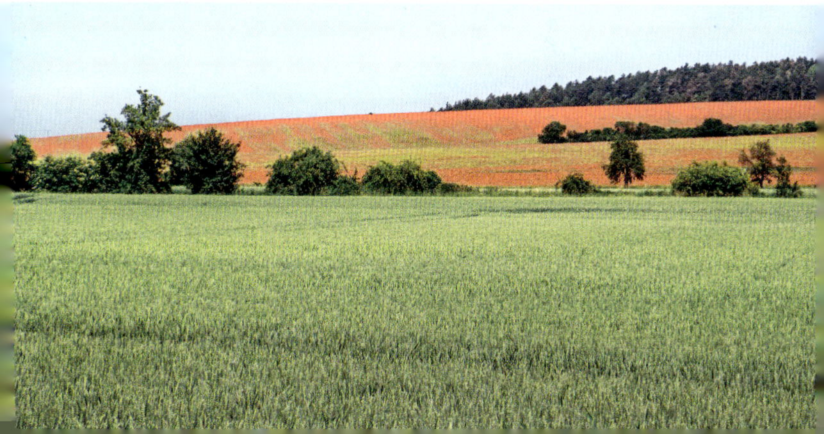

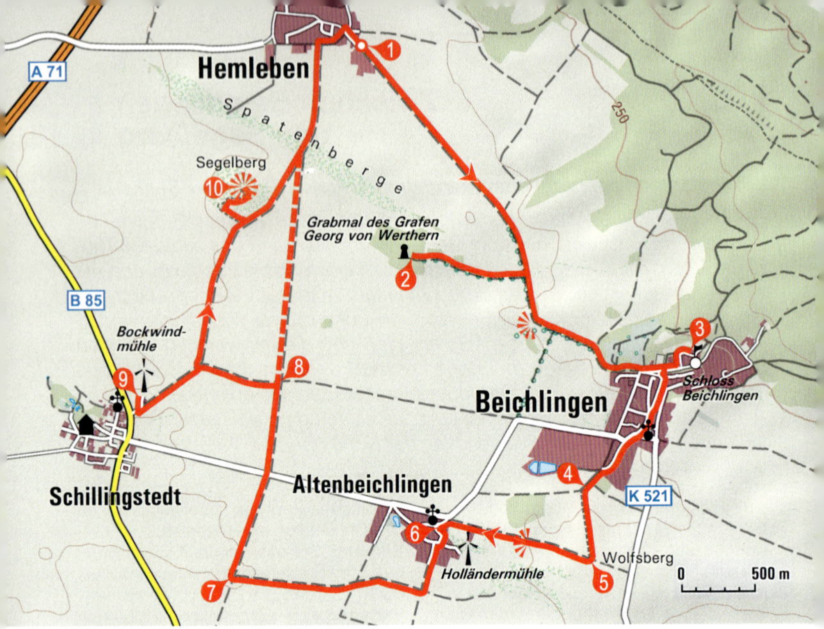

Hinter dem östlichen Ortsrand von **Hemleben (1)** geht der Betonweg nach Kurzem in eine Fahrspur über. Ihr folgen wir auf den nächsten 2 km geradeaus, dabei mehrere von links einmündende Wege ignorierend, bevor wir bei einer Kreuzung die Gelegenheit haben, nach rechts einen Abstecher zum **Grabmal des Grafen von Beichlingen** auf dem **Weißen Berg (2)** zu machen (Wegweiser beachten – hin und zurück 1,6 km). Anschließend setzen wir den Weg geradeaus fort und erreichen, nachdem mehrere Wege von links einmünden, hinter einer Linkskurve den Ortsrand von **Beichlingen**. Dort orientieren wir uns oberhalb eines Wanderparkplatzes auf der befestigten Straße halb links aufwärts und gelangen nach 200 m zum **Schloss**, das wir durch das Torhaus links **(3)** betreten.

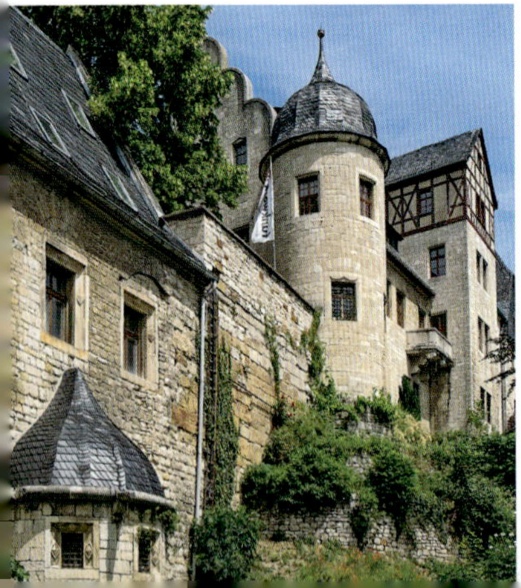

Schloss Beichlingen.

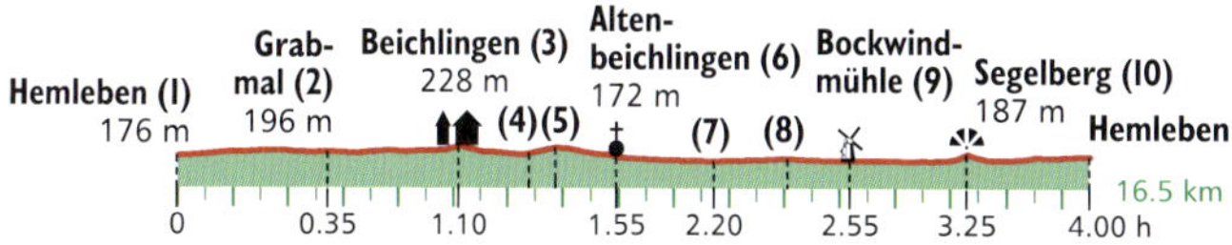

Zurück zum Wanderparkplatz auf demselben Weg. Von dort flanieren wir auf der Straße des Friedens nach Süden hinab. Sie wird zur Hauptstraße, der wir weiter geradeaus folgen. Wo sie rechts abknickt, bleiben wir der bisherigen Richtung treu (Südstraße). Hinter dem Ortsrand, wo wir uns halb links halten, mutiert die Straße zum Feldweg. Anschließend geht es wenige Meter geradeaus bergan (»Reitweg 1«), bevor wir halb links auf eine etwas überwachsene Fahrspur unter einer Baumreihe **(4)** abbiegen (ohne Wegweiser) und den Hang ersteigen. Auf der Höhe des Wolfsbergs nehmen wir den Pfad nach rechts **(5)**.

Wir spazieren in einem heckengesäumten Hohlweg abwärts, passieren die **Holländermühle** und kommen nach **Altenbeichlingen**. Auf der Teerstraße gehen wir links und wählen vor der Kirche links die Tischlergasse **(6)**. Am Hangfuß biegen wir zunächst rechts und gleich darauf in die Hintergasse links ab. 200 m hinter dem Ortsrand nehmen wir den Feldweg nach rechts, queren einen Teerweg geradeaus und entscheiden uns bei der nächsten Möglichkeit für den Feldweg nach rechts **(7)**. Die K 521 überqueren wir geradeaus, gelangen nach knapp 600 m an eine Kreuzung **(8)** und marschieren auf dem Grasweg nach links. Wir erreichen eine T-Kreuzung. Erneut wenden wir uns von hier aus nach links, wenn wir einen Abstecher zur **Bockwindmühle** von **Schillingstedt (9)** machen wollen. Anschließend kehren wir hierher zurück und wandern auf der Fahrspur nach Norden, auf den **Segelberg** zu. An seiner Südostflanke haben wir die Gelegenheit, einen Abstecher nach links zu machen und ihn über seinen Südhang zu ersteigen **(10)**. Danach geht es auf dem breiten Feldweg weiter nach Nordwesten, wobei wir mit wenigen Schritten die **Spatenberge** mit ihrer Steppenrasen-Vegetation durchqueren (Infotafel). Am Ortsrand von **Hemleben** biegen wir ebenso rechts ab wie an der folgenden Kreuzung, wo wir den **Ausgangspunkt (1)** wieder vor uns haben.

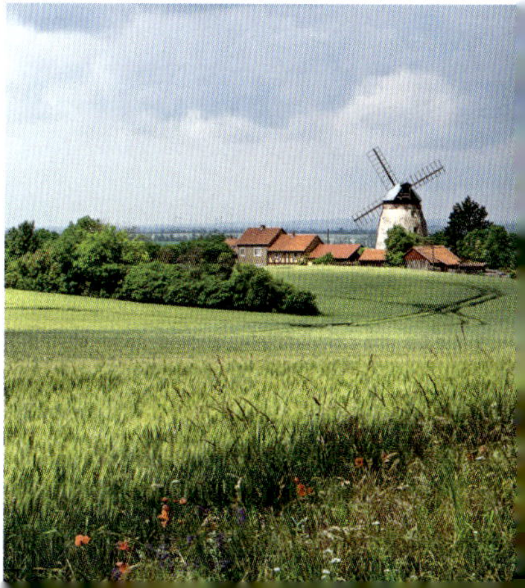

Holländermühle in Altenbeichlingen.

39 Mühl- und Helbetal bei Großenehrich

3.45 Std.

(Bach-)Kurven und (Fachwerk-)Ecken im zentralen Thüringer Becken

Dass das zentrale Thüringer Becken mehr zu bieten hat als Ackerflächen, beweist diese Tour. Die Helbe und ihre Seitenbäche haben sich hier nämlich tief in die Keupergesteine eingegraben und mäandrierende Täler geschaffen, die eine Erkundung geradezu herausfordern. Die Fließgewässer werden von Galeriewäldern begleitet, in denen unter anderen Kuckuck und Pirol ihre charakteristischen Rufe ertönen lassen. An den Hängen wechseln sich Magerrasen, kleine Wäldchen und ausgedehnte Streuobstbestände ab, wobei Letztere im Frühjahr ein großflächiges weißes Blütenmeer bilden. In Großenehrich lohnt das hübsche Fachwerk-Rathaus einen kurzen Blick.

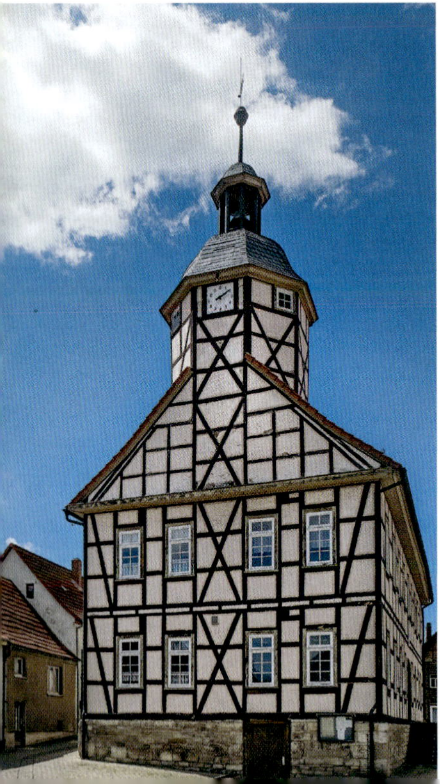

Ausgangspunkt: Wanderparkplatz südwestlich von Wasserthaleben. In Wasserthaleben auf die L 1041 nach Südwesten in Richtung Ebeleben/Großenehrich abbiegen, über die Bahngleise und die Helbe fahren und nach 200 m links parken.
Höhenunterschied: 240 Hm.
Anforderungen: Feldwege und Fahrspuren, die teilweise etwas überwachsen sein können, ca. 2,5 km auf Hartbelag. Bei Hochwasser nicht durchführbar. Da keine Markierungen vorhanden sind, ist etwas Orientierungsvermögen erforderlich.
Einkehr: Stehcafé in der Bäckerei in Großenehrich (nur Mo–Sa), »Zum Frosch« in Wasserthaleben.
Variante: Wer eine kürzere Variante bevorzugt, geht bei WP 4 im Mühltal rechts und wendet sich beim nächsten Feldweg links, um bei WP 6 den beschriebenen Wanderweg wieder aufzunehmen, Tour dann ca. 12,5 km.
Hinweis: Wer Windparks im Sichtbereich einer Wanderung ablehnt, sollte von dieser Tour Abstand nehmen.
Karte: 61 Westliches Thüringer Becken, Mittleres Unstruttal.

Rathaus in Großenehrich.

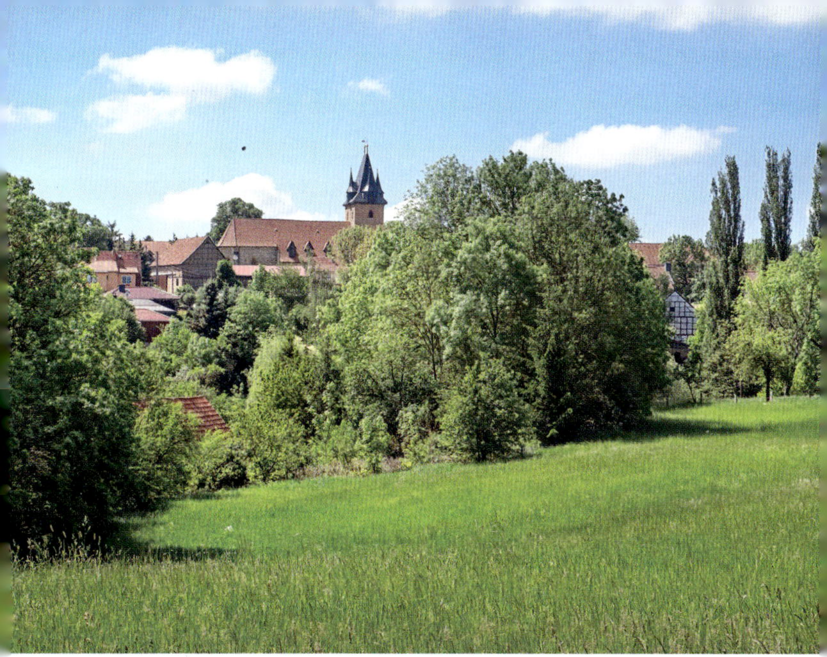

Ländliche Idylle mit Mühltal und Großenehrich als Hauptdarstellern.

Wir verlassen den **Wanderparkplatz (1)** und gehen ein paar Schritte in Richtung Wasserthaleben, wo links vor der Helbebrücke ein Feldweg abzweigt. Nach 500 m schwenkt er von der Helbe weg und begleitet nun den Hangfuß als etwas überwachsene Fahrspur. Wir erreichen den **Schäferstein (2)**, eine alte Grenzmarkierung, biegen spitzwinklig links ab und ersteigen auf einem undeutlichen Wiesenweg den Hang. Oben kurvt der Weg nach rechts und folgt der Hangkante des Mühltals. Bald mausert er sich von der Fahrspur zum Feldweg, der nach einiger Zeit rechtwinklig links abknickt. In dieser Kurve verlassen wir ihn **(3)** und finden die Fortsetzung des Wegs halb rechts als zunächst undeutliche Spur unterhalb eines Ackers.
Dieser Wiesenweg senkt sich schließlich ins **Mühltal** hinab, wo wir den Teerweg nach links einschlagen **(4)**. Mit dem Ortsrand von **Großenehrich** vor uns nehmen wir die Straße links aufwärts, biegen oben auf der Hauptstraße rechts ab und spazieren durch das Örtchen. Wir passieren die Kirche und das **Fachwerk-Rathaus (5)** und wählen danach die zweite Straße rechts (Kapellstraße). Sie bringt uns hinab zum Mühlbach, hinter dem rechts ein Feldweg abzweigt.

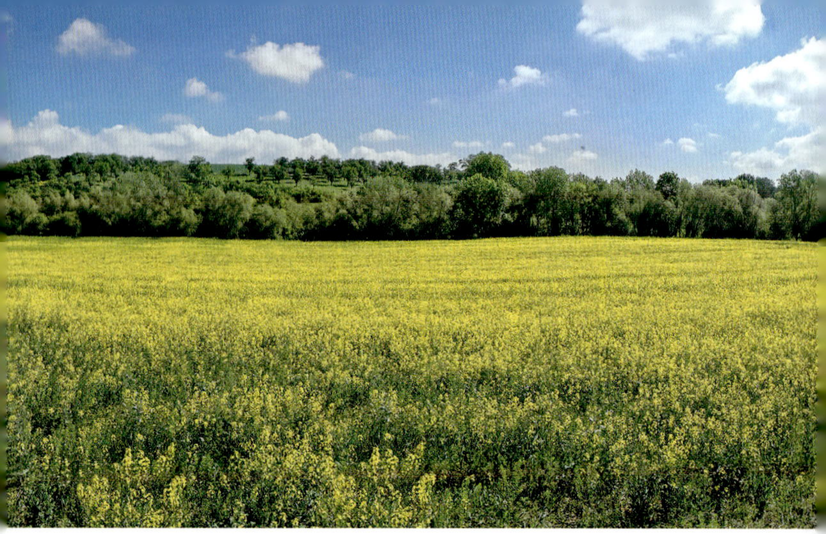

Das Helbetal kleidet sich in frühsommerliches Gelb und Grün.

Nach 250 m entscheiden wir uns erneut für die rechte Möglichkeit, nämlich eine grasbewachsene Fahrspur. Sie mündet mit einer T-Kreuzung in einen Feldweg **(6)**, dem wir links aufwärtsfolgen (»Kirschallee Bliederstedt«). Auf der Höhe marschieren wir auf dem Sträßchen nach rechts **(7)** und erreichen **Bliederstedt**. Hier verlassen wir die links abknickende Hauptstraße, gehen geradeaus in das Dorf hinein und entdecken die Fortsetzung des Wegs direkt unterhalb des Löschteichs **(8)**.
Dort führt ein schmaler Pfad den Hang hinab, kurvt nach links und erreicht die alte Brücke. Von dort geht es geradeaus weiter bis zur Straße. Dort rechts. Wir marschieren unter der Eisenbahnbrücke hindurch, an der **Winkelölmühle** vorbei und in Kurven einen Hang hinauf. Hinter einer Linkskurve dürfen wir die Abzweigung eines Feldwegs nach rechts nicht verpassen **(9)**: Auf ihm gelangen wir hinunter ins Tal und biegen am Hangfuß scharf links ab **(10)**. Am Talrand entlang begleiten wir die **Helbe** flussabwärts, und zwar in einem Dreiviertelkreis rund um den kleinen Umlaufberg.

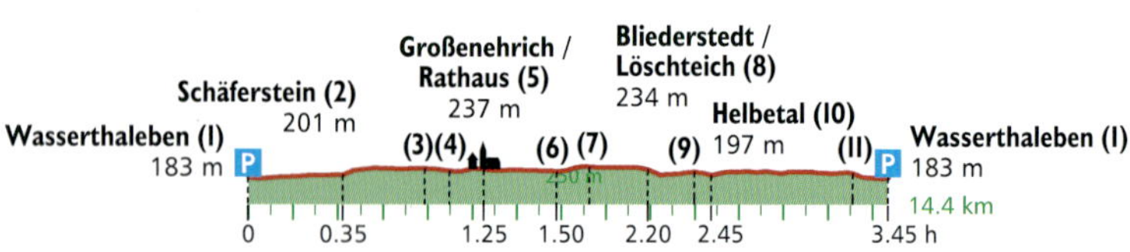

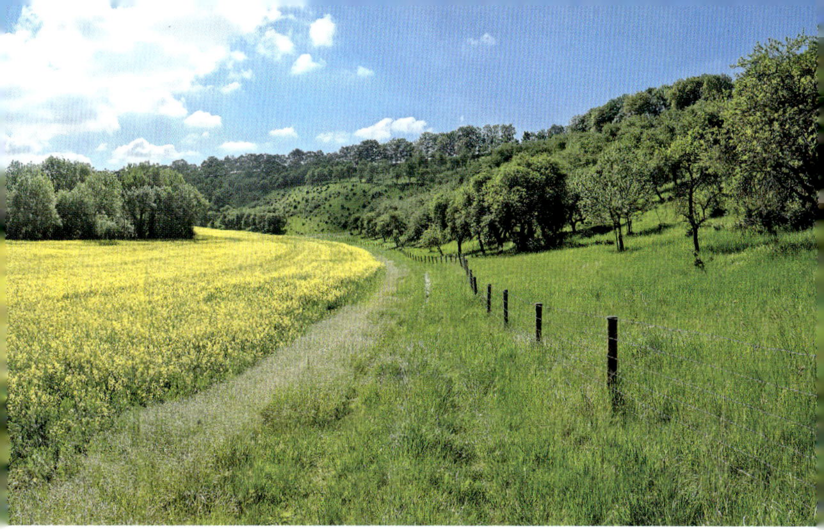

Anschließend durchqueren wir ein Waldstück, hinter dem der Weg nach links aufwärtsschwenkt und dann an der Talflanke entlangführt. 30 m bevor der Feldweg in die Straße mündet, nehmen wir den Wiesenweg schräg abwärts **(11)**. Am Bahnhof von **Wasserthaleben** vorbei kommen wir zu einer Kreuzung, gehen dort rechts und finden uns nach 400 m wieder am **Wanderparkplatz** ein **(1)**.

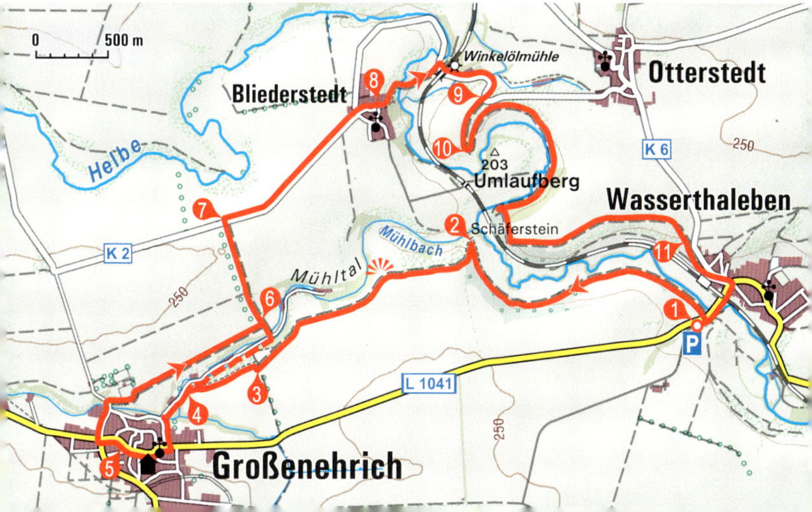

40 Am Wipperdurchbruch

3.00 Std.

Aussichts-, eichen- und orchideenreiche Runde in einem Durchbruchstal

Die Wanderung verbindet unterschiedliche Landschaftstypen und Lebensräume am und im Umfeld des Wipperdurchbruchs. Vom Höhenzug der Hainleite bietet sich eine weite Aussicht nach Süden. Schmale Pfade führen auf dem Rückweg auf halber Höhe durch einen ausgesprochen hübschen Eichenwald, in dem Hirschkäfer ideale Lebensräume finden. Im letzten Drittel der Wanderung geht es zunächst an der Wipper entlang und schließlich über die Süd- und Südwesthänge des schroffen Durchbruchstals hinauf zum Kohnstein, von dem sich der Blick auf die Engstelle des Wippertals öffnet. Diese Hänge sind ein echter Hotspot des Artenreichtums, unter anderem mit dem Vorkommen zahlreicher Orchideenarten.

Ausgangspunkt: Parkmöglichkeit im Rabental. Von Seega 800 m nach Süden fahren und links in einen unmarkierten Feldweg einbiegen, der ziemlich unverhofft auftaucht. Den Feldweg 150 m hinauffahren und rechts bei einem Rastplatz parken. – Bei Anfahrt mit ÖNV: Start in Günserode.

Höhenunterschied: 320 Hm.

Anforderungen: Forst- und Feldwege sowie schmale Pfade und Steige, die streckenweise überwachsen und bei Nässe schmierig sein können. Aufgrund fehlender Wegweiser bzw. Markierung im Mittelteil der Tour ist etwas Orientierungsvermögen erforderlich.

Einkehr: Keine.

Tipp: Nur wenige Kilometer südlich des Wipperdurchbruchs, bei Bilzingsleben, wurden 400.000 Jahre alte Überreste eines Jäger-und-Sammler-Lagers des Homo erectus bilzingslebensis ausgegraben. Das kleine Museum direkt an der Ausgrabungsstelle zeigt die Original-Fundstätte und authentische Fundstücke.

Karte: 56 Südliches Harzvorland und 61 Westliches Thüringer Becken, Mittleres Unstruttal.

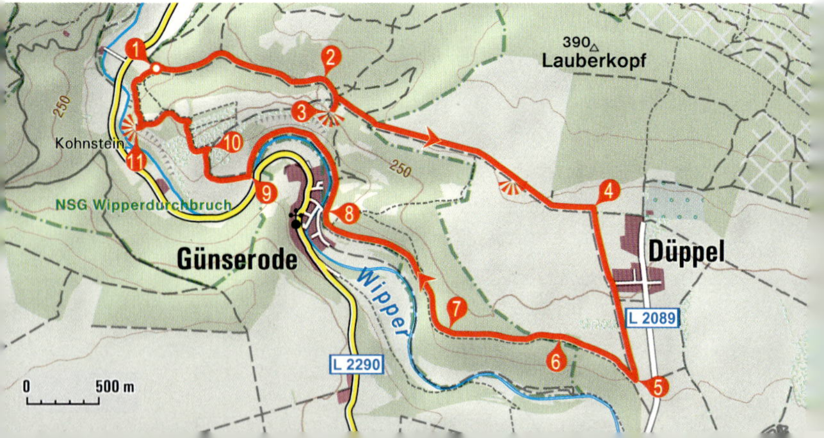

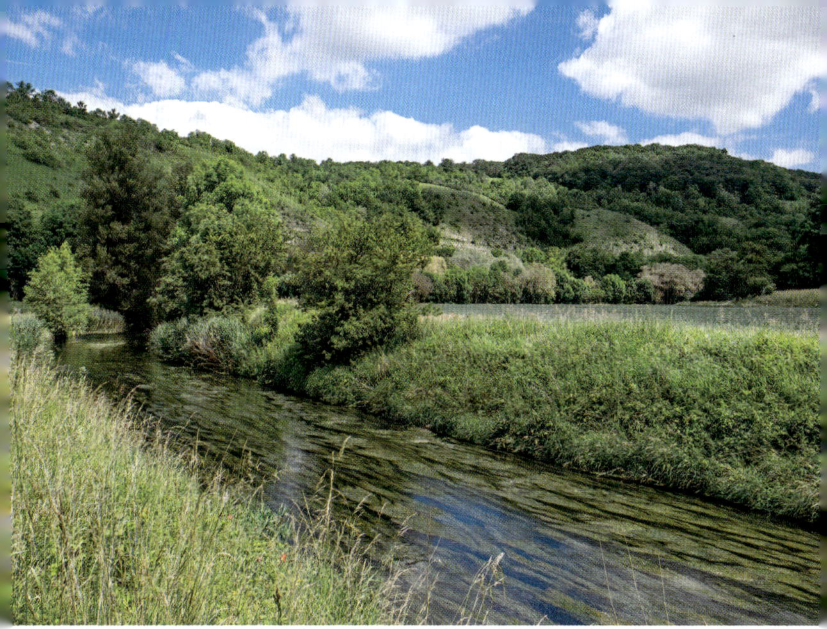

Das Durchbruchstal mit seiner Hauptakteurin, der Wipper.

Von der Parkmöglichkeit im **Rabental (1)** beginnen wir die Tour auf dem Forstweg nach Osten (»Hainleite-Wanderweg«) und biegen nach gut 1 km rechts auf eine aufwärtsführende Fahrspur **(2)** ab (erneut »Hainleite-Wanderweg«). Am Oberhang verlassen wir den Wald und können geradeaus einen Abstecher von knapp 100 m zu einer Raststelle machen, die einen Ausblick über das Tal ermöglicht **(3)**.

Zurück am Ausgangspunkt des kleinen Abstechers geht es am Waldrand entlang aufwärts nach Osten. Hinter einem kleinen Waldstück stoßen wir auf einen Querweg, dem wir nach rechts und dann in einer engen Linkskurve folgen. Nun begleiten wir eine Baumhecke leicht ansteigend nach Südosten. 600 m hinter einem Hochpunkt zweigt ein Feldweg rechts ab **(4)**. Auf der Höhe von **Düppel** biegen wir nicht zum Ort hin ab, sondern nehmen gerade-

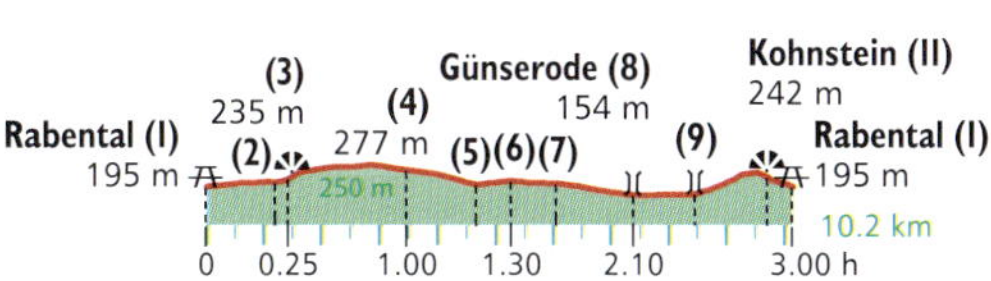

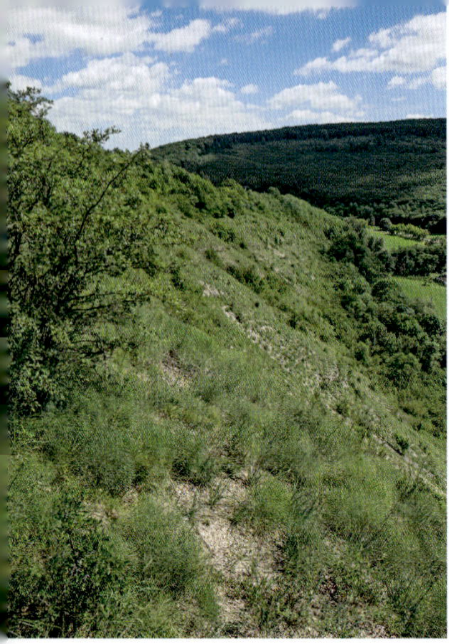

Trockenhänge am Wipperdurchbruch.

aus die Fahrspur hangabwärts. Am Unterhang (etwa 300 m vor der L 2089) treffen wir auf einen Feldweg, der im spitzen Winkel (ohne Markierung) nach rechts führt **(5)**.
Ca. 150 m hinter einem Abschnitt mit Kopfsteinpflaster heißt es aufpassen: Bei einer Gabelung wählen wir die halb linke Möglichkeit und tauchen auf einer Fahrspur in den Eichenwald ein **(6)**. Bei einer Verzweigung im Wald halten wir uns eben geradeaus. Nach weiteren 300 m schwenkt die Fahrspur nach rechts, während wir uns auf einem etwas überwachsenen Pfad geradeaus orientieren **(7)**. Der Steig schlägt einen weiten Rechtsbogen und verliert allmählich an Höhe, wobei wir einen rechts abzweigenden Pfad ignorieren.
Am Unterhang ist der Pfad auf etwa 300 m Länge stark überwachsen (Ausweichmöglichkeit auf der Wiese links), bevor wieder eine normale Wegspur erscheint, die in **Günserode** in eine Straße mündet. Dort rechts. Die **Brücke (8)** überqueren wir nicht, sondern folgen der Wipper flussaufwärts und lassen einen rechts abzweigenden Pfad unbeachtet. In einem ausgreifenden Linksbogen schmiegt sich der Weg zwischen Wipper und die angrenzenden Steilhänge. Auf Höhe der alten Brücke biegen wir rechts auf einen Wiesenweg aufwärts ab **(9)**. Bei einer Kreuzung am Mittelhang **(10)** nehmen wir den hohlwegartig eingesenkten Erdweg links (Orchideensymbol und kleiner Pfeil nach links), der in einem Gehölz nach Westen führt. Mit einer Rechtskurve betreten wir Offenland und steigen zügig entlang von Orchideenwiesen aufwärts. Am Oberhang nimmt uns ein Feldgehölz auf, in dem wir uns bei einer T-Kreuzung links orientieren.
Nun geht es abwechselnd über Lichtungen und durch kleine Gehölze leicht abwärts; einen ersten, rechts abzweigenden Pfad ignorieren wir. Den am Rand eines Gehölzes etwas versteckten Wegweiser »Rabental« in Richtung Norden merken wir uns für später und gehen zunächst – der Aussicht wegen – noch ein paar Schritte geradeaus zum **Kohnstein (11)**. Anschließend folgen wir dem Wegweiser »Rabental« nach Norden. Auf einem Steig verlieren wir zügig an Höhe, folgen unten dem Rechtsbogen und erreichen geradeaus den **Ausgangspunkt (1)**.

3.45 Std.

Südlicher Kyffhäuserrand und Barbarossahöhle

41

Verkarstungserscheinungen und Steppenrasen einer Gipslandschaft

Der südliche Kyffhäuserrand besteht aus Gipsgesteinen des Zechsteins, die zahlreiche Karsterscheinungen wie Dolinen, Auslaugungstäler und Höhlen aufweisen, von denen die Barbarossahöhle mit ihren skurrilen Formen aus Gipsgestein und ihren unterirdischen Seen die bekannteste ist. Zudem gehört der Kyffhäuserrand zu den trockensten Gebieten Deutschlands: Die Standortbedingungen seiner steilen Südlagen sind zu extrem für die Ansiedlung von Gehölzen, sodass die Hänge zu den natürlich waldfreien Bereichen zählen. Dort findet sich eine Steppenrasenvegetation mit zahlreichen gefährdeten Arten; im Juli und August stechen vor allem die Federgräser mit ihren langen, im Wind schwingenden Grannen ins Auge. Der Rückweg führt an der Kleinen Wipper entlang, einem künstlich angelegten Wasserlauf, in dem im Mittelalter Wasser für die Frankenhausener Mühlen und die Solegewinnung herangeführt wurde und der heute als Eldorado für Grünfrösche und Libellen fungiert.

Eine Kastanienallee begleitet den Weg oberhalb von Bad Frankenhausen.

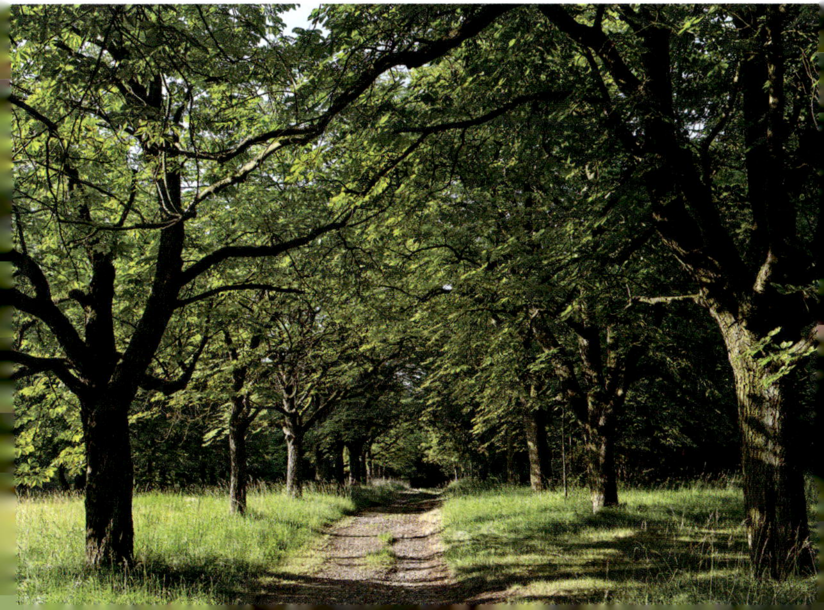

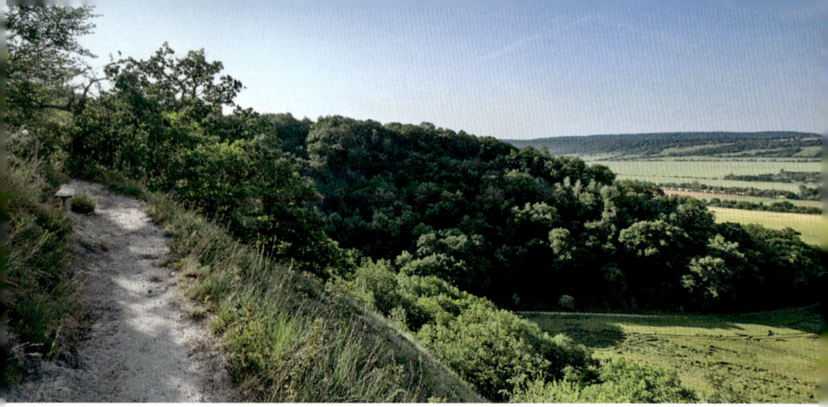

Der südliche Kyffhäuserrand ist bekannt für seine Steppenrasen.

Ausgangspunkt: Goethestraße in Bad Frankenhausen. Von Westen kommend in Bad Frankenhausen links auf die B 85 Richtung Kelbra und nach 50 m rechts in der Goethestraße am Straßenrand parken.
Höhenunterschied: 350 Hm.
Anforderungen: Fahrspuren, Forst- und Wiesenwege sowie schmale Pfade am Hang, die bei Nässe schmierig sein können. In Bad Frankenhausen Hartbelag.
Einkehr: Kiosk und Bewirtung an der Barbarossahöhle.

Varianten: 1. Westliche Runde zur Barbarossahöhle: Im Umfeld von WP 10 parken, dem Weg in Richtung Rathsfeld bis WP 6 folgen und ab da weiter wie beschrieben, Tour dann ca. 6 km (einfach – »blau«), für Kinder geeignet.
2. Östliche Runde: Beschreibung folgen bis WP 6, dort links abbiegen und abwärts laufen zu WP 10, von da weiter wie beschrieben, Tour dann 9,5 km (mittel – »rot«), für Kinder geeignet.
Karte: 56 Südliches Harzvorland.

Wir laufen die Goethestraße zurück zur Einmündung und sehen gegenüber das Sträßchen **Am Hoheneck (1)**, dem wir aufwärtsfolgen. Nach wenigen Metern lotst uns der »Grüne Querbalken« auf einen Pfad geradeaus. Auf ihm wandern wir zunächst durch Wald, dann in einer Kastanienallee den Hang hinauf. Am oberen Ende der Allee setzen wir unseren Weg kurz auf befestigtem Untergrund fort, bevor uns ein Wegweiser »Rundweg 4« bzw. »Kyffhäuserweg« halb links in den Wald schickt **(2)**. Ein weiteres Mal links geht es nach 300 m **(3)**. Jetzt sind wir auf einem schmalen Pfad unterwegs, der zuerst durch Buchenwald abwärtsführt und dann offene Steppenrasen unterhalb der **Kattenburg** passiert.
Am Hangfuß wenden wir uns auf dem Forstweg nach links und nehmen die nächste Möglichkeit rechts **(4)** (jeweils »Grüner Querbalken«). Nach 250 m heißt es aufpassen: Wir dürfen die Abzweigung nach links nicht verpassen **(5)**. Anschließend marschieren wir auf einer Fahrspur geradeaus weiter (nicht rechts abbiegen). Mit geringem Anstieg gelangen wir an eine Mehrfach-Wegkreuzung, die wir geradeaus überqueren (Markierung beachten).

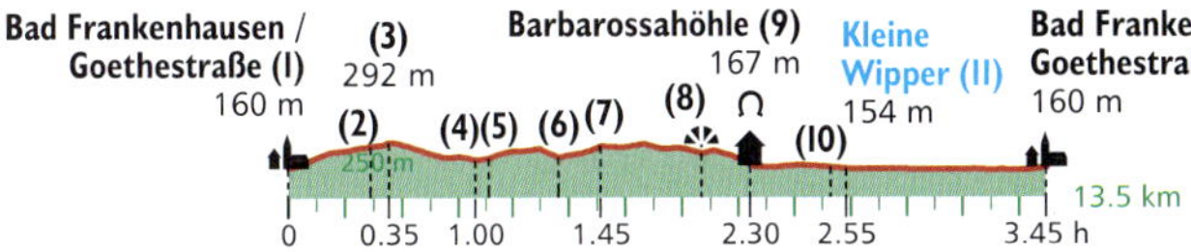

Nach Kurzem senkt sich der Pfad und wir verlieren deutlich an Höhe. Am Hangfuß lassen wir eine Fahrspur nach rechts unbeachtet und nehmen erst 50 m dahinter einen breiten Forstweg **(6)** nach rechts (erneut »Grüner Querbalken«). Nach etwa 700 m wählen wir nach etwas Höhengewinn und mit einer Lichtung (»Ruheplatz«) in geringer Entfernung vor uns einen im spitzen Winkel links abzweigenden Weg **(7)** (»Barbarossahöhle«). Auf ihm geht es durch kleinräumig kupiertes Waldgelände. Er mündet mit Abwärtstendenz in einen offenen Steppenrasen, an dessen unterem Rand wir links einen Abstecher zu einem **Aussichtspunkt (8)** machen können (hin und zurück 500 m). Zurück vom Abstecher, tauchen wir erneut in den Wald ein und folgen dem Pfad abwärts. Bei Gabelungen orientieren wir uns rechts und erreichen am Hangfuß die **Barbarossahöhle (9)**.

Am Gebäude gehen wir links und gelangen auf einen breiten Feldweg, der am Hangfuß entlangführt. Eine Abzweigung nach rechts ignorieren wir, marschieren geradeaus bis zu einer T-Kreuzung und biegen dort rechts ab **(10)**. Auf der Landesstraße halten wir uns ebenfalls rechts. Nach 100 m wenden wir uns nach links **(11)** und begleiten die **Kleine Wipper** auf Wiesenwegen durch Offenland und innerorts auf befestigtem Untergrund nach **Bad Frankenhausen**. Im Ort biegen wir auf die Nordhäuserstraße (B 85) links ab und folgen ihr geradeaus den Hang hinauf. Nach 50 m haben wir die Goethestraße rechter Hand erreicht **(1)**.

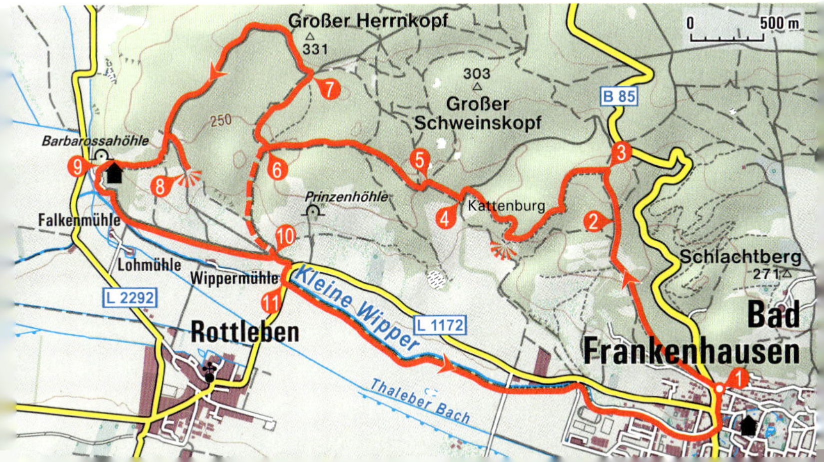

TOP **42**

Nördlicher Kyffhäuser und Goldene Aue

4.45 Std.

Das kleinste Mittelgebirge Deutschlands und sein nördliches Vorland

Unterhalb des Hauptkamms des kleinsten Mittelgebirges Deutschlands hat die Wanderung zunächst das Kyffhäuser-Denkmal und die Obere und Untere Kyffhäuserburg zum Ziel, hangabwärts wird dann die Königspfalz von Tilleda erreicht. Diese Attraktionen interpunktieren eine kurzweilige Runde durch lichtdurchfluteten Eichenwald, durch alte Streuobstbestände und entlang des Talrandes der Goldenen Aue.

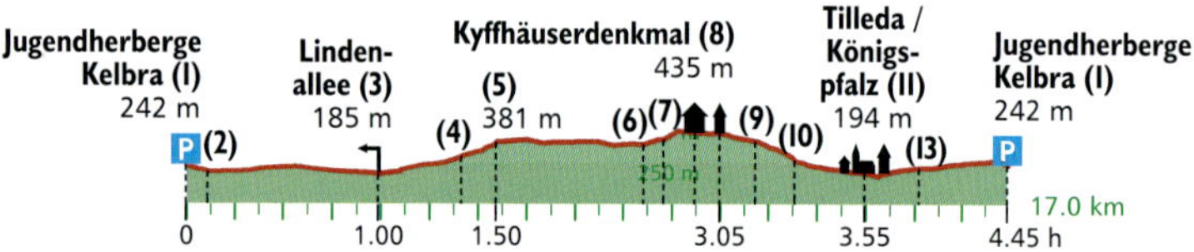

Ausgangspunkt: Jugendherberge Kelbra. Von Kelbra nach Osten in Richtung Tilleda fahren und nach 3 km rechts zur Jugendherberge abbiegen. Nach 800 m Parkplatz auf der linken Seite. – Bei Anfahrt mit ÖNV: Start in Kelbra (Tour dann ca. 3 km länger) oder Tilleda.
Höhenunterschied: 500 Hm.
Anforderungen: Feld- und Waldwege, schmale Pfade. Aufgrund der fehlenden Beschilderung auf der sächsisch-anhaltinischen Seite ist etwas Orientierungsvermögen erforderlich.
Einkehr: Mehrere Möglichkeiten im Kyffhäuser-Gipfelbereich, »Kirschcafé« in Tilleda.
Varianten: 1. Ohne Abstieg nach Tilleda ca. 15 km.
2. Nur östlicher Tourteil: ab Jugendherberge Kelbra (1) direkt aufsteigen zum WP 6, dann weiter wie beschrieben, ca. 6,5 km (ohne Abstieg nach Tilleda) bzw.

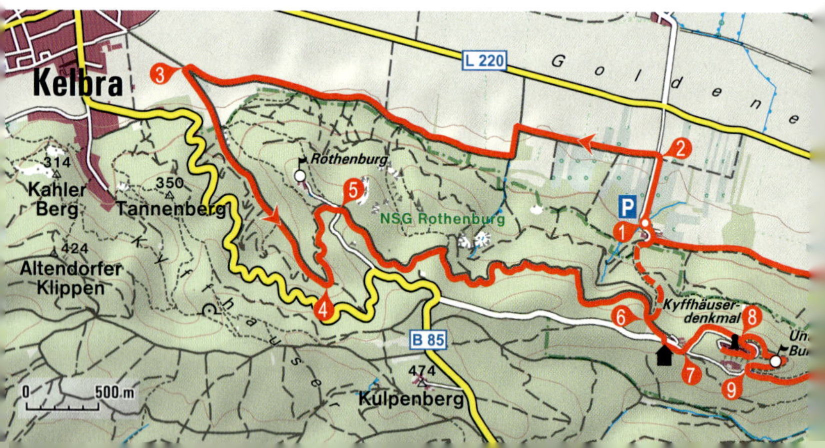

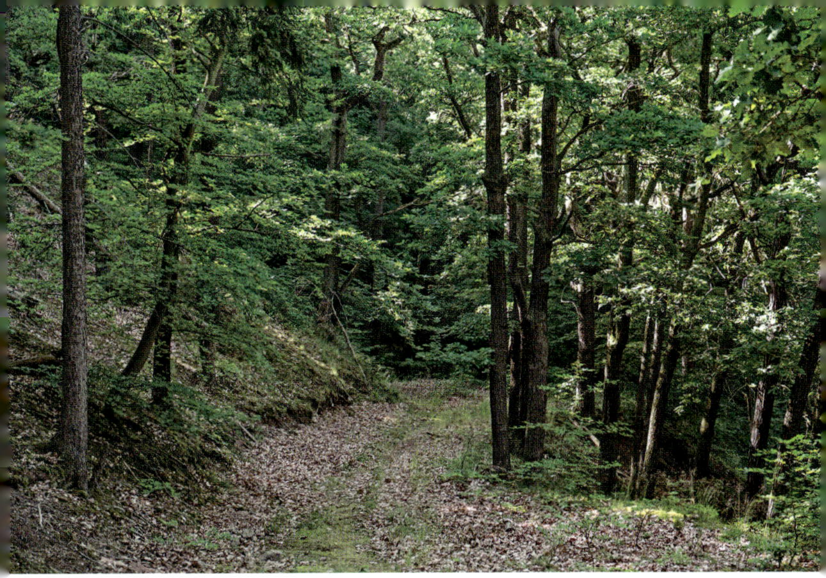

Der Aufstieg zum Kyffhäuser-Gipfel führt durch Eichenwälder.

8,5 km (mit Abstieg nach Tilleda); auch für Kinder geeignet.
Hinweise: 1. An Wochenenden mit schönem Wetter ist der Kyffhäuser-Gipfelbereich überfüllt. – 2. Nicht dem offiziellen, in den topografischen Karten dargestellten nordwestlichen Aufstieg zur Rothenburg folgen! Er wurde durch den Besitzer der Rothenburg verbarrikadiert (wie war das noch mit dem Prinzip »Eigentum verpflichtet«?).
Karte: 56 Südliches Harzvorland.

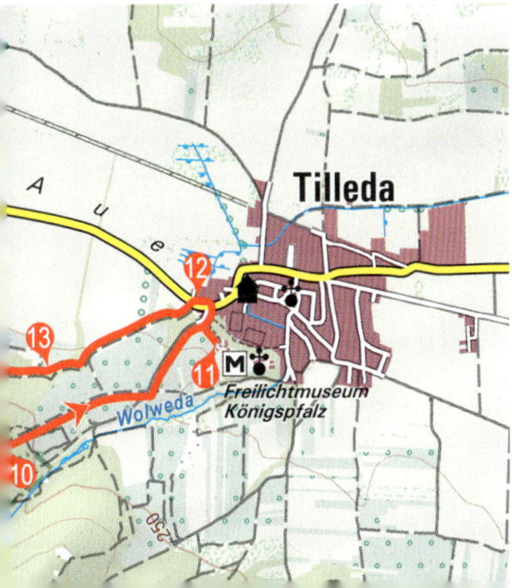

Vom Parkplatz unterhalb der **Jugendherberge Kelbra (1)** geht es auf dem Ankunftsweg 400 m zurück, wo wir einen breiten und beschilderten Feldweg nach links entdecken **(2)**. Bei einer T-Kreuzung nach 1 km orientieren wir uns links und am Wald(innen)rand rechts. 500 m vor dem Ortsrand von **Kelbra** biegen wir in spitzem Winkel links auf einen lindengesäumten Feldweg ab **(3)**, auf dem wir nach 500 m geradeaus Wald betreten. Im Grund des Tälchens geht es mit geringer

Steigung aufwärts. Jetzt ist etwas Aufmerksamkeit erforderlich: 30 m vor einer Verbreiterung des Wegs (Wendeplatz) entdecken wir ein schmales Pfädchen (ohne Wegweiser), das im spitzen Winkel nach links führt **(4)**.
Auf ihm gelangen wir auf einen nicht mehr genutzten Wirtschaftsweg und steigen – stellenweise mit Mauern rechter Hand – gemächlich bergan. Wo er endet, knickt ein Pfad halb rechts ab und erreicht nach einem kurzen Steilstück ein Sträßchen (Burg Rothenstein linker Hand ist Privatgelände, Betre-

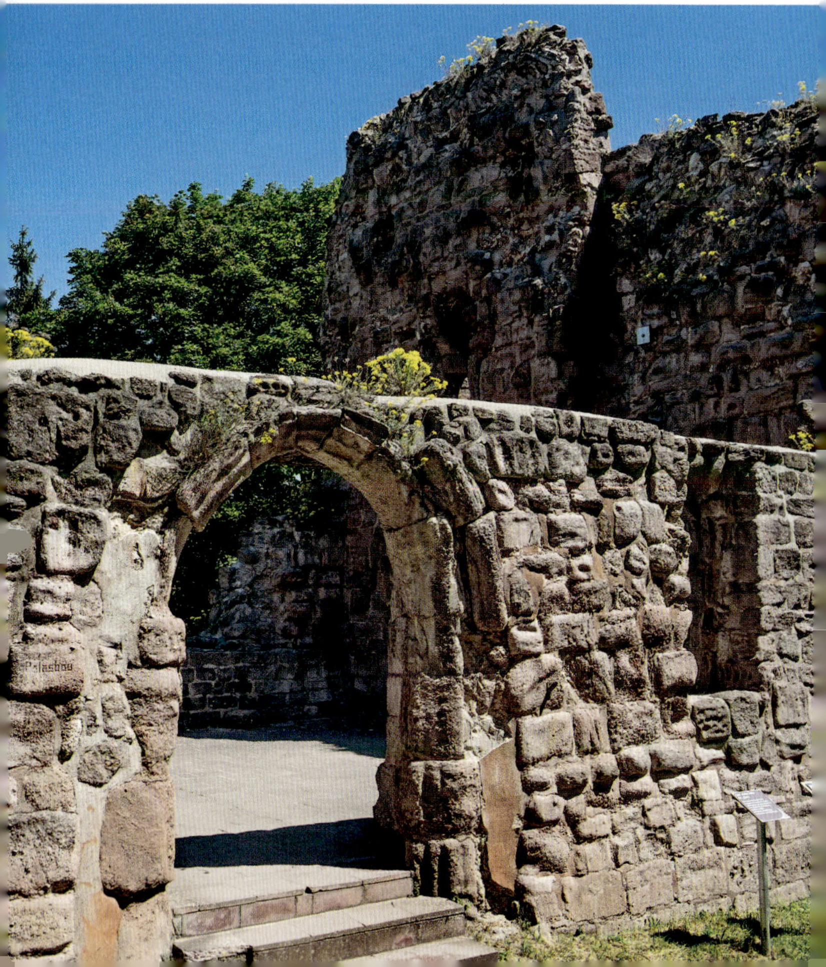

ten verboten), auf dem wir uns nach rechts wenden. Nach 100 m halten wir uns bei einer Verzweigung links **(5)** und sofort danach rechts. Mit dem »Blauen Kreuz« wandern wir nun auf annähernd gleichbleibender Höhe auf dem **Kyffhäuser-Hauptweg** entlang und lassen Abzweigungen unbeachtet. Schließlich mündet der Weg in einen von unten kommenden Forstweg **(6)**, dem wir aufwärtsfolgen. Vor einem Gebäude bringen uns ein paar Stufen nach rechts zur Straße. Dort und nach gut 100 m links **(7)** (»Denkmal«). Mit einem Rechtsbogen aufwärts erreichen wir den Eingangsbereich des **Kyffhäuser-Denkmals (8)** (nur mit Eintritt zugänglich).

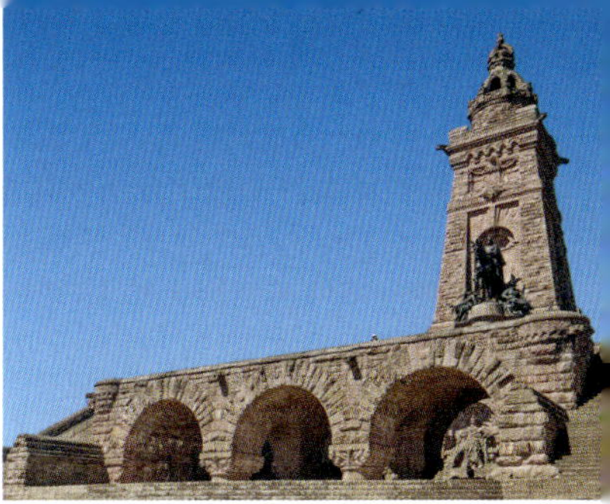

Kyffhäuserdenkmal.

Nach der Besichtigung der Anlage geht es links außen an ihr vorbei hinunter zur **Unteren Burg**, die wir erkunden können. Anschließend umgehen wir sie außerhalb der Mauer im Uhrzeigersinn und wählen bei einer Gabelung an ihrer Westseite den abwärtsführenden Weg. Wir kommen an einen Parkplatz, vollziehen dort eine Spitzkehre nach links **(9)** und beginnen den Abstieg nach Tilleda. Durch Eichenwald, zeitweise in einem Hohlweg und durch verwilderte Obstwiesen am Mittelhang verlieren wir an Höhe. Dann weist uns die Beschilderung »Geopfad« nach rechts **(10)**, doch schon nach 20 m biegen wir links (unmarkiert) auf einen Wiesenweg ab.

Durch Streuobstwiesen flanieren wir abwärts, ignorieren eine Abzweigung nach links und wählen erst bei einer Kreuzung am Unterhang den Feldweg links. Wir erreichen den Ortsrand von **Tilleda**, wo sich der Zugang zur **Königspfalz** rechts des Parkplatzes befindet **(11)**. Mit ein paar Schritten gelangen wir hinab zur Hauptstraße, wenden uns nach links und finden im Zugangsbereich eines weiteren Parkplatzes **(12)** einen nach links abgehenden Wanderweg (u.a. »Kelbra«, »Grüner Punkt«).

Wir gewinnen auf ihm etwas an Höhe (Abzweigungen nach links ignorieren) und entdecken nach 800 m Infotafeln und Wegweiser **(13)**, jedoch ohne Richtungspfeil in unsere Richtung. Wir entscheiden uns dort für den ersten oder zweiten Weg nach rechts (beide führen wieder zusammen). Abwechselnd am Waldrand entlang und durch vorkragende Waldstücke geht es nach Westen, wobei uns alle Wege und Pfade links in den Wald hinein kalt lassen. Mit einer Rechtskurve endet der Weg an der **Jugendherberge Kelbra**, an der vorbei wir nach unten laufen und so wieder am **Parkplatz (1)** ankommen.

Die Ruine der Unteren Burg lädt zur Erkundung ein.

TOP **43**

Stöckei und Solwiesen

3.45 Std.

Dolomit, Gips und Salz als Landschaftsgestalter

Zwischen der Talsperre Kelbra und dem Höhenzug der Windleite zeigt sich eine kleinteilige Landschaft mit markanten Hügeln und stark eingetieften Tälern. Ausschlaggebend für diese bewegten Landschaftsformen ist das Zusammentreffen von Gips und Dolomit, die der Erosion unterschiedlichen Widerstand entgegensetzen. Ebenso abwechslungsreich wie das Geländerelief ist die Vegetation, die sich aus Birken- und Kiefernwäldern, Steppenrasen, Mager- und Blaugrasrasen zusammensetzt, während an den am Nordrand des Höhenzugs austretenden Solquellen eine Salzvegetation ausgebildet ist. Für Vogelliebhaber ist der Stausee Kelbra zudem ein nicht nur zur Vogelzugzeit lohnender Anziehungspunkt. Einen Besuch ist auch Auleben wert, das vor allem wegen seiner zahlreichen Rittergüter – darunter das Humboldtsche Schloss – bekannt ist.

Einen Abstecher wert: die Osterkippe ist eine exzellente Aussichtskanzel.

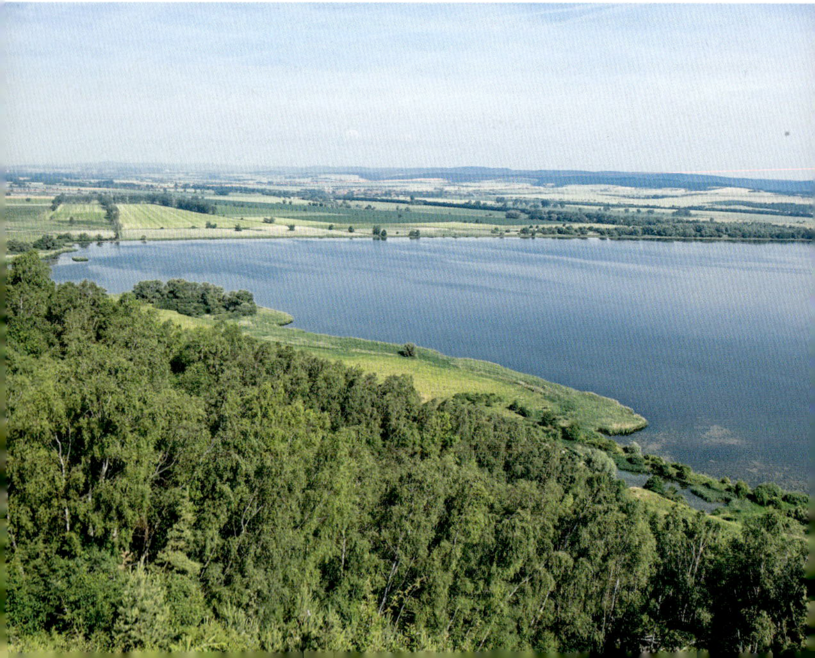

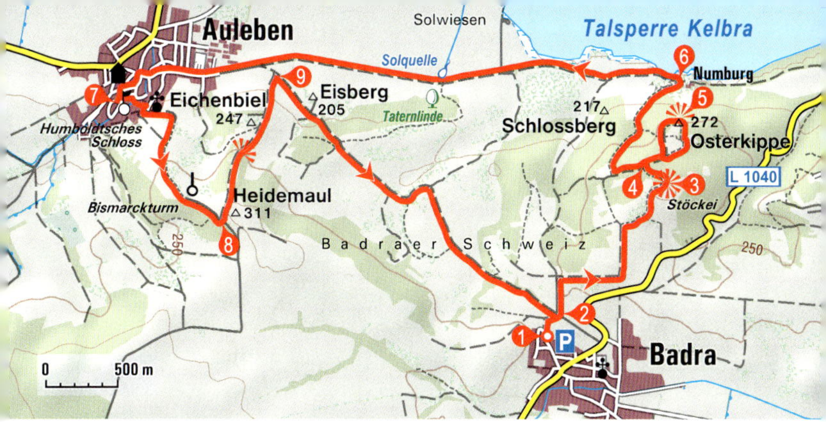

Ausgangspunkt: Nördlicher Ortsrand von Badra. In Badra nach Nordwesten in die Straße Lehmgrube abbiegen, bei der anschließenden Gabelung halb rechts die Straße Am Gartenberg nehmen und den Hang hinauffahren. Parkmöglichkeit nach ca. 150 m auf dem Grünstreifen rechts. – Bei Anreise mit ÖNV: Start in Auleben.

Höhenunterschied: 430 Hm.

Anforderungen: Fahrwege, Trampelpfade und Wiesenwege, die bei Nässe matschig sein können. Im Bereich Stöckei ist etwas Orientierungsvermögen erforderlich.

Einkehr: »Zur Goldenen Aue« in Auleben (200 m abseits der Tour).

Variante: Ohne westlichen Tourteil ca. 10 km (ebenfalls »rot«).

Karte: 56 Südliches Harzvorland.

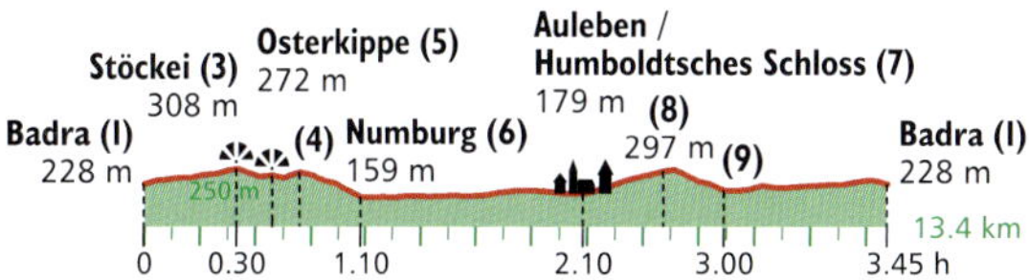

Die Straße **Am Gartenberg (1)** führt weiter den Hang hinauf und geht oben gerdeaus in eine Fahrspur über. Auf einem Querweg orientieren wir uns rechts und gelangen nach 50 m an eine Kreuzung, wo wir geradeaus in Richtung Stöckei (»Grünes X«) wandern **(2)**. Bei der nächsten Abzweigung lotst uns diese Markierung nach rechts und bei der folgenden T-Kreuzung nach links. Bei einer weiteren Kreuzung wählen wir die deutlichere Fahrspur nach rechts, die – vorbei an alten Abbaustellen – den Hang hinaufkurvt. Auf der Höhe rechts erreichen wir den Aussichtspunkt **Stöckei (3)**, von wo aus uns das »Grüne X« links in den Wald schickt.

Abwärts treffen wir mit einer T-Kreuzung auf einen Querweg **(4)**, von dem aus wir einen Abstecher zu einem Aussichtspunkt unternehmen können (»AP Osterkippe«). Dazu wenden wir uns nach rechts und lassen uns nach

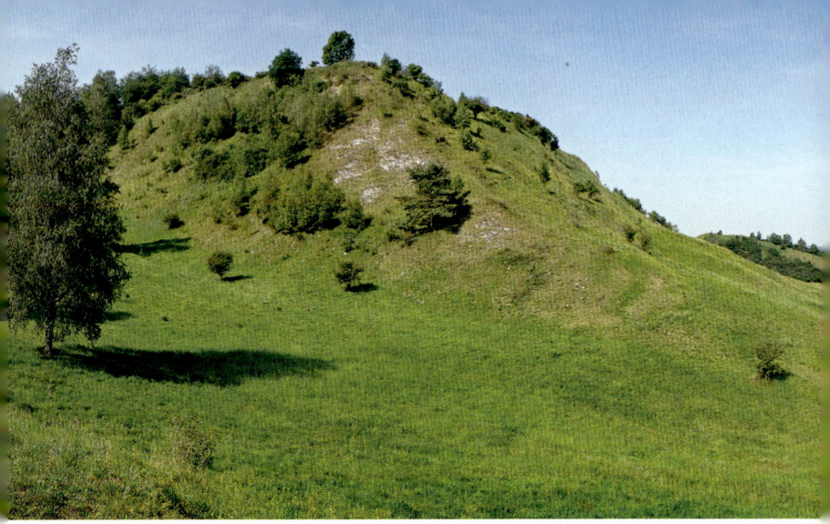

100 m von der Beschilderung »Langes Tal« links über eine Wiesenfläche zur **Osterkippe (5)** schicken, einem Dolomit-Buckel mit toller Aussicht über den Stausee. Wir folgen dem Pfädchen dann weiter nach Süden und orientieren uns vor dem Waldrand rechts. Nach 200 m schließt sich der Kreis **(4)** und wir setzen den Weg geradeaus nach Südwesten fort.
Wir betreten Offenland, halten uns rechts am Waldrand und verlieren etwas an Höhe. Nach rechts öffnet sich eine Wiese, an deren Nordrand wir einen Wegweiser »Numburg« (»Gelbes X«) entdecken. Durch ein mit Buschwald bestandenes Tälchen führt der Pfad hinunter nach **Numburg**. Auf dem Fahrweg gehen wir links **(6)**. Wir überqueren den Auslauf einer der Solquellen und marschieren unterhalb des Schlossbergs nach Westen. Auf Höhe der **Taternlinde** (hier Infotafeln) passieren wir eine weitere Solquelle und Salzwiesen rechter Hand und erreichen nach gut 1 km die Einmündung eines Feldwegs von links. Von hier aus geht es geradeaus nach **Auleben** hinein. In die Ilfelder Straße biegen wir links und die nächste Gasse rechts ab. An deren Ende laufen wir nach links und haben nach 100 m das **Humboldtsche Schloss (7)** rechts vor uns.
Wir kehren um, wählen die erste Gasse rechts und gehen bei einer T-Kreuzung erneut rechts. Dann nutzen wir eine Überfahrt über den Bach geradeaus und steigen dahinter links auf einem Grasweg zügig aufwärts. Oben halten wir uns zunächst links, dann rechts und gelangen damit auf die Straße Kirchberg. In einem Linksbogen wandern wir oberhalb an der **Kirche** vorbei. Bei einem Wasserhochbehälter setzt sich der Weg links als Hohlweg fort. Wir passieren den **Bismarckturm** und nehmen den nächsten Feldweg links **(8)**.

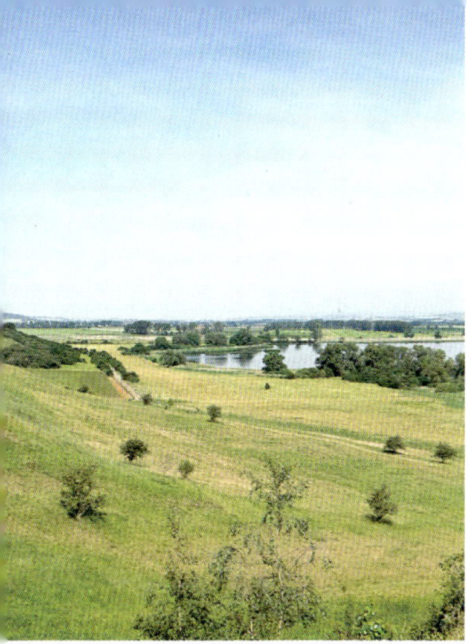

Er bringt uns hinunter zum Hangfuß, wo wir rechts abbiegen **(9)**, wobei der zunächst breite Feldweg mit dem stilisierten »L« des Lutherwegs gekennzeichnet ist. Abzweigungen untergeordneter Wege interessieren uns nicht, vielmehr folgen wir dem Hauptweg in Generalrichtung Südost. Bei einer Rasthütte schwenkt der Weg zunächst nach links, bevor er etwas ansteigend einen Rechtsbogen schlägt und zur Fahrspur mutiert. Mit erneutem Höhengewinn ersteigen wir die Badraer Höhe, biegen beim schon bekannten Wegweiser **(2)** rechts und bei der nächsten Gabelung links ab und langen wieder am **Ausgangspunkt** an **(1)**.

Oben: Südlich der Talsperre Kelbra erhebt sich der markante Schlossberg.
Unten: Der Hof der Schlotheimer ist eines der vielen Rittergüter in Auleben.

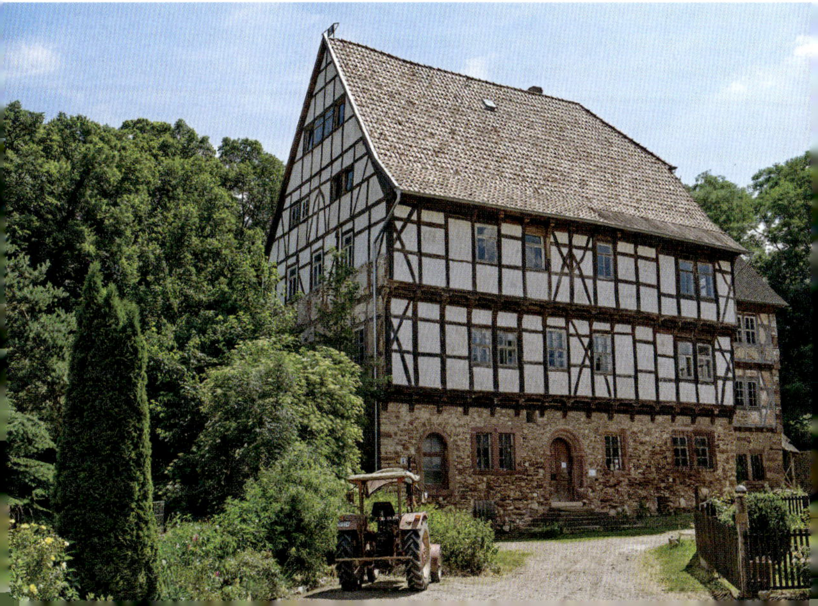

44 Windleite bei Hamma

2.30 Std.

Kurze Runde in einem reizvollen Hügelland

Mit nur geringer Anstrengung kann auf dieser Runde der nordwestliche Teil der Windleite erkundet werden, eines Höhenzugs, der sich nördlich von Sondershausen in West-Ost-Richtung erstreckt. Hecken, Gehölze und Obstbaumreihen gliedern die hügelig bewegte Landschaft, die im Frühjahr mit der Raps- und Kirschblüte eine Farbsymphonie in Gelb und Weiß auf grünem Grund darbietet. Auch der Herbst sorgt für ein Farbspektakel auf den Feldern, den Hecken und Buchenwäldern. Obwohl der Höhengewinn eher unbedeutend ist, ist die Aussicht über die Goldene Aue nicht zu verachten.

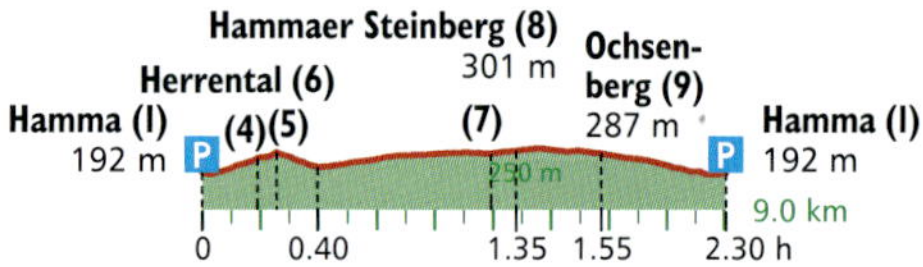

Ausgangspunkt: Parkplatz am nordöstlichen Rand von Hamma. Von Norden nach Hamma hineinfahren und links abbiegen; Parkplatz hinter der Buswendeschleife.
Höhenunterschied: 250 Hm.
Anforderungen: Einfache Wanderung auf Fahrspuren, Feldwegen und Trampelpfaden.
Einkehr: »Kaffeemühle« westlich von Hamma (500 m abseits des Wegs, nur Sa + So geöffnet).
Karte: 56 Südliches Harzvorland.

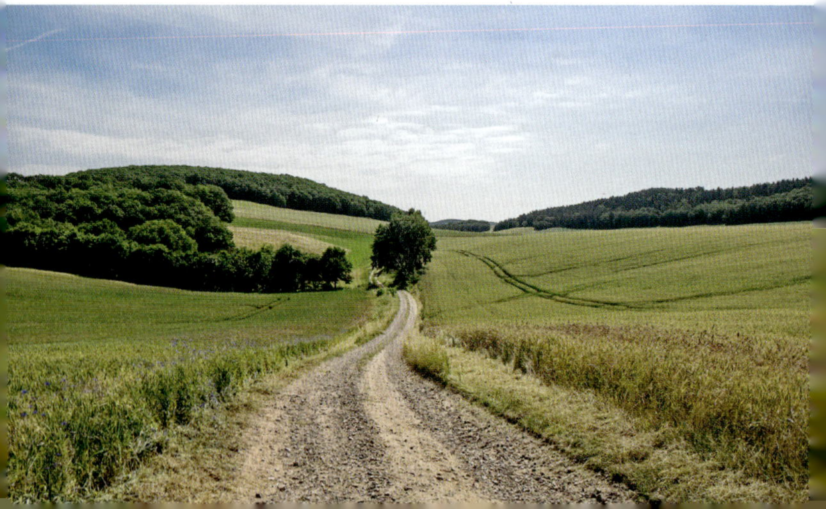

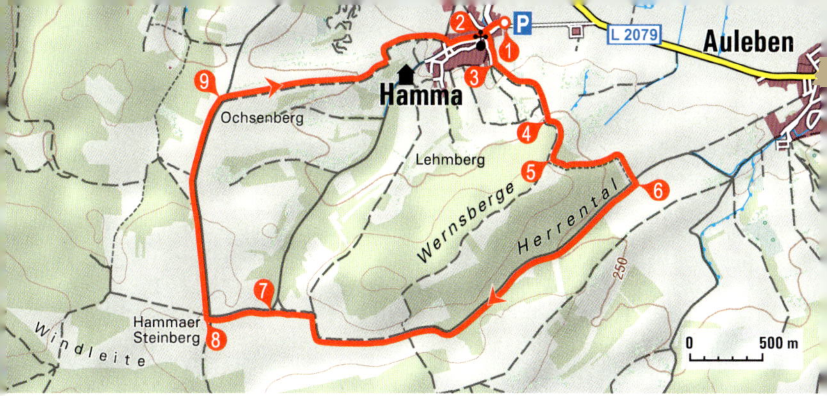

Wir wandern vom **Parkplatz (1)** kurz auf dem Ankunftsweg zurück und dann auf der Hauptstraße geradeaus weiter bis zur **Kirche**, vor der wir links abbiegen **(2)**. Am Friedhof wählen wir den halb linken Pfad, der als kleiner Hohlweg bergauf führt. Nach weiteren 100 m weist uns das stilisierte »L« des Lutherwegs halb links aufwärts **(3)**. Vorbei an einer Raststelle gelangen wir geradeaus auf einen Feldweg, den wir dort, wo er rechts abknickt, schon wieder verlassen, um geradeaus auf einer Fahrspur dem Waldrand zuzustreben. Davor links **(4)**. Wir gewinnen mit dem Waldrand rechter Hand in einem Rechtsbogen etwas an Höhe und dürfen die Abzweigung **(5)** eines schmalen Pfads in einer Baumreihe nach links nicht verpassen (ebenfalls »L«).

Der Pfad mündet in einen im Wald hinabführenden Hohlweg, den wir nach 100 m nach halb links verlassen, um nun das Gehölz außen abwärts zu begleiten. Bei einem Wegweiser an einer quer verlaufenden Fahrspur geht es nach rechts den Hang hinab. Im Talgrund des **Herrentals** biegen wir auf dem Feldweg rechts ab **(6)**. Ihm folgen wir entlang der Talachse, abwechselnd durch Obstbaumbestände, Wald und Offenland. Hinter einem letzten Gehölzgürtel mutiert er zur Fahrspur, der wir mit einem Rechts- und anschließenden Linksknick treu bleiben. Die Abzweigung eines Feldwegs nach rechts interessiert uns nicht, vielmehr wandern wir etwas ansteigend geradeaus weiter **(7)**.

Bei der nächsten Kreuzung auf dem **Hammaer Steinberg** rechts **(8)**. Mit etwas Auf und Ab marschieren wir den breiten Feldweg entlang. Nach 1,5 km wenden wir uns auf dem Ochsenberg beim Wegweiser »Hamma« nach rechts **(9)**. Mit geringem Höhenverlust geht es auf der Fahrspur – auch durch einen Links- und Rechtsknick – hinunter nach Hamma. Dort halten wir uns am Ortsrand halb rechts und kehren, auf der Hauptstraße links gehend, wieder zum Ausgangspunkt am nordöstlichen Ortsrand von **Hamma (1)** zurück.

Die Landschaft der Windleite besteht aus Feldern, Hecken und Wald.

45 Oberes Helbetal

4.30 Std.

Wandern in Talmäandern

Inmitten der bewaldeten Höhen des Dün und der Hainleite hat sich die Ur-Helbe, die in feuchteren Klimaperioden ein veritabler Fluss war, ein stark mäandrierendes Kastental geschaffen, das heute zu den längsten Trockentälern Deutschlands zählt. Die heutige Helbe ist hingegen ein schmaler Bach, dessen Wasser meistens im Karstuntergrund des Muschelkalks versickert; nur nach der Schneeschmelze und in Nässeperioden führt sie Wasser. Die Runde berührt außerdem eine Schanze vermutlich keltischen Ursprungs (Helbeburg) und schließt mit einem Besuch beim Bonifationsborn, benannt nach dem »Apostel der Deutschen«, der dort Taufen durchgeführt haben soll.

Offener Talgrund und bewaldete Hänge sind typisch für das Helbetal.

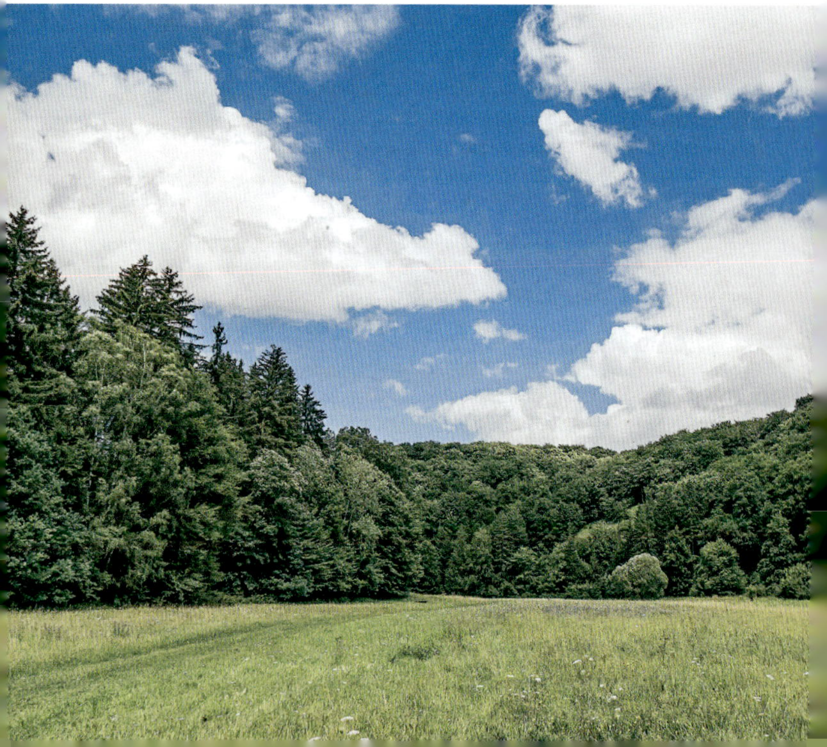

Ausgangspunkt: Parkmöglichkeit 500 m nordwestlich der Steinmühle. 1 km südlich von Dietenborn, auf Höhe der Steinmühle, von der L 1033 nach Nordwesten auf einen Feldweg abbiegen und bei einer Verzweigung nach 500 m seitlich auf dem Grasstreifen parken.
Höhenunterschied: 400 Hm.
Anforderungen: Überwiegend Forstwege, daneben auch schmale Waldpfade, die abschnittsweise (stark) überwachsen und bei Nässe (sehr) matschig sein können. Orientierungsvermögen ist erforderlich. Im Spätwinter nach der Schneeschmelze und nach längeren Regenperioden unangenehm oder nicht begehbar.
Einkehr: Keine.
Variante: Wer die Tour etwas abkürzen möchte, wählt zwischen WP 8 und WP 2 den Weg im Talgrund und kehrt von dort aus zu WP 1 zurück (ca. 15 km).
Karte: 56 Südliches Harzvorland.

Vom **Ausgangspunkt (1)** nehmen wir die rechte Wegmöglichkeit (»Blaues X«) und wandern auf einem breiten Forstweg am rechten Talrand entlang. Abzweigungen bleiben unbeachtet. Auch am Wegpunkt **Rabenmühle** geht es geradeaus vorbei. Etwa 2 km dahinter quert der Weg den Talgrund nach links und taucht auf der gegenüberliegenden Seite in den Wald ein. Mit der Markierung »Grüner Punkt« und der Zielangabe »Feldberg« entfernt sich der Forstweg vom **Talgrund (2)** und steigt dabei leicht an.

Bei einer Abzweigung halten wir uns weiter geradeaus. Auf der Verebnung treffen wir mit einer T-Kreuzung auf einen querenden Forstweg, dem wir nach rechts folgen, allerdings nur kurz, denn bereits nach

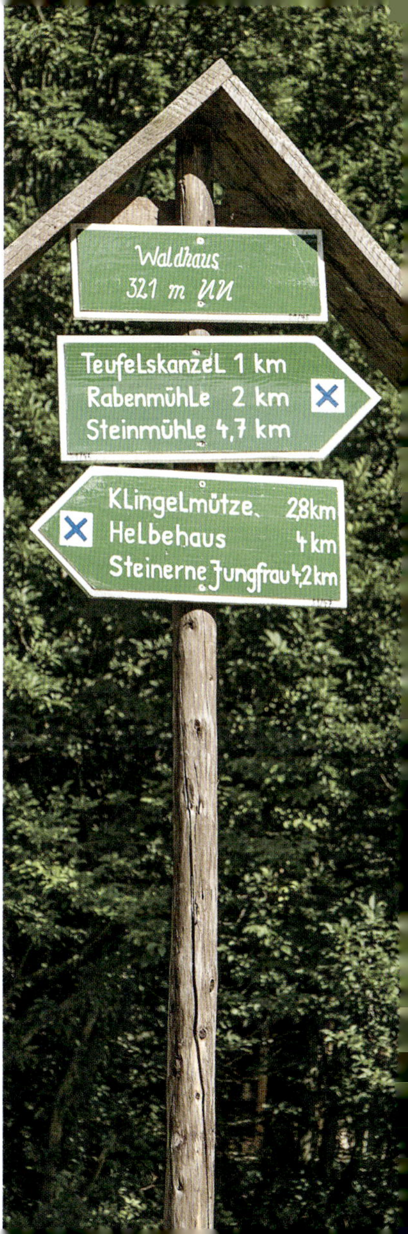

Wegweiser am Waldhaus.

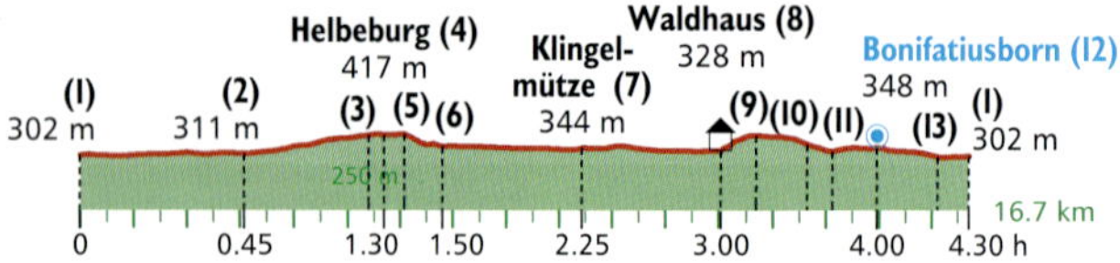

100 m weist ein Schild »Helbeburg« nach links **(3)**. Auf dem schmalen und überwachsenen Weg gelangen wir zur **Helbeburg**, einer vermutlich keltischen Wallanlage, von der man nur noch niedrige Erdwälle **(4)** erkennen kann. Dort wenden wir uns scharf nach links (weiterhin »Grüner Punkt«) und folgen einem schmalen Pfad nach Süden. Nach 500 m stoßen wir auf einen Forstweg, wo wir den »Grünen Punkt« verlassen, rechts abbiegen **(5)** und den Hang hinuntermarschieren. Kurz geht es am östlichen Talrand entlang, bevor der Weg die Talsohle quert und sich am gegenüberliegenden Waldrand verzweigt. Dort rechts **(6)**.

Wir spazieren – nun am westlichen Talrand – das Tal entlang. Sämtliche abzweigenden Wege lassen wir unbeachtet. Am **Helbehaus** überqueren wir die junge Helbe (sofern sie denn Wasser führt), die hier aus einem Seitental ins Haupttal mündet, und folgen weiterhin dem Talverlauf. Gut 100 m hinter

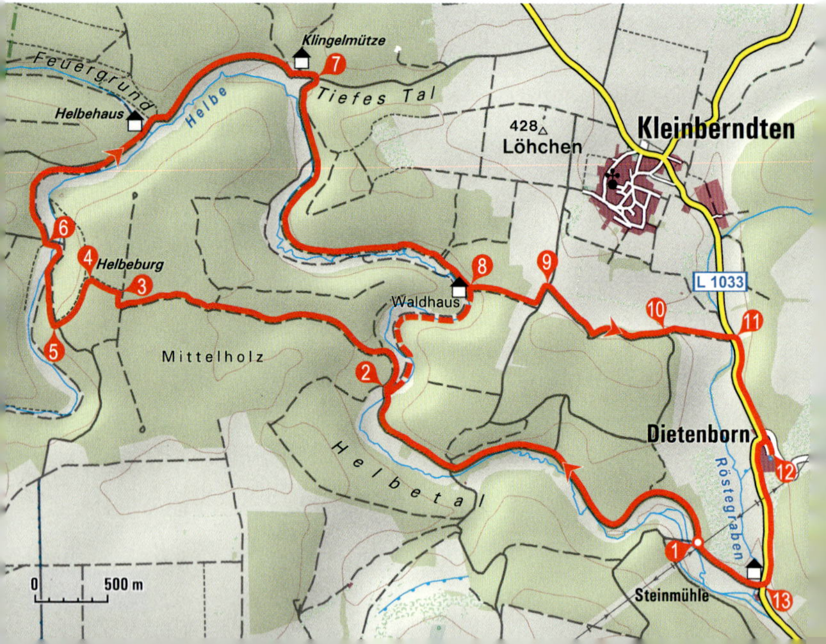

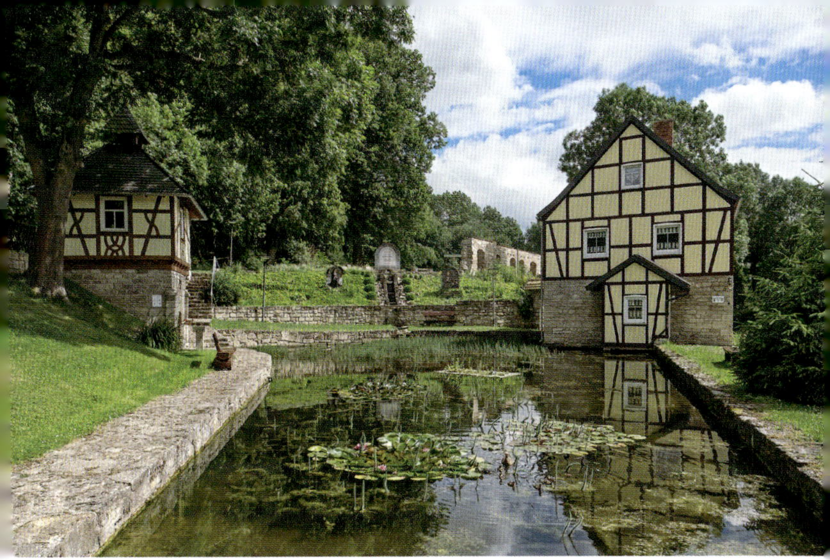

Der Bonifatiusborn ist nach dem »Apostel der Deutschen« benannt.

dem Wegpunkt **Klingelmütze (7)** nehmen wir den Weg nach rechts (»Waldhaus« – »Blaues X«). Nach einigen Hundert Metern teilt sich der Weg, wobei wir geradeaus dem »Blauen X« treu bleiben, das uns zunächst im Wald, später über Weideflächen am Talrand entlanglotst. Am **Waldhaus** verlassen wir das »Blaue X« und biegen (ohne Wegweiser) links ab **(8)**; den Pfad finden wir links direkt (!) neben der Hütte.

Mit einem zügigen Anstieg erreichen wir die obere Hangkante und den Waldrand und wandern geradeaus weiter bis zu einem breiten Feldweg. Dort links. Nach nur 150 m heißt es aufpassen: Wir entscheiden uns (ohne Markierung) für eine rechts abzweigende, etwas unscheinbare Traktorspur **(9)**, die einem Wald zustrebt. Im Wald treffen wir auf einen Forstweg; dort halb links. Einer ausgeprägten Rechtskurve nach ca. 600 m folgen wir nicht, sondern gehen stattdessen geradeaus auf einer Fahrspur weiter zum vor uns sichtbaren Waldrand **(10)**. Jenseits davon erwartet uns ein Feldweg, auf dem wir hinunter zur **L 1033** gelangen, wo wir rechts abbiegen **(11)**.

In **Dietenborn** halten wir uns bei einer Gabelung auf der untergeordneten Straße geradeaus. Nach 200 m bringt uns ein kleiner Abstecher halb links zum **Bonifatiusborn (12)** und den Überresten des Klosters Dietenborn. Anschließend marschieren wir auf der Straße nach Süden bis zur **Steinmühle**, vor der wir rechts auf einen Feldweg abbiegen **(13)** und die Runde nach Kurzem am **Ausgangspunkt (1)** schließen.

46 Hainleite bei Lohra

2.45 Std.

Unterwegs zu bemerkenswerten Sakral- und Profanbauten

Aus der landwirtschaftlich geprägten Buntsandsteinlandschaft erhebt sich nach Süden zu mit einem jähen Anstieg die aus Muschelkalk bestehende und von Buchenwald bedeckte Geländestufe der Hainleite. Dort hinauf führt der erste Abschnitt der Wanderung, um der Burg Lohra einen Besuch abzustatten. Sie gehört nicht zu den makellos restaurierten Burganlagen, sondern entfaltet einen eher verwitterten Charme; sie wird vom Verein »Offene Häuser« behutsam und in kleinen Schritten renoviert. Besondere Aufmerksamkeit verdient die romanische Doppelkapelle, in der die Herrschaft im lichtdurchfluteten, im 17. Jh. barock überformten Oberstock dem Pfarrer lauschen konnte, während das niedere Volk im unteren, original romanisch erhaltenen Stockwerk aus dem 12. Jh. die Messe durch einen Durchbruch in der Decke verfolgen durfte. Von der Burg aus erreicht man auf dem zweiten Abschnitt der Tour – zunächst über eine Hochebene, dann abwärts wandernd – Münchenlohra und mit seiner wieder aufgebauten Pfeilerbasilika das zweite bemerkenswerte Kirchenbauwerk dieser Wanderung.

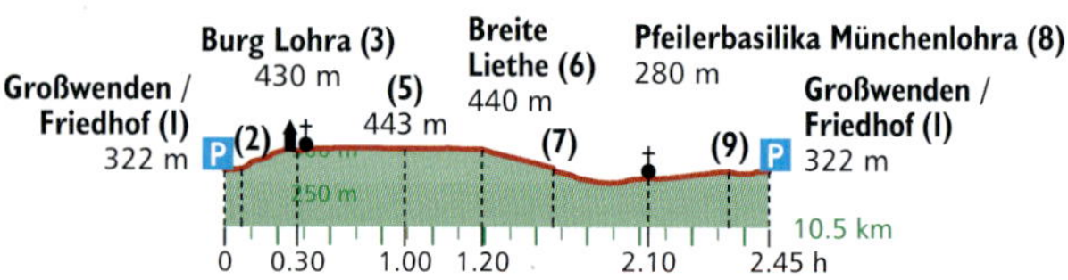

Charmant verwittert: Burg Lohra mit der Doppelkapelle (links).

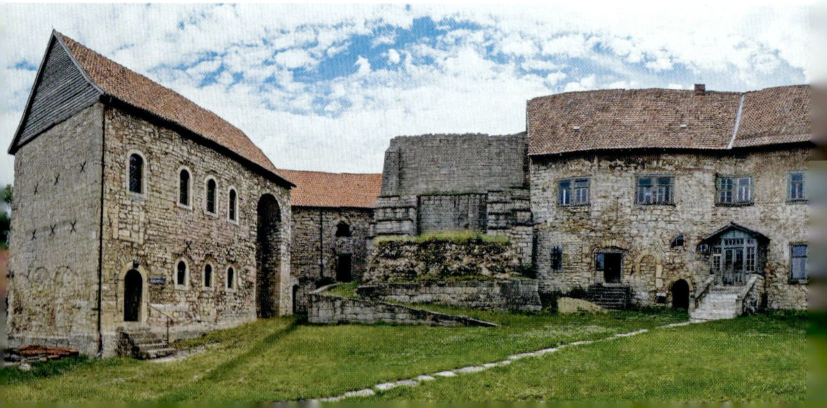

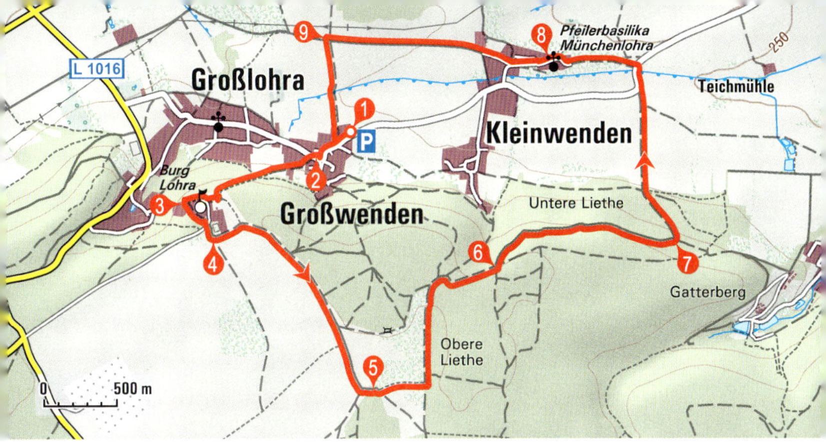

Ausgangspunkt: Östlicher Ortsausgang von Großwenden, Parkplatz am Friedhof.
Höhenunterschied: 280 Hm.
Anforderungen: Einfache Wanderung auf Wald- und Forstwegen, Fahrspuren und befestigtem Untergrund. Ein kurzer kräftiger Anstieg. Da keine Markierungen vorhanden sind, ist etwas Orientierungsvermögen erforderlich.
Einkehr: Keine.
Tipp: Das Erlebnisbergwerk Glückauf bei Sondershausen ist das älteste befahrbare Kalibergwerk und offeriert ein vielseitiges Angebot, z.B. Besichtigungen, Konzerte und unterirdische Kahnfahrten. Grubenfahrten nach Voranmeldung Di–Fr 11+14 Uhr, Sa 10+14 Uhr, So 11 Uhr.
Karte: 56 Südliches Harzvorland.

Vom Parkplatz am **Friedhof** von **Großwenden (1)** spazieren wir auf der Hauptstraße durch das Dorf und machen ihren Rechtsknick mit. 40 m dahinter entdecken wir den Burgstieg, einen Grusweg, der halb links aufwärts abzweigt **(2)**. Im Wald wird ein kreuzender Weg geradeaus gequert, worauf der Pfad kurzzeitig steiler ansteigt. Wir verlassen den Wald mit einem Linksbogen und finden 50 m oberhalb des Waldrands eine Fahrspur nach rechts. Bei der kleinen Siedlung rechts und am unteren Ende des Wegs links durch ein Tor (falls geschlossen, kann man auf den südlichen Zugang ausweichen).

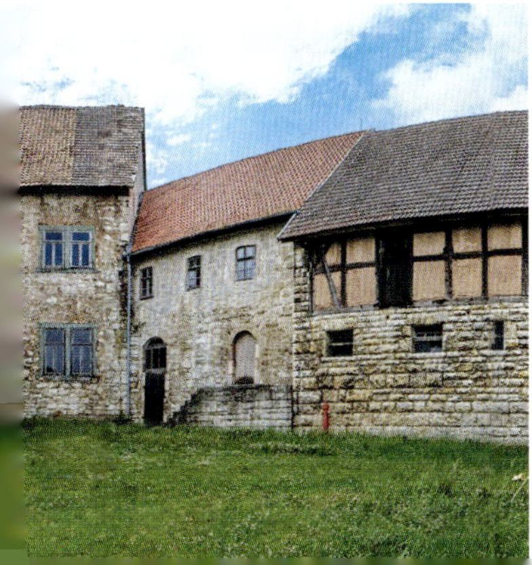

An einigen Gebäuden vorbei erreichen wir den Eingang zur **Burg Lohra (3)**. Nach dem Besuch wenden wir uns mit dem Eingang im Rücken nach rechts, passieren den

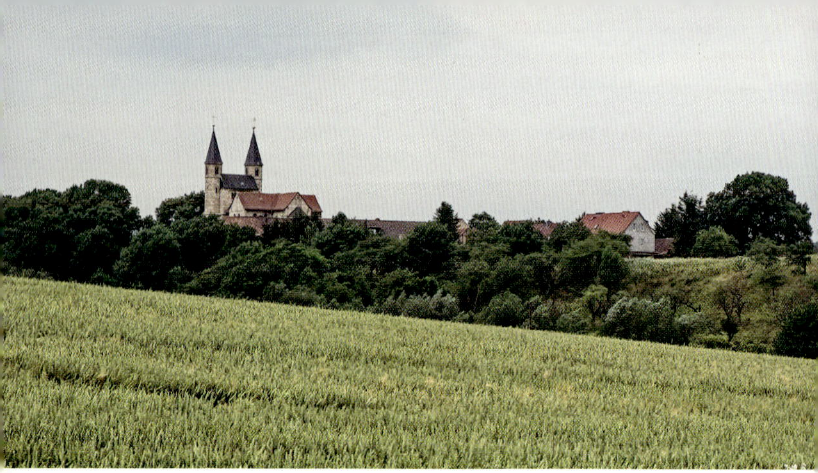

Die Pfeilerbasilika von Münchenlohra ist nicht zu übersehen.

Parkplatz und nehmen zunächst den Feldweg nach Süden, bevor wir nach 100 m auf einen Feldweg links abbiegen **(4)**. Wo er in den Wald hinein abknickt, verlassen wir ihn und laufen auf einer Traktorspur über die offene Heide weiter geradeaus. Auch eine weitere Verzweigung nach links in den Wald lassen wir unbeachtet und wandern geradeaus durch Offenland. Am gegenüberliegenden Waldrand schwenkt die Spur nach links. Bei einer weiteren Gabelung von Fahrspuren zweigt unser Weg halb links ab **(5)** und wir marschieren mit einer Kiefernaufforstung linker Hand zum gegenüberliegenden Wald. Dort links. Zunächst geht es zwischen Fichten- und Kiefernaufforstungen nach Norden, bevor uns wieder Buchenwald aufnimmt, in dem der Forstweg nach rechts schwenkt (mehrere untergeordnete Wege nach links werden ignoriert). Bei der nächsten Kreuzung breiter Forstwege links **(6)**.

Wir verlieren etwas an Höhe und setzen nach 1,5 km, am Mittelhang des **Gatterbergs**, unsere Tour spitzwinklig links auf einen weiteren Forstweg fort **(7)**, der uns bald geradeaus ins Offenland entlässt. Der Feldweg mündet in eine Straße, der wir geradeaus folgen, um beim nächsten Feldweg links abzubiegen. Gleich anschließend entscheiden wir uns für den Grasweg halb rechts aufwärts und sehen nach Kurzem die **Pfeilerbasilika** von **Münchenlohra (8)** vor uns. Wir spazieren durch das Dorf und lassen es auf unserem Weg geradeaus nach Westen hinter uns. Auf einem Betonplattenweg gewinnen wir geringfügig an Höhe, bevor wir nach 1,2 km die erste Möglichkeit links wählen **(9)** und wieder **Großwenden** erreichen. Auf der Hauptstraße links kommen wir wieder zum **Parkplatz (1)** zurück.

3.30 Std.

Rüdigsdorfer Schweiz 47

Anmutige Landschaftsformen im Harzvorland

Die Geländeformen, die dieser Landschaft das Etikett »Schweiz« verschafften (möglicherweise eine der kleinsten der deutschen »Schweizen«?), bringen beim Anstieg niemanden außer Atem. Anmutig gehen Geländerücken und Täler ineinander über und sind durch Wälder und Hecken abwechslungsreich gegliedert. Der Wegverlauf durchmisst abwechselnd Höhen und Senken, Wälder und Offenland und beschert dieser Wanderung einen harmonischen Mix unterschiedlicher Eindrücke. Ausblicke auf den Harz und über Nordhausen sowie die ein oder andere Karsterscheinung runden die Tour ab.

Ausgangspunkt: Aufgelassener Steinbruch am östlichen Ortsrand von Krimderode. Auf Höhe von Krimderode von der B 4 in Richtung Rüdigsdorf abbiegen, durch Krimderode hindurchfahren und wenige Meter hinter dem Ortsausgang (Ortsschild) links an einem alten Steinbruch parken.
Höhenunterschied: 300 Hm.
Anforderungen: Feldwege und Fahrspuren, Pfade und Waldwege. Nach Niederschlägen sind die Waldwege (sehr) matschig. Etwas Orientierungsvermögen ist erforderlich.
Einkehr: »Harzpforte« und Chinarestaurant King in Petersdorf.
Karte: 56 Südliches Harzvorland.

Vom aufgelassenen **Steinbruch (1)** beginnen wir die Runde auf dem schmalen, nach Norden führenden Pfad, ignorieren eine Verzweigung nach rechts und schlagen nach Kurzem einen Rechtsbogen aufwärts, der in einen Feldweg mündet, dem wir rechts folgen. Nun orientieren wir uns am »weißen K auf rotweißem Grund« des **Karstwan-**

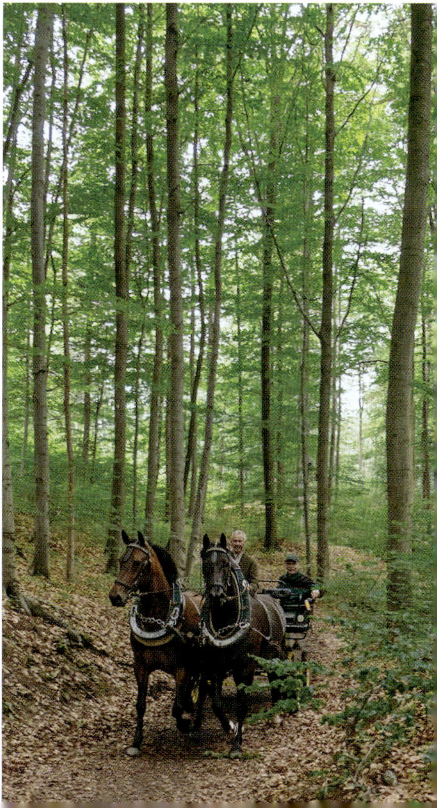

Begegnung mit zwei PS.

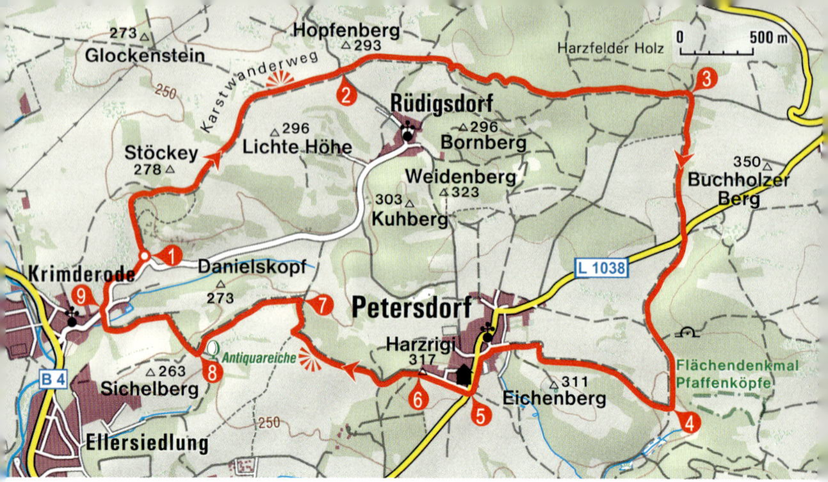

derwegs und marschieren geradeaus auf dem Höhenrücken entlang, wobei wir eine Einmündung und eine Kreuzung breiter Feldwege **(2)** geradeaus passieren. Aus dem Feldweg wird allmählich eine Traktorspur, die mit einer Rechts-links-Kombination in den Wald eintaucht. Dort führt der Karstwanderweg als breiter Erdweg weiter und gewinnt allmählich an Höhe. Auch hier heißt die Parole: geradeaus! Und zwar so lange, bis wir den Wald wieder verlassen **(3)**. Dort biegen wir rechts ab (»Hohnsdorfer Schlotte«) und wandern auf einer Traktorspur den Hang hinunter. Nachdem wir die L 1038 geradeaus gekreuzt haben, sind wir mit weiterer Abwärtstendenz auf einem Feldweg unterwegs. Nach einigen Hundert Metern verabschiedet sich der Karstwanderweg nach links, während wir unseren Weg geradeaus fortsetzen. Bei der nächsten Gelegenheit biegen wir rechts auf einen unmarkierten Feldweg ab **(4)** und steigen in einem Seitentälchen aufwärts.

Wir erreichen **Petersdorf** und gehen sowohl hinter den ersten Häusern als auch auf der Hauptstraße links. Am Ortsrand nehmen wir die Straße Vogelherd nach rechts **(5)**. Am Ende der Straße umfängt uns Wald; wir halten uns geradeaus **(6)**, d.h. lassen links abzweigende Pfade unbeachtet. Wieder im Offenland begleiten wir halb rechts den Waldrand mit leichtem Auf und Ab und laufen anschließend einen undeutlichen Pfad über Wiesengelände hin-

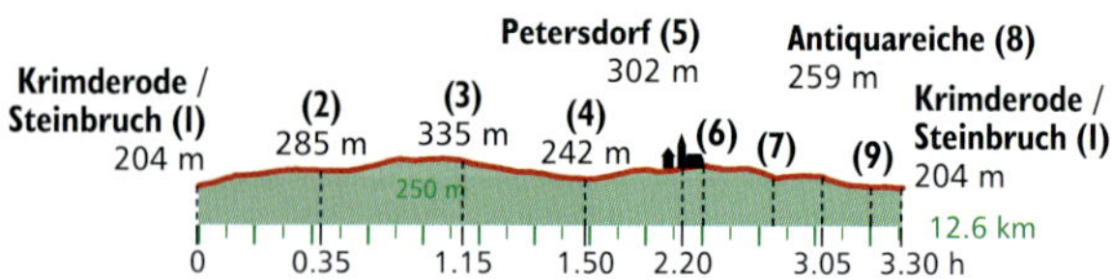

ab. Auf einen kreuzenden Erdweg biegen wir rechts ab und verlieren danach schnell an Höhe. Wo uns rechts ein Bänkchen und eine geologische Infotafel erwarten, zweigt unser Weg scharf links ab **(7)**.
Diese Fahrspur schwenkt bald links auf eine Wiese, während wir geradeaus, unmittelbar oberhalb an einer Böschung entlang, einem gerade erst im Entstehen begriffenen Pfädchen folgen. Es bringt uns zur **Antiquareiche**, bei der wir uns rechts orientieren **(8)** und im Wald abwärtssteigen (am besten links neben dem Hohlweg). Am Böschungsfuß biegen wir auf einen Fahrweg links ab. Auf Höhe der ersten Häuser gehen wir rechts und finden uns alsbald auf der **Rüdigsdorfer Straße (9)** wieder; sie bringt uns rechts zurück zum **Ausgangspunkt (1)**.

Landschaftsmosaik in der Rüdigsdorfer Schweiz.

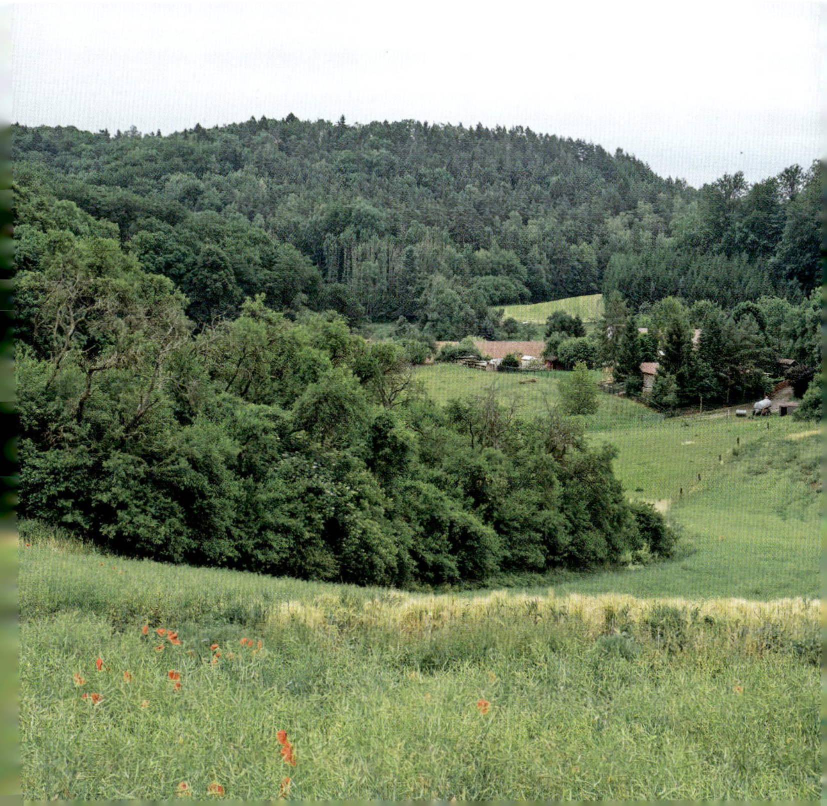

48 Auf dem Karstwanderweg zum Kloster Walkenried

4.15 Std.

Höhen und Tiefen im konkreten wie übertragenen Sinn

Die Tour folgt Abschnitten des Karstwanderwegs, mit dem sich Dolinen, Bachschwinden, exponierte Aussichtspunkte und weitere spannende Karsterscheinungen erwandern lassen. Höhepunkt der Runde ist das ehemalige Zisterzienserkloster Walkenried, dessen beeindruckender Gebäude- und Ruinenkomplex heute ein sehenswertes Museum beherbergt. Die Tour streift jedoch nicht nur die Höhen, sondern auch einige Tiefen deutscher Geschichte: So liegen die Überreste der Juliushütte, einer Außenstelle des KZ Mittelbau Dora, ebenso am Weg wie die Hinterlassenschaften des »Eisernen Vorhangs«.

Ausgangspunkt: Parkmöglichkeit südlich der Wieda. 500 m westlich des westlichen Ortsausgangs von Gudersleben links auf einen Feldweg abbiegen, über eine betonierte Furt (meistens trocken) fahren und dahinter am Wegrand parken (alternative Parkmöglichkeit: Von der L 2067 abzweigender Feldweg 300 m weiter östlich). – Bei Anfahrt mit ÖNV: Start in Ellrich oder Walkenried.
Höhenunterschied: 370 Hm.
Anforderungen: Nördlicher Teil: überwiegend schmale Waldpfade (nach Niederschlägen schmierig). Südlicher Teil: Feldwege und Waldpfade (nach Niederschlägen schmierig und punktuell matschig), aber auch Kolonnenweg und andere Hartbeläge.
Einkehr: Mehrere Möglichkeiten in Walkenried.
Varianten: 1. Streckenwanderung nördlicher Teil zw. Bhf. Ellrich und Bhf. Walkenried, ca. 6,5 km (mittel – »rot«, auch für Kinder geeignet).
2. Streckenwanderung südlicher Teil zw. Bhf. Walkenried und Bhf. Ellrich, ca. 14 km (einfach – »blau«).
Karte: 56 Südliches Harzvorland.

Über das Tal der Wieda ziehen Sturmwolken.

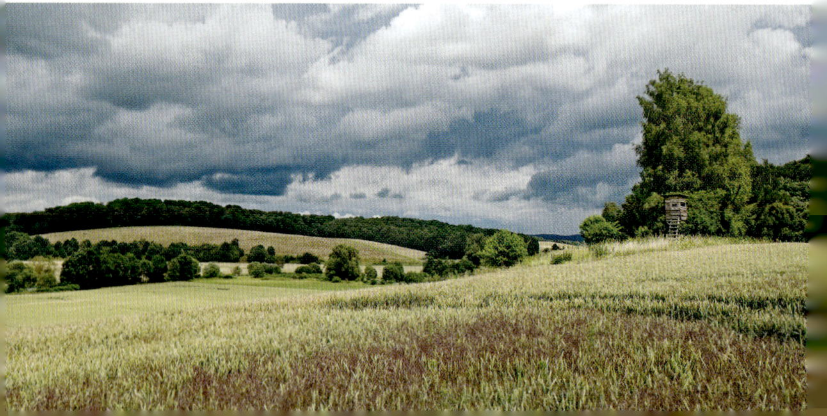

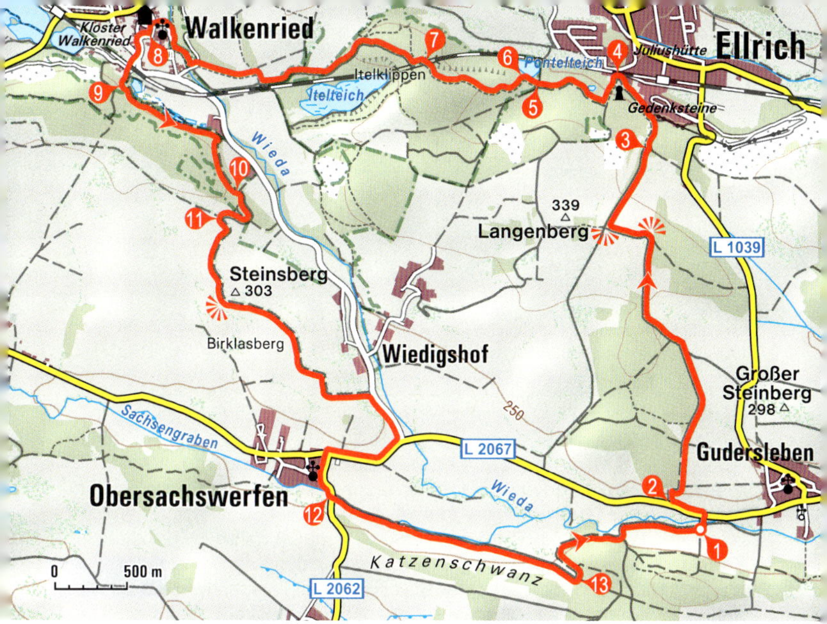

Von der Parkmöglichkeit **(1)** aus überqueren wir die Furt in Richtung Norden, biegen links auf die L 2067 ab und wählen nach 200 m einen Feldweg rechts aufwärts zum Wald **(2)**. Mit dem Waldrand linker Hand geht es nach Norden. Bei einer T-Kreuzung links und anschließend auf Betonplatten-Untergrund im Bogen ansteigend nach rechts. Auf der Höhe kurvt der Weg nach links und trifft auf den **Kolonnenweg**. Dort rechts. Wo er am Mittelhang rechts abknickt **(3)**, bleiben wir der bisherigen Richtung geradeaus treu und sehen nach 50 m halb rechts einen Wegweiser des Karstwanderwegs (Weißes »K «auf rotweißem Grund) vor uns. Ihm folgen wir links abwärts und passieren einen Steinbruch. Der Pfad entlässt uns auf eine Lichtung, auf der sich Überreste der **Juliushütte (4)**, einer Außenstelle des KZ Mittelbau Dora, befinden.
Wir biegen links ab, machen dann den Rechtsknick des Wegs mit und lassen einen links abzweigenden Pfad unbeachtet. Bei einer T-Kreuzung verlassen wir das Areal nach links (weiterhin »K«). Bei einer weiteren Kreuzung **(5)**

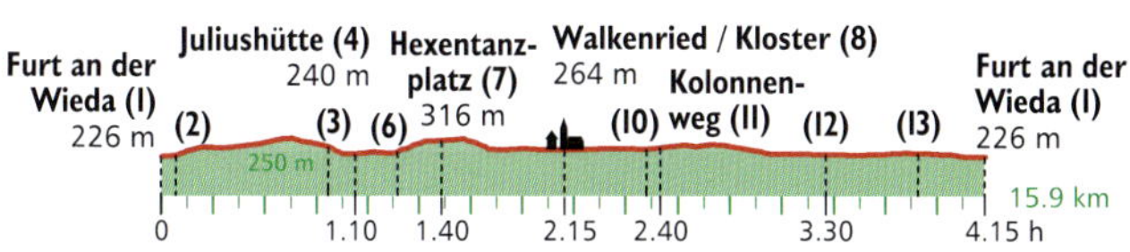

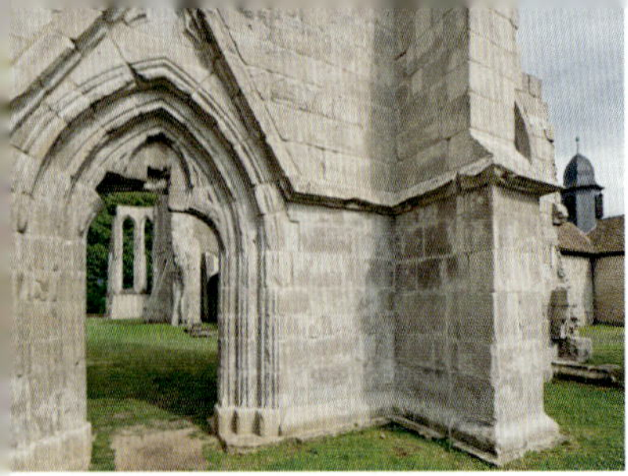

Detail der Kirchenruine.

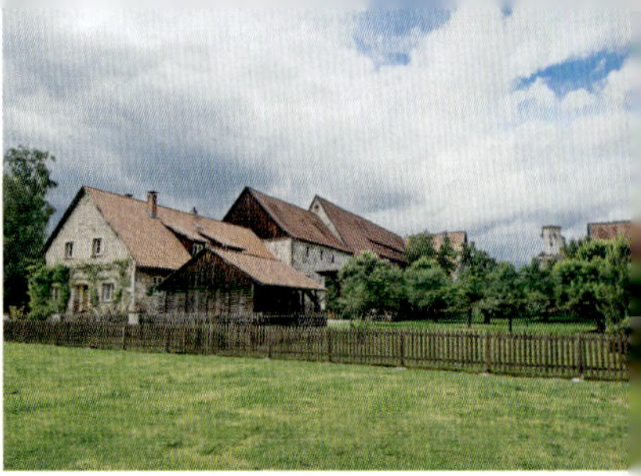

Die Klosteranlage von Süden.

lassen wir den Kaiserweg nach links unbeachtet und behalten die Richtung geradeaus bei. Nach 100 m zweigt ein schmaler Waldpfad **(6)** links ab (»Itelklippen«). Ansteigend erreichen wir die Höhe. Ein paar Schritte von einer Kreuzung nach rechts bringen uns zum **Hexentanzplatz (7)** mit Ausblick nach Osten. Wir kehren um, orientieren uns an der Kreuzung geradeaus in Richtung Westen und setzen die Tour vor dem westlichen Steilabfall der Itelklippen rechts auf einem Waldpfad fort. Am Hangfuß nehmen wir bei einer T-Kreuzung den linken Weg (und verlassen damit den Karstwanderweg).

Auf Höhe eines Bahnübergangs gehen wir rechts und biegen nach 50 m links auf einen Wiesenweg ab. Er entlässt uns geradeaus auf ein Sträßchen, das wir gleich hinter der Brücke über die Wieda nach rechts verlassen. Vor einem Gebäudekomplex rechts. Wir umrunden das **Kloster Walkenried** gegen den Uhrzeigersinn und finden den Eingang auf der Westseite **(8)**. Mit dem Eingang im Rücken spazieren wir nach Westen, bevor links die Schlossstraße abzweigt. Eine Querstraße wie auch die Bahngleise kreuzen wir geradeaus, gelangen in gleichbleibender Richtung an den Waldrand und biegen erst dort links ab **(9)**.

Auf einem schmalen Trampelpfad geht es unterhalb eines Steilabbruchs entlang, wobei wir uns kurzzeitig wieder am »K« des Karstwanderwegs orientieren können. Nach gut 1 km schwenkt der Karstwanderweg scharf nach links, wir aber halten uns mit etwas Höhengewinn auf einem Steig **(10)** halb rechts (ohne Wegweiser). Auf der Höhe treffen wir auf einen Querweg. Dort links und auf einem breiten Feldweg rechts. Nach 200 m schwenken wir scharf links auf den **Kolonnenweg** ein **(11)**. Ihm folgen wir mit etwas Auf und Ab zur Kreisstraße. Sowohl auf ihr als auch auf der L 2067 rechts. Vor dem Ortsrand von **Obersachswerfen** links und vor einer Brücke auf einem Feldweg **(12)** ebenfalls links (hier wieder Karstwanderweg). Mit ansteigender Tendenz erreicht der Karstwanderweg einen Waldrand, wo uns seine Wegweisung im spitzen Winkel nach links schickt **(13)**. In einem Rechtsbogen umkurven wir den Wald, nehmen bei einer T-Kreuzung die linke Möglichkeit und kehren so wieder zum **Ausgangspunkt (1)** zurück.

5.15 Std.

Auf den Sonnenstein 49

Ein Aussichtsberg über eine – jetzt wieder – ungeteilte Landschaft

Der Sonnenstein ist »der« Aussichtsberg des nördlichen Eichsfelds: Weit über Duderstadt hinaus reicht der Blick nach Westen zum Leinebergland, während in östlicher Richtung Thüringens »Ayers Rock«, die rötliche Kali-Rückstandshalde von Bischofferode, fremdartig und landschaftsprägend in Erscheinung tritt. Außerdem auf dem Tourprogramm: die ehemalige innerdeutsche, heute thüringisch-niedersächsische Grenze, an der der Naturfilmer Heinz Sielmann 1988 eine erste Dokumentation (»Tiere im Schatten der Grenze«) über den Artenreichtum des Grenzstreifens drehte und damit zu einem der Wegbereiter des »Grünen Bandes« wurde.

Ausgangspunkt: Parkbucht 300 m westlich von Ecklingerode, direkt an der ehemaligen innerdeutschen Grenze.
Höhenunterschied: 550 Hm.
Anforderungen: Längere Wanderung auf Feld- und Waldwegen (die mitunter etwas überwachsen sein können), Fahr- und Traktorspuren sowie Kolonnen- und Teerwegen. Im Mittelteil der Tour ist ein gutes Orientierungsvermögen erforderlich.
Einkehr: Keine. (Achtung: Der Gasthof Zum Sonnenstein ist nicht mehr für den Ausflugsbetrieb geöffnet, es sei denn für Gruppen nach Voranmeldung.)
Karte: 53 Nördliches Eichsfeld.

Der Braune Bühl ist ein idealer Beobachtungsposten für Sonnenuntergänge.

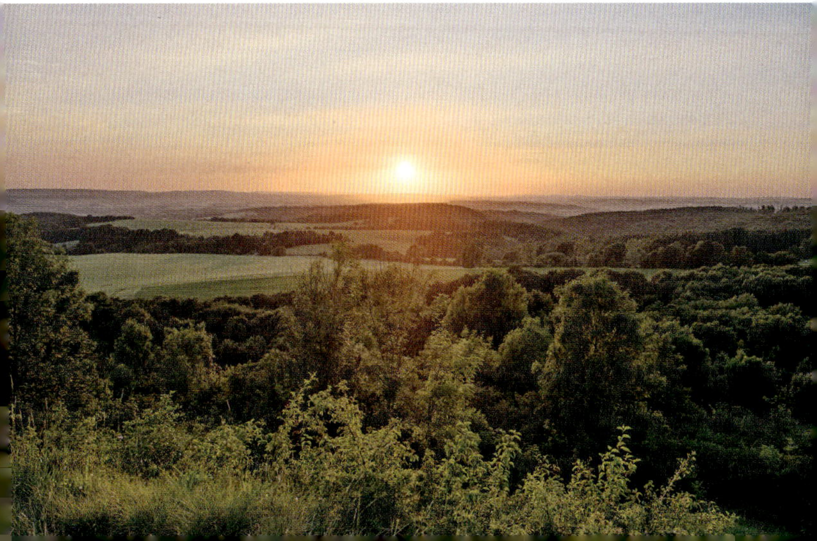

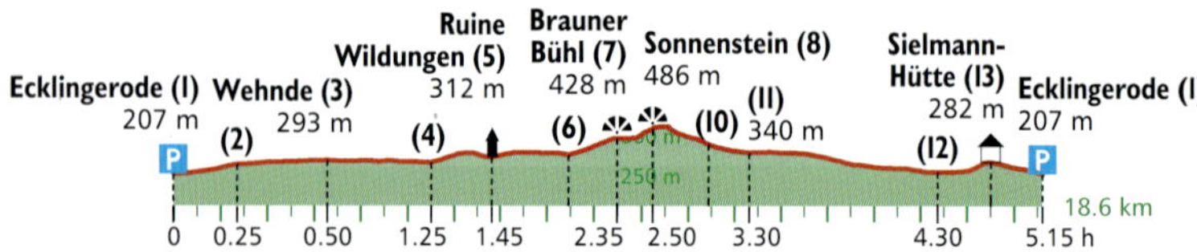

Von der Parkbucht bei **Ecklingerode (1)** starten wir auf dem Kolonnenweg in Richtung Süden (»WestÖstliches Tor«), biegen an diesem **Kunstobjekt** links in Richtung Wehnde ab **(2)** und erreichen dessen östlichen Ortsrand auf einem Teersträßchen. Wir laufen auf der gegenüberliegenden Seite der L 2017 in einen Feldweg hinein **(3)**. Während der Hauptweg nach 400 m rechts abzweigt, setzen wir unseren Weg geradeaus fort, wobei er mit etwas Auf und Ab allmählich in eine überwachsene Fahrspur übergeht. Auf einem Hochpunkt mündet diese in einen breiten Forstweg, dem wir in bisheriger Richtung folgen. Nach kurvigem Verlauf erreicht er mit einer T-Kreuzung einen weiteren Forstweg, auf den wir rechts abbiegen **(4)**. Auf der Höhe finden wir 20 m links versetzt einen Feldweg, der im Offenland an Höhe verliert. Die Kreuzung im Talgrund überschreiten wir geradeaus und haben die **Ruine Wildungen** halb rechts vor uns **(5)**.

Nach einigen Metern aufwärts biegen wir links auf eine Traktorspur ab (»Sonnenstein«). Bei einer Gabelung halten wir uns an die linke Möglichkeit, die weitgehend eben in einer breiten Schneise verläuft. Hinter einem aufgegebenen Sportplatz machen wir den Rechtsbogen der Fahrspur mit, verlassen sie aber – dort, wo sie nach links kurvt – halb rechts **(6)**. Im Anschluss steigt die nur schwach erkennbare Traktorspur über eine Wiese an und knickt hin-

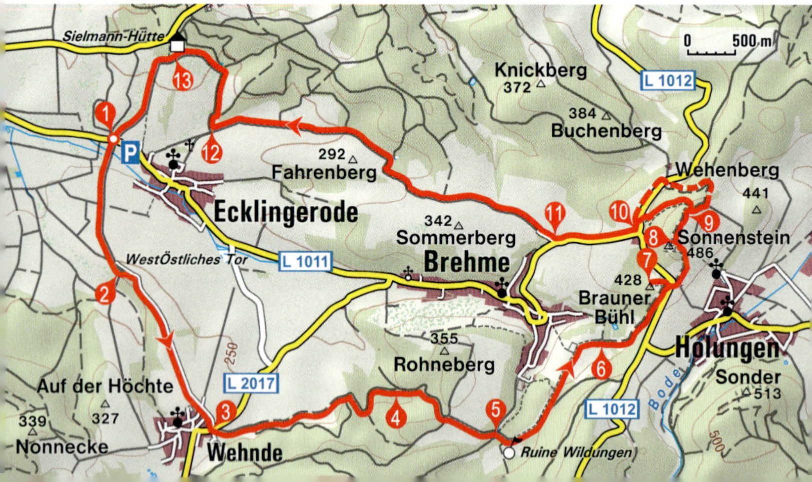

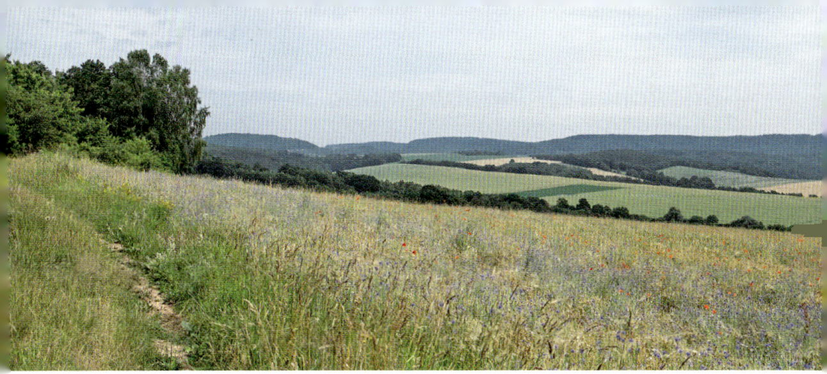

Von der Sielmann-Hütte schweift der Blick zum Sonnenstein (links hinten).

ter einer vorspringenden Waldnase links ab. Nun zieht sie kräftig nach oben und wird von einer schmalen Schneise aufgenommen. Mit weiterer Steigung erreichen wir die Höhe und entdecken die kegelförmige Erhebung des **Braunen Bühl (7)** links (Abstecher) und das Iseke-Denkmal rechts von uns. Auf der Hauptstraße gehen wir nur wenige Schritte links, bevor wir halb rechts auf den Parkplatz Sonnenstein abbiegen. Gleich dahinter wählen wir den zügigen Anstieg halb links hinauf zum **Sonnenstein-Gipfel**. Am Gipfelkreuz **(8)** geht es nach rechts und hinter einer Schranke halb links.
Jetzt aufpassen: Der inoffizielle (aber hübschere) Abstieg befindet sich ca. 170 m hinter der Schranke: Wir finden den versteckten Einstieg genau gegenüber einer Baumgruppe **(9)** (stilisiertes »P« auf einem der Stämme). Hier biegen wir links ab (alternativ: zunächst 300 m weiter nach Norden und – bevor der Weg in Wald eintaucht – links den Hang hinunter und auf der Straße ebenfalls links) und steigen auf dem Pfädchen zügig in weiten Serpentinen ab. Einen kreuzenden Pfad ignorieren wir und wenden uns erst auf einem schmalen Forstweg nach rechts, der uns hinab zur Straße bringt. Auf ihr halten wir uns links, bevor wir rechts der L 1011 abwärtsfolgen **(10)**.
Auf einer Seitenstraße geht es rechts zum Schützenhaus **(11)**; wir laufen daran vorbei und gelangen mit einer Linkskurve auf einen breiten Feldweg. Auf ihm verlieren wir gemächlich an Höhe, wobei uns Abzweigungen nach rechts nicht interessieren. Hinter einer Rechtskurve geht es weiterhin bergab und wir schwenken am Hangfuß nach links. Die nächsten 2 km verlaufen geradeaus. Wo sich der Feldweg in zwei parallele Fahrspuren teilt, biegen wir im rechten Winkel rechts ab **(12)**. Nach 200 m nehmen wir die linke Möglichkeit und bei der nächsten Gelegenheit den Kolonnenweg links (»Duderstadt«). Nach einem kurzen kräftigen Anstieg kommt die **Sielmann-Hütte (13)** in Sicht; wir passieren sie und marschieren auf dem Kolonnenweg hinunter zum **Ausgangspunkt (1)**.

50 Südliches Ohmgebirge und Burg Bodenstein

2.30 Std.

Durch Buchenwald zu einer sehenswerten Burganlage

Am Südrand des Ohmgebirges, eines Muschelkalk-Zeugenbergs, thront die Burg Bodenstein. Dort hinauf – und dabei überwiegend durch Buchenwald – führt der Spaziergang. Die Burg gilt als die am besten erhaltene Anlage des nördlichen Eichsfelds.

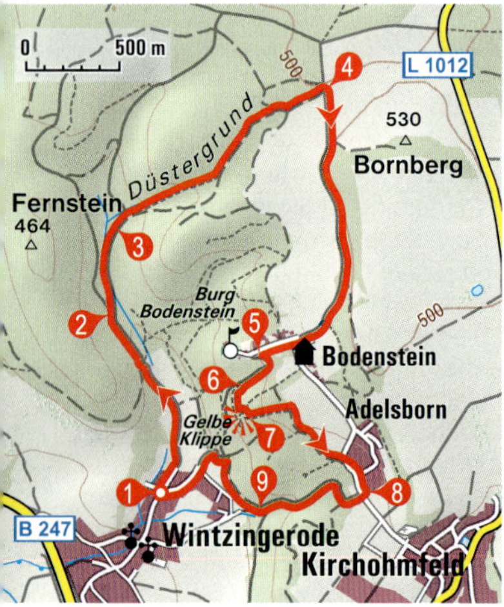

Ausgangspunkt: In Wintzingerode von der Duderstädter Straße in die Dorfstraße abbiegen. An deren oberem Ende findet sich gegenüber der Abzweigung der Schlossstraße links ein kleiner Parkplatz.
Höhenunterschied: 300 Hm.
Anforderungen: Forst- und Feldwege, Waldpfade. Nach Niederschlägen abschnittsweise matschig.
Einkehr: Gasthaus Bodenstein in Bodenstein, »Café im Türmchen« an der Burg.
Hinweis: Führungen durch die Burg Bodenstein von Mai bis Sep. jeweils Sonn- und Feiertag 15 Uhr.
Karte: 53 Nördliches Eichsfeld.

Vom **Parkplatz (1)** aus folgen wir der Dorfstraße nach Norden und lassen den Ort hinter uns. Wir verlassen bald das offene Tälchen und tauchen auf dem breiten Hauptweg geradeaus in den Wald ein (»Grünes X auf weißem Grund«). Am Pappelteich laufen wir vorbei und wählen bei der Gabelung dahinter den rechten Forstweg **(2)**, der daraufhin leicht ansteigt. Wir kommen am »Gesundbrunnen« vorbei und biegen bei der mit »Düstergrund« beschilderten Verzweigung rechts ab **(3)**.

Durch den **Düstergrund** geht es mit geringer bis mäßiger Steigung, allerdings stellenweise recht matschig, aufwärts. Am Oberhang stößt von links

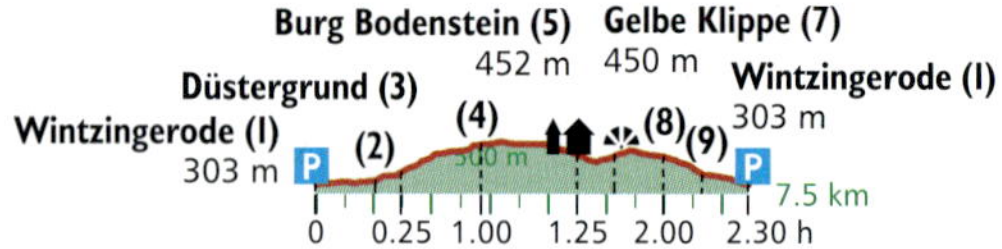

ein Waldweg dazu, den wir ignorieren. An der oberen Hangkante, nur durch einen Heckenstreifen vom Offenland getrennt, erwartet uns dann ein Querweg. Dort links. Der Weg mündet in einen breiten Feldweg, auf den wir rechts abbiegen **(4)**. Er bringt uns mit einem Rechtsbogen zum Ort **Bodenstein**. Wir laufen geradeaus durch die Siedlung hindurch (Wegweiser »Burg Bodenstein«) und stoßen auf den Eingang zur **Burg Bodenstein (5)**. Auf dem Platz davor wenden wir uns mit einer Spitzkehre nach links und folgen dem Forstweg abwärts.

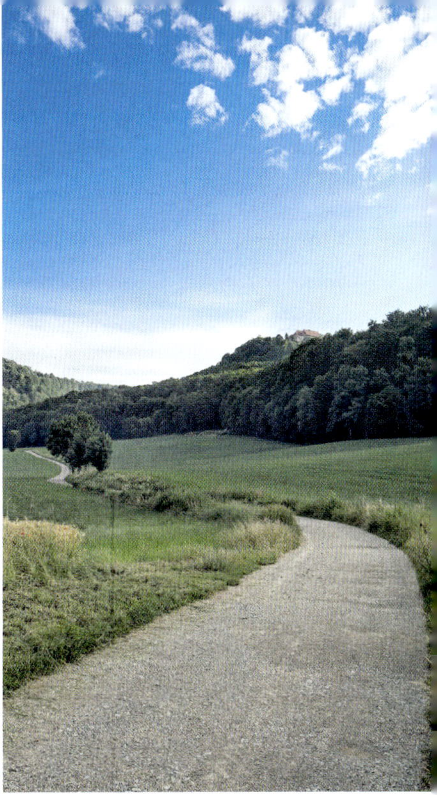

Blick über den Silbergrund zur Burg Bodenstein.

Etwa 100 m hinter einer Rechtskurve heißt es aufpassen: Wir dürfen den Einstieg zum Heinzelmännchenweg (Schild) nicht übersehen, der als schmaler Steig links vom Hauptweg abzweigt **(6)**. Auf ihm gewinnen wir mit zwei Serpentinen wieder etwas an Höhe, bevor wir den Aussichtspunkt an der **Gelben Klippe (7)** erreichen. Von dort nehmen wir den talseitigen, eben verlaufenden Weg und gelangen an einer T-Kreuzung auf einen breit ausgetretenen Erdweg. Dort rechts. Eine Abzweigung gleich darauf lassen wir unbeachtet und wandern geradeaus weiter bis zu einer Teerstraße in der Siedlung **Adelsborn**. Sowohl dort als auch bei der Abzweigung eines Feldwegs **(8)** nach 150 m (»Winzingerode«) rechts. Bei der folgenden Gabelung am Waldrand entscheiden wir uns für den Hauptweg halb rechts, auf dem wir zügig an Höhe verlieren. Am Unterhang halten wir uns bei einer Weggabelung **(9)** rechts (»Franzensruh«) und wandern oberhalb von Wintzingerode entlang, wo unser Weg mehrere Einmündungen von rechts aufnimmt und mit einem Linksbogen abwärts in die Schlossstraße übergeht, an deren Fuß wir wieder auf den **Parkplatz (1)** stoßen.

Stichwortverzeichnis

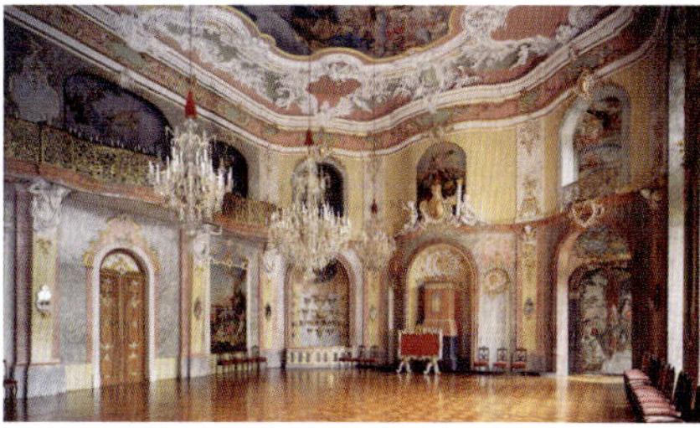

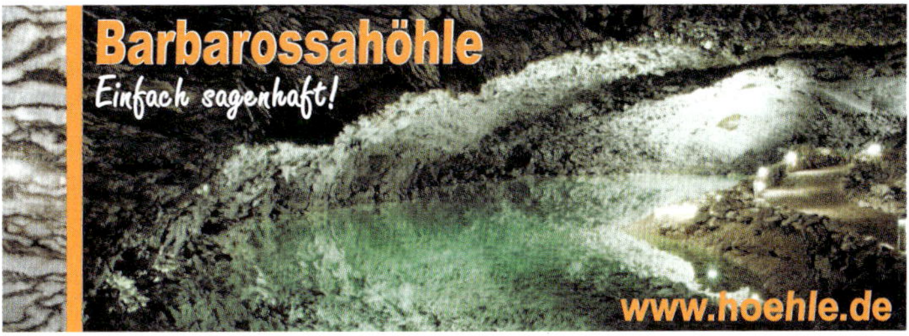
Barbarossahöhle
Einfach sagenhaft!
www.hoehle.de

Liebe Leserinnen und Leser,

infolge der Corona-Krise können sich Änderungen ergeben haben, die bei Redaktionsschluss noch nicht absehbar waren. Soweit möglich werden wir aktuelle Hinweise unter www.rother.de (beim Buch) zur Verfügung stellen. Bitte informieren Sie sich vor der Wanderung zusätzlich über die derzeitigen Gegebenheiten.

Sollten Sie geänderte Gegebenheiten vor Ort feststellen, freuen wir uns über Korrekturhinweise per E-Mail an leserzuschrift@rother.de.

Noch mehr Wanderglück ...

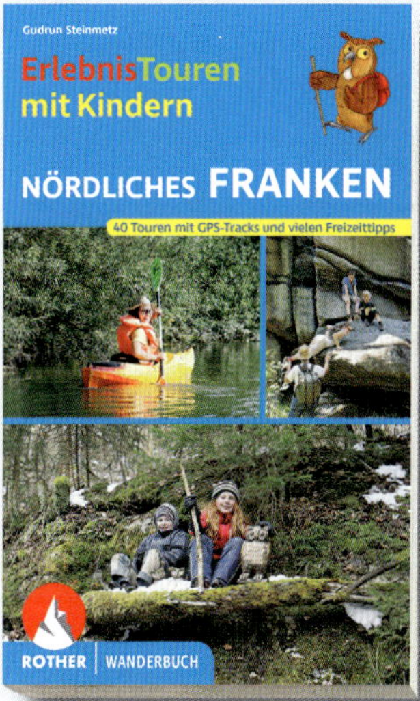

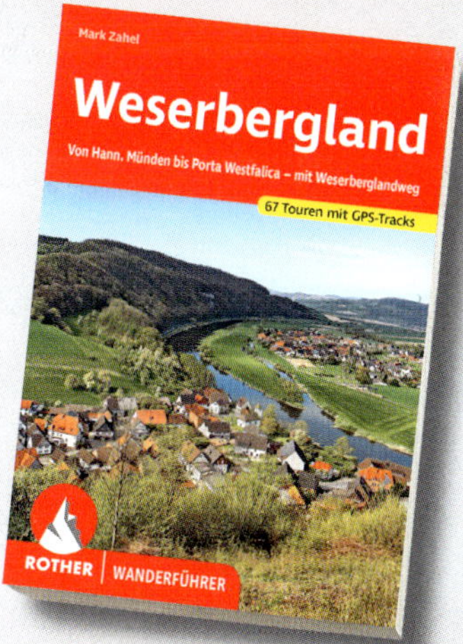

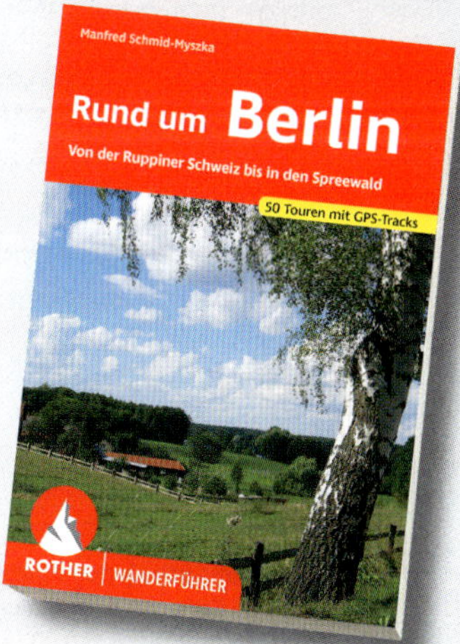

ROTHER | WWW.ROTHER.DE

Umschlagbild:
Burg Bodenstein (Tour 50).

Bild im Innentitel:
Aussicht vom Hülfensberg nach Südwesten (Tour 5).

Bild auf den Seiten 44/45:
Blick von den Dieteröder Klippen (Tour 4) über das südliche Eichsfeld.

Alle 147 Fotos stammen von der Autorin, mit Ausnahme der Bilder auf den Seiten 54, 184, 185 (Maik Ferme).

Kartografie:
50 Wanderkärtchen im Maßstab 1:25.000 / 1:50.000 / 1:75.000 / 1:100.000
Geodaten © OpenStreetMap und Mitwirkende
Kartografisches Design: Freytag & Berndt, www.freytagberndt.cz
2 Übersichtskarten im Maßstab 1:700.000 und 1:1.500.000
© Freytag & Berndt, Wien

Die Ausarbeitung aller in diesem Führer beschriebenen Wanderungen erfolgte nach bestem Wissen und Gewissen der Autorin.
Die Benützung dieses Führers geschieht auf eigenes Risiko.
Soweit gesetzlich zulässig, wird eine Haftung für etwaige Unfälle und Schäden jeder Art aus keinem Rechtsgrund übernommen.

2. aktualisierte Auflage 2021

ISBN 978-3-7633-4519-9

FSC
www.fsc.org
MIX
Papier aus verantwortungsvollen Quellen
FSC® C021956

Wir freuen uns über jeden Korrekturhinweis zu diesem Wanderführer!
Bitte per E-Mail an: leserzuschrift@rother.de

ROTHER BERGVERLAG · München
D-82041 Oberhaching · Keltenring 17 · Tel. +49 89 608669-0 · www.rother.de